Practical Handbook of municipal bonds financing

市政债券融资
实用手册

主　编　谢　多
副主编　冯光华　匡小红

中国金融出版社

责任编辑：王雪珂

责任校对：潘　洁

责任印制：程　颖

图书在版编目（CIP）数据

市政债券融资实用手册（Shizheng Zhaiquan Rongzi Shiyong Shouce）/谢
多主编 . —北京：中国金融出版社，2015.7
　　ISBN 978 - 7 - 5049 - 7894 - 3

　　Ⅰ.①市…　Ⅱ.①谢…　Ⅲ.①基础设施—债券融资—中国—手册
Ⅳ.①F832.51 - 62

　　中国版本图书馆 CIP 数据核字（2015）第 059490 号

出版
发行　　**中国金融出版社**

社址　　北京市丰台区益泽路 2 号
市场开发部　　（010）63266347，63805472，63439533（传真）
网 上 书 店　　http://www.chinafph.com
　　　　　　　　（010）63286832，63365686（传真）
读者服务部　　（010）66070833，62568380
邮编　　100071
经销　　新华书店
印刷　　保利达印务有限公司
尺寸　　169 毫米 × 239 毫米
印张　　16.25
字数　　237 千
版次　　2015 年 7 月第 1 版
印次　　2015 年 7 月第 1 次印刷
定价　　39.00 元
ISBN 978 - 7 - 5049 - 7894 - 3/F.7454
如出现印装错误本社负责调换　联系电话（010）63263947

编写委员会

主　　　编：谢　多

副　主　编：冯光华　匡小红

编写组成员（按姓氏拼音排序）：

陈智罡	杜　寻	高　鑫	郭永斌
耿子扬	和　英	黄　直	霍志辉
姬江帆	贾　新	姜承操	李洪良
李　文	李新欣	刘晴川	楼宇翔
潘　鑫	汤雨陶	万泰雷	王　佳
王力凯	王铭锋	王　楠	王　硕
翁永盛	吴伯磊	修文昊	徐　光
翟　赢	赵　业	郑　倩	

前　言

　　城镇化是我国现代化建设的历史任务，也是扩大内需的潜力所在。改革开放以来，我国城镇基础设施建设投入增长迅速，城镇人口数量显著增加，城镇化率从 1978 年的 17.9% 提高到 2014 年的 54.8%，城镇化取得长足发展。但是，与发达国家近 80% 的城镇化水平相比，我国城镇化发展仍存在较大空间。到 2020 年，预计我国城镇化率达到 60% 左右，城镇人口预计 8.4 亿，城镇人口年均增长 1 700 万左右。按照城镇基础设施建设的经验数据，大体按新增城镇居民人均需市政建设投入 30 万元左右计算，未来每年大体需要新增投入 5 万亿元。作为城市功能的基本载体，城镇基础设施具有经济学上公共产品的特征，往往由地方政府负责提供，同时，城镇基础设施建设通常具有超前性，存在收入与支出在期限上不能完全匹配的风险，这对地方政府基础设施建设组织管理能力提出了较高要求。在规范明晰地方政府公共建设与服务方面事权与财权的同时，通过政府和社会资本合作模式，拓宽城镇化建设融资渠道，引入社会资本参与基础设施和公共服务项目建设，有利于整合社会资源，合理分担风险，盘活社会存量资本，激发市场经济活力。当前，需要积极探索建立地方城镇化建设规范、透明、长效的融资渠道，形成良性可持续的投融资激励与约束机制，服务新常态下"稳增长、促改革、调结构、惠民生"这一大局，支持我国经济社会持续发展和人民生活水平不断提高。

　　纵观世界各国城镇化建设融资实践，尽管各国基于财政体制和金融体系等自身国情，形成了差异化的城镇化建设融资模式，但是从总体上看，市政债券越来越成为众多国家市政建设融资的主要渠道。美国南北战争后到"一战"结束这段时期，城镇化快速发展，市政债券发行规模超过国债。20世纪50~70年代，伴随着日本经济高速增长和城镇化快速发展，日本地方政府发行了大量地方公债。90年代以来，波兰等转轨国家也大量发行市政债券支持基础设施建设。市政债券总体期限较长，可以涵盖项目建设、运营与收益整个生命周期，并且在期限设计上充分考虑与项目现金流回收进度的匹配，从而能够更好地实现城镇化项目建设"财务成本在时间轴上的平移分布"。市政债券可以通过信用评级、信息披露、市场化定价等市场化约束，对政府举债行为建立正向激励约束机制。大国经济体中，无论是财政联邦制还是单一制国家，市政债券或类似地方债都在城市建设中得到广泛运用。世界银行统计，目前市政债券或类似地方债占全球债券总额的9%，占政府债券的35%。市政债券市场既是市政建设的主要融资渠道，也是债券市场的重要组成部分。

2013年，党的十八届三中全会通过的《中共中央关于全面深化改革若干重大问题的决定》提出，要"推进城市建设管理创新，建立透明规范的城市建设投融资机制，允许地方政府通过发债等多种方式拓宽城市建设融资渠道"，这为建立权责明晰、多元化的市政建设融资体制指明了方向。2014年，全国人大常委会表决通过《预算法》修正案，首次明确了地方政府发债融资的法律依据。近期，财政部、发改委等相关部委陆续出台了一系列政策文件，探索在市场化程度较高的基础设施及公共服务领域，推广使用政府与社会资本合作（PPP）模式，允许社会资本通过特许经营等方式参与城市基础设施投资和运营。积极贯彻落实国家有关方针政策，发挥我国债券市场资金资源配置功能，支持我国市政建设融资渠道拓宽和融资结构优化，建立透明规范、可持续的市政建设直接债务融资渠道，实现城镇化发展融资需求和债券市场资金供给潜力的有机结合，既是实体经济稳步增长的客观要求，也是债券市场支持经济结构调整和转型升级的历史使命。

为借鉴总结国际国内市政建设融资经验，普及宣传市政债券融资相关知识，支持我国银行间市场市政建设类债务融资工具创新，中国银行间市场交易商协会组织市场成员系统研究梳理国内外市政债券融资的理论和实践，编写了这本《市政债券融资实用手册》。《市政债券融资实用手册》按照"市政债券融资基础—市政债券融资实务—市政债券融资案例"的逻辑框架分为三大部分，共十四章。第一部分从宏观角度介绍了市政建设融资理论基础、国外市政债券市场发展经验和我国市政建设融资概况；第二部分从微观角度详细阐释了市政债券融资相关主体和承销、发行、交易、评级、监管等主要环节的实务运作；第三部分对国内外市政债券融资的经典案例进行了分析介绍。希望本书对有兴趣更多了解和服务市政建设融资、有志于积极参与中国债券市场创新发展的各界同仁能够有所裨益。

二〇一五年六月

目 录

第一部分 市政债券融资基础

第一章 市政建设融资基础理论 ……………………………… 3

　第一节 市政建设融资需求产生的现实基础 …………………… 3

　第二节 各类市政建设融资模式概述及选择影响因素 …………… 6

　第三节 提供不同类公共产品需要差异化市政建设融资模式 …… 11

　第四节 市政债券的类型及特点 ……………………………… 13

第二章 国外市政债券市场发展历程及现状 …………………… 20

　第一节 美国市政债券市场 ………………………………… 20

　第二节 日本地方公债市场 ………………………………… 25

　第三节 德国市政债券市场 ………………………………… 29

　第四节 波兰市政债券市场 ………………………………… 32

　第五节 韩国市政债券市场 ………………………………… 34

第三章 我国市政建设融资概况 ……………………………… 35

　第一节 我国市政建设融资需求矛盾 ………………………… 35

　第二节 我国财政体制变革过程中市政建设投融资模式演变 …… 37

　第三节 近年来我国市政建设融资典型模式 ………………… 41

　第四节 银行间市场项目收益票据创新支持城镇化融资的探索实践 …… 50

　附录：银行间债券市场非金融企业项目收益票据业务指引

　　　（中国银行间市场交易商协会公告〔2014〕10 号） …………… 55

第二部分　市政债券融资实务

第四章　市政债券发行人 ……………………………………………… 59

　第一节　影响市政债券发行主体资格的因素 ………………………… 59

　第二节　国际成熟市场市政债券发行人分析 ………………………… 61

　第三节　我国相关制度框架及市场实践 ……………………………… 66

　第四节　国外市政债券发行主体制度的经验借鉴 …………………… 70

　第五节　建立透明规范的城市建设投融资机制 ……………………… 71

第五章　市政债券投资人 ……………………………………………… 74

　第一节　影响市政债券投资人结构的因素 …………………………… 74

　第二节　国际成熟市场市政债券投资人 ……………………………… 77

　第三节　我国市政类债券投资人结构及发展趋势 …………………… 81

　第四节　发挥市政债券本地投资人"近约束"作用 ………………… 84

第六章　市政债券市场相关中介机构 ………………………………… 86

　第一节　市政债券市场主要中介机构概述 …………………………… 86

　第二节　美国市政债券主要中介机构概述 …………………………… 87

　第三节　充分发挥各类中介机构在市政债券融资中的作用 ………… 98

第七章　市政债券的承销与发行 ……………………………………… 99

　第一节　市政债券承销与发行的业务特点 …………………………… 99

　第二节　市政债券承销与发行国际经验 ……………………………… 100

　第三节　我国相关制度框架及市场实践 ……………………………… 110

　第四节　建立完善符合市政债券特点的承销与发行模式 …………… 123

第八章　市政债券信用评级 ·················· 124

第一节　市政债券信用评级的特点和必要性 ·················· 124

第二节　成熟市场——美国市政债券评级制度、方法与实践 ·········· 127

第三节　我国市政债券信用评级的制度与实践 ·················· 138

第四节　建立完善的地方金融生态环境评估体系 ·················· 139

第九章　市政债券信用增进 ·················· 141

第一节　市政债券信用增进的必要性 ·················· 141

第二节　国外市政债券信用增进制度、方法与实践 ·················· 142

第三节　完善市政债券风险分散分担机制 ·················· 148

第十章　市政债券的二级市场 ·················· 149

第一节　发展市政债券二级市场的国际经验 ·················· 149

第二节　我国市场相关实践 ·················· 152

第三节　提高市政债券二级市场流动性 ·················· 152

第十一章　市政债券信用风险及违约处置 ·················· 156

第一节　市政债券信用风险防范处置的国际经验 ·················· 156

第二节　前期我国融资平台信用风险特征及违约案例相关制度框架
及市场实践 ·················· 161

第三节　完善市政债券风险防范处置体系 ·················· 166

第十二章　市政债券的法律与监管 ·················· 168

第一节　市政债券监管历史沿革 ·················· 168

第二节　市政债券行业自律监管 ·················· 170

第三节　市政债券信息披露的架构 ·················· 173

第四节　市政债券的发行说明书 ·················· 175

第五节　市政债券的持续信息披露 ·················· 176

第六节　市政债券的法律意见 ……………………………………… 178

第七节　市政债券的税收制度 ……………………………………… 179

第八节　中国市政债券监管框架 …………………………………… 180

第九节　建立适宜的市政债券管理体系 …………………………… 184

第三部分　市政债券融资案例

第十三章　国际成熟市场案例 ……………………………………… 187

第一节　一般责任市政债券案例——加利福尼亚州圣何塞市 2004 年
　　　　一般责任市政债券案例 …………………………………… 187

第二节　项目收益债券案例——佛罗里达州迈阿密 - 戴德县 2010 年
　　　　系列市政供水及排污系统项目收益债券 ………………… 199

第三节　市政债券违约案例——底特律市政府破产案例 ………… 210

第十四章　国内市政建设债务融资案例 …………………………… 220

第一节　财政部代发地方政府债券、地方政府自行发债试点案例 …… 220

第二节　项目收益票据案例——郑州交投地坤实业有限公司 ……… 238

表目录

表 1－1　城市基础设施的分类 ……………………………… 12

表 1－2　美国市政债券违约记录表 ………………………… 19

表 2－1　美国市政债券发行规模 …………………………… 21

表 2－2　美国地方政府财政危机确认标准 ………………… 24

表 3－1　近年来我国市政建设融资基本情况 ……………… 41

表 3－2　地方政府自行发债情况 …………………………… 44

表 3－3　银监会"名单制"管理系统（一季度一调整）……… 45

表 3－4　城投债平均发行利率情况（2013 年）……………… 47

表 4－1　美国一般责任债券案例 …………………………… 62

表 4－2　美国收益债券案例 ………………………………… 62

表 6－1　三大评级公司信用等级 …………………………… 94

表 8－1　穆迪一般责任债券各个评级指标及其权重 ……… 133

表 8－2　国际评级机构对地方政府主要评级要素比较 …… 135

表 8－3　2003—2013 年 9 月标普美国市政债券主体升降级情况 ………… 137

表 8－4　2013 年第三季度标普美国市政债券主体升降级情况 ………… 137

表 9－1　近年美国市政债券发行时的保险情况 …………… 145

表 11－1　地方政府信用评估框架 …………………………… 165

表 13－1　圣何塞市公园和社区战略发展投资计划 ………… 188

表 13－2　圣何塞市 2002—2005 财年政府财政预算汇总 … 190

表 13－3　圣何塞市市政债券发行额度测算表 ……………… 191

表 13－4　募集资金收入及支出统计表 ……………………… 192

表 13－5　主要参与方职责 …………………………………… 193

表 13－6　圣何塞市 2004 年一般责任市政债券到期及偿还计划表 ……… 193

表 13 – 7   迈阿密 – 戴德县人口数统计表 ·················· 200

表 13 – 8   迈阿密 – 戴德县人均收入情况统计表 ·············· 200

表 13 – 9   迈阿密 – 戴德县 2005—2009 财年供水与排污系统客户数
　　　　　　统计表 ··················· 201

表 13 – 10   迈阿密 – 戴德县供水与排污部门 2003—2009 财年收入及偿债
　　　　　　覆盖比 ·················· 202

表 13 – 11   迈阿密 – 戴德县供水与排污部门中长期资本建设项目
　　　　　　融资规划 ·················· 203

表 13 – 12   募集资金收入及支出统计表 ··············· 204

表 13 – 13   主要参与方职责 ················ 205

表 13 – 14   迈阿密 – 戴德县 2010 年系列市政供水及排污系统项目
　　　　　　收益债券到期及偿还计划表 ·············· 205

表 13 – 15   1950—2012 年底特律人口统计表 ············· 212

表 13 – 16   1998—2012 年底特律失业率统计表 ············ 212

表 13 – 17   1998—2012 年底特律所得税统计表 ············ 213

表 13 – 18   2008—2012 年底特律市财政收支情况统计表 ·········· 216

表 13 – 19   2003—2013 年底特律一般责任市政债券评级 ··········· 219

表 14 – 1   2009—2013 年财政部代理发行地方政府债券列表 ··········· 231

表 14 – 2   2011—2013 年地方政府自行发债列表 ············ 236

图目录

图 2 - 1　美国市政债券在债券市场中所占比重 ················· 21

图 2 - 2　日本近年市政债券的发行额及存量 ················· 26

图 2 - 3　德国州以下政府债券发行量 ················· 30

图 2 - 4　德国州以下政府债券存量 ················· 31

图 3 - 1　城市市政公用设施固定资产投资概况（1978—2011 年）········· 35

图 3 - 2　城市基础设施建设投资的相对比重（1995—2011 年）········· 36

图 3 - 3　地方政府税收收入份额 ················· 39

图 3 - 4　地方政府支出份额 ················· 39

图 3 - 5　转移支付规模及结构趋势图（1994—2009 年）········· 41

图 3 - 6　财政部代地方政府发行债券规模（2009—2013 年）········· 43

图 3 - 7　城投债到期期限（2013 年）················· 46

图 4 - 1　近年来地方债规模持续扩张 ················· 68

图 4 - 2　近年来地方自主发债规模 ················· 69

图 5 - 1　2000—2013 年美国市政债券的主要投资人变化 ········· 78

图 5 - 2　截至 2013 年底美国市政债券的投资人结构图 ········· 78

图 8 - 1　标普国际地方政府评级思路 ················· 129

图 8 - 2　标普美国地方政府评级思路 ················· 130

图 8 - 3　穆迪美国以外地方政府评级思路 ················· 132

图 8 - 4　截至 2013 年 9 月标普美国市政债券主体评级分布 ········· 137

图 9 - 1　美国市政债券总规模增长 ················· 143

图 14 - 1　财政部代发地方政府债券规模 ················· 222

图 14 - 2　地方政府自行发债规模 ················· 227

第一部分
市政债券融资基础

第一章　市政建设融资基础理论

第一节　市政建设融资需求产生的现实基础

伴随着人类社会分工的日益深化和生产力的极大发展，越来越多的人放下锄头犁耙改而操作机器，转变农业思维认同市民精神，告别小国寡民的自给自足状态加入人人为我、我为人人的交换经济体系。从农耕社会的垒砖石自保以为城、集百工通商以作市，发展成为现代意义上以人流、物流、资金流、信息流高度汇集催生的密集路网和高楼广厦的混合体。城市，是人类历史不断演进的文明成果，是当今经济社会运转的神经枢纽，也是无数向往更加富足幸福生活人民的安居乐业之地。

以工业革命为起点，西方各国率先打破传统农业社会农业经济基础上城市与农村的长久均衡状态，在工业化的催生下开启了城镇化进程。与此同时，城镇化带来的聚集效应和规模效益极大地促进了社会经济发展和生活水平提高。这是由于经济发展过程是一国经济结构从以农业为主向工业和服务业为主的转变过程，城镇化带来的高度集聚化有助于商品和服务生产效率提高，信息外溢效应增强，劳动力市场更为活跃有效，并有助于克服空间和时间的阻隔降低运输成本和交易费用。根据统计，一国城镇化水平与该国人均国内生产总值之间的相关系数高达 0.85。无论是从历史的发展进程还是从当前的国际比较来看，城镇化是工业化、信息化、全球化时代经济社会发展的必然趋势，是一国迈入现代化社会所必须经历的一项历史进程。

城镇化表现为第二、第三产业向城市集中和农村人口向城市转移，从而使城镇数量增加、城镇规模扩大的过程。然而在更深入和具体的层面，城镇化体现为在地理学、社会学、人口学以及城市经济学等多个维度的转变。从城市地理学区域景观布局的角度看，城镇化体现为空间布局上众多建筑和公共基础设施的集聚增加。从社会学角度看，城镇化是特有的城市社会关系集合的不断发展，是越来越多的人们接受和融入城市的生活方式。从人口学角度看，城镇化是城市区域人口的持续性集中，形成了巨大的人口规模以及较高的人口密度。从经济学角度看，城市是第二产业和第三产业的高度集中区域，是市场经济的交换中心，所以城镇化的核心是以非农业人口规模和比例提高为基础的非农业产值比重的不断增加。不同学科不同维度的研究表明，城镇化不仅仅是人口迁移和空间转变，同时还是城市物质文明、生产方式、生活方式在非城市人口中扩散和普及过程。在这一过程中，人的城镇化是所有城镇化的核心要素和基础条件。

人的城镇化是一国人口持续不断地从农村地区向城市地区迁移（城镇化率以此作为衡量标准），并最终工作和定居于城市。大量人口高度集聚于城市工作和生活，要求相应建立大量配套公共设施和提供公共服务，以满足新增城市人口对公共产品的需求。公共产品可以分为物质性的公共设施和非物质的公共服务两类。公共设施主要包括住房、公路、地铁等交通设施，城市公共给排水系统、城市公共照明、城市公园和绿地、城市影院剧场等。公共服务主要包括教育、医疗、娱乐、文化、电信、水电燃气供应、城市垃圾处理、城市环境和卫生维护等。

公共产品的经典特征是消费非竞争性和收益的非排他性。消费的非竞争性是指某一个人或企业对公共物品或服务的享用，不排斥和妨碍其他人同时享用这种物品或服务，也不会因此而减少其他人享用该种公共物品或服务的数量或质量。受益的非排他性把拒绝为公共产品付款的人排除在受益范围之外，在技术上不可行或成本很高。前述公共产品的特征决定，公共产品的提供和消费不可避免地会出现"搭便车"的现象，私人提供公共产品难以得到足够的回报。因而，通过市场化方式提供公共产品会由于市场失灵而效率低下供给不足。为克服市场失灵，满足公共产品需求，现代社会公共产品的提供通常是政府的基本责任。

履行提供公共产品这一现代政府的基本职责，需要资金保障。发达国家的城镇化从工业革命开始起步，发展至今经历了上百年的长期历程，渐进的、漫长的城镇化历程使筹集城镇化所需资金这一问题显得不那么突出。但是，即便在城镇化进程已经进入成熟和稳定阶段的发达国家，地方政府履行市政建设等公共服务职能时仍然面临较大的资金压力。与发达国家一二百年的城镇化过程相比，我国城镇化起点低、发展快，人口转移规模大，需要在基础设施、公共服务等方面进行大量投资。城市发展的"纳瑟姆曲线"规律表明，当城镇化水平处于30%～70%时，将进入加速阶段。2012年我国城镇化率达到52.57%，过去几年来每年上升1个百分点，正处于加速发展阶段，从世界范围来看，我国未来一段时期的城镇化速度将位居前列，并将构成推动全球城镇化进程的主要力量。联合国经济和社会事务部发布的《世界城镇化展望2011年版》统计和测算，2011年，我国有城市人口6.82亿；2011—2030年，我国城市新增人口将达2.76亿，我国新增城市人口占世界新增城市人口（14亿）比例为19.8%，规模和比重均为世界第一位；2030—2050年，我国新增城市人口规模为4 400万，尽管城市人口增长规模不再突出，但是到2050年，我国在世界上将拥有最大规模的城市人口，预计届时我国城市人口将超过10亿。根据测算，每向城市转移一个城镇人口，需要城市建设费用达5万～6万元人民币。"十二五"期间，如果每年人口城镇化率提高1个百分点，就意味着每年有1 000多万人要进城，将带动基础设施投资8 008亿元，投资多增加4.1个百分点，5年城市建设资金投资总额就达4万亿元。

无论是未来3～5年还是从现在起至21世纪中叶的较长一段时期，我国的城镇化进程都将是我国经济社会发展的重中之重。这一城镇化进程带来的巨大的公共产品需求，将构成我国市政建设融资需求的现实基础。充分发挥金融市场调动和配置资金资源的功能支持我国的城镇化建设，是我国现代化建设的客观要求，也是我国金融市场的历史使命。

第二节 各类市政建设融资
模式概述及选择影响因素

一、各类市政建设融资模式概述

为市政建设进行融资是世界各国地方政府普遍面临的问题，各国根据自身国情进行了多样化的尝试。目前，根据市政建设融资资金来源及融资主体性质，较为普遍的市政建设融资模式主要包括以下几类。

（一）地方政府自身收入（Own Resources）

地方政府自身收入通常包括地方税收、储备和特别收费等一般性的政府运营收入。地方税收是地方政府基于财政分税制度所享有的纳税权而取得的征税收入，既包括一般性税收，也包括以获益为基础的专项税。储备是地方政府每年将当前收入中的一部分留存在一个特殊账户中并不断积累，直至将这笔款项用于某个或某些特定的目的项目支出。特别收费是针对不动产征收的特别使用费，包括土地开发或征地收费、土地改善收费和公用用地捐款等。

（二）财政拨款（Grant Funding）

财政拨款根据财政的转移支付制度，由上级政府发放给下级政府的财政资金。财政拨款是无偿给付的资金，但通常大部分财政拨款具有特定的使用目的，地方政府对拨款资金使用的自主权受到较大限制。

（三）贷款和债券（Debt Financing）

贷款和债券都属于债务融资。二者的区别在于，贷款通常是地方政府与银行等贷款机构间建立的债权债务关系，而债券则是地方政府面向债券投资人发行、不通过金融中介而直接建立的债权债务关系。无论是贷款还是债券，均会形成财政赤字，有些国家会通过立法限制地方政府进行贷款或者发行债券。允许地方政府贷款或发债的国家，通常也会限制贷款和发债募集资金的用途，地方政府的一般日常性支出通常不允许或严格限制通过贷款或发债进行支付，债务融资主要限于进行市政建设等资本性支出。

（四） 政府和社会资本合作模式（Public Private Partnership，PPP）

政府和社会资本合作模式是在基础设施及公共服务领域建立的一种长期合作关系。通常模式是由社会资本承担设计、建设、运营、维护基础设施的大部分工作，并通过"使用者付费"及必要的"政府付费"获得合理投资回报；政府部门负责基础设施及公共服务价格和质量监管，以保证公共利益最大化。

（五） 市政发展基金（Municipal Development Fund）

此类融资模式的代表是由世界银行等国际开发机构支持的基础设施建设融资计划。在这类计划下，世界银行等国际开发机构根据地方政府的运行绩效提供拨款，地方政府可以根据规范化、透明化的运作，包括执行财政纪律、加强财务报告、强化财务管理体制等措施，获得可预期的资金支持用于基础设施建设。目前，此类项目多为国际开发机构支持发展中国家的特别项目，但是从长远来看此类模式可以运用于国家、区域或地方等多个层面。

二、影响市政建设融资模式选择的主要因素[①]

城镇化发展与融资是一个相互作用和影响的过程，有其内在规律。一方面，城镇化发展过程需要大量可持续的融资；另一方面，城镇化带来的正向经济效应，也能够为城镇化融资提供未来收入基础。在选择适当的市政建设融资模式时，以下三方面可作为融资机制选择的衡量标准。

---

① 本部分内容引自中国人民银行潘功胜副行长 2013 年 10 月发表于中国金融四十人论坛官网上的文章，《城市基础设施融资机制亟待创新》，http：//www. cf40. org. cn/plus/view. php？aid＝8054。

（一）效率上的激励相容

经济学上的激励相容是指外部制度设计要与执行者的自我激励相一致。具体到城镇化融资，主要应当考虑两个问题：一是事权主体与融资主体应尽可能保持一致，即谁使用、谁负债、谁偿还，这样融资主体的融资可得性和偿债激励就能保持一致，就会形成举债的自我约束；相反，如果事权主体和融资主体分离，约束机制失灵，作为城镇化事权主体的地方政府就希望过度负债。二是事权与偿债资金来源保持一致，即城镇化融资的偿债来源主要依靠城镇化自身"红利"的释放，比如公共服务改善带来的产业、人口集聚和土地增值等，这样融资可得性就能和公共服务的改善挂钩。

（二）财务负担上的代际公平

城镇化领域涉及的大量的基础设施和公共服务事权，大都具有一次建成、长期使用的特点，客观上容易产生"前人栽树、后人乘凉"的代际负担不公问题，这类问题在以往主要通过税收为城镇化建设融资的做法下尤为突出，金融机制特别是资本市场长期融资机制一定程度上能够解决这一问题，即借助长期负债能够将城镇化的未来收益提前到当前使用，将来逐渐偿还。

（三）风险外部性的有效隔离

任何金融市场融资机制都会产生一定的外部性风险，长期融资由于未来现金流的不确定性更是如此。城镇化融资既具有长期融资可能带来的期限错配风险，同时由于其融资主体（地方政府）的特殊性，外部性风险也更大。如果没有必要的制度约束，地方政府融资风险的外部性就很容易转化为债务主体的预算软约束。经济学上解决外部性问题主要是通过必要的机制设计，实现外部性的内部化。财政联邦制国家实行的地方政府破产制度，是有效的外部性风险内部化的典型机制。城镇化融资机制的安排，需要形成隔离外部风险的有效机制。

三、关于市政建设融资模式的认识①

总体来看，国际上城镇化相关领域的融资有两个趋势，一是市政债券、公私合营、资产证券化等市场化融资模式逐渐成为主流，相应地，财产税等地方税以及使用者付费等项目收益，逐渐成为除一般性税收之外重要的偿债资金来源；二是在更多利用市场化融资的共同趋势下，不同国家融资模式的选择主要取决于财政体制和金融体系结构。

（一）市场化融资是城镇化融资的主流

早期公共财政理论认为公共品在消费上不具有排他性，生产上不具有竞争性，无法通过市场定价达到供求平衡，是典型的需要由政府提供的市场失灵领域。但随着城镇化进程发展对公共服务需求的日益增多，财政负担日益沉重且资金使用效率不足的矛盾逐渐突出；同时随着技术进步的发展，公共品消费主体的有效识别问题也得到缓解，使用者付费开始流行，社会资本逐渐进入公共服务领域进行投资。这一过程中不仅市政债券等资本市场融资工具开始流行，而且在公共服务领域的私有化浪潮也不断涌现，由此也形成了城镇化领域两种最主要的市场化融资模式——市政债券和公私合营（Public Private Partnership，PPP）。

市政债券在城镇化融资中得到广泛运用。市政债券历史和城镇化进程关系密切。美国南北战争结束到第一次世界大战结束的那段时期，是其城镇化快速发展的时期，当时的市政债券发行规模超过了国债。20世纪50～70年代，日本经济高速增长大大推动了城镇化进程，地方债在这一时期大量发行。南美的巴西、墨西哥、阿根廷等国在市政债券发行方面虽有过一些挫折，但经过20世纪80年代的财政整治，市政债券违约风险趋于稳定。20世纪90年代以来，俄罗斯、波兰、匈牙利、捷克等转轨国家也大量发行市政债券，支持基础设施建设。根据世界银行统计，目前市政债券或类似地方债占全球债

---

① 本部分内容引自中国人民银行潘功胜副行长2013年10月发表于中国金融四十人论坛官网上的文章，《城市基础设施融资机制亟待创新》，http：//www.cf40.org.cn/plus/view.php？aid=8054。

券总额的 9%，占政府债券的 35%。大国经济体中，无论是财政联邦制还是单一制国家，市政债券或类似地方债都在城市建设中得到广泛运用。

按照前述城镇化融资机制有效性的三个标准衡量，市政债券被广泛用于城镇融资并非偶然。一是市政债券通常由地方政府特别是城市政府发行，并主要用财产税、消费税、营业税，以及使用者付费等与城镇化水平较为密切的收入偿还，负债主体和事权主体一致，资金来源和资金使用一致，融资主体本身就有较强的自我偿债约束，以及通过改善公共服务支撑市政债券可持续发行的动机。同时市政债券在公开市场的融资行为，相应的市场约束也更强，这方面尤其值得一提的是市政债券的投资者结构。除金融机构等一般债券投资者外，不少国家通过税收优惠等政策，鼓励当地居民对当地市政债券项目投资。以美国为例，2012 年末市政债券投资者中居民持有占比高达 44.6%，共同基金为第二大持有人占比为 28.6%，而共同基金持有比例相当一部分也来自居民。这一投资者结构对强化地方政府偿债的市场约束有益，同时也能发挥当地居民熟悉当地市政项目的信息优势。二是市政债券或类似的资产证券化主要依靠未来逐步实现的现金流偿还，不少国家市政债券发行期限长达 20 年以上，既能较好地满足城镇化建设对长期资金的大量需求，也有利于在较长时期内分摊财务成本。三是借助一定的外部制度安排，市政债券机制能够较好地约束外部风险，除允许地方政府破产外，还可通过上下级财政之间的规则管理或审议监督机制约束市政债券风险，由此国家发行市政债券还要进行民意听证，相应的民意约束也能发挥积极作用。

公私合营是主要的城市基础设施股权融资模式。城市基础设施领域的公私合营发端于"二战"之后的恢复重建，兴起于 20 世纪 70~80 年代发达国家以及 90 年代苏东国家的私有化浪潮，目前已成为基础设施和公共服务领域广泛流行的融资模式。其意与其说是私有化，不如说是打破垄断、引入竞争，即通过培育市场经营主体，将原来依靠行政方式组织建设和经营的城市基础设施建设项目，交由市场主体按市场化方式建设运营，这一过程自然会在融资、建设、运营各个环节中引入竞争机制，达到减轻财政负担、借助社会力量发展城市基础设施和提升运营效率的目的。

（二）融资模式的选择主要与一国财政和金融体制有关

一国的财政体制是影响融资模式选择的重要因素。欧洲许多国家实行的是集权制的分税制，地方政府财权较小，市政债券发行规模较小、成本较高，市场流动性不足；另一方面欧洲国家并不禁止银行对政府和公共部门贷款，地方政府经常通过银行借款弥补财政资本性支出，银行也经常将对公共部门发放的贷款作为抵押发行债券，这类债券一定意义上可视为变相的市政债券。具体到一国不同层级的政府，其融资模式也有不同。通常情况下，乡村、城镇和小城市信用等级较低，其融资来源类似中小企业，地方税收和公共服务使用费等内源融资比例较高。相反，州、市级地方政府外源债务融资比例更高。

融资模式选择与一国金融体系传统也有关系。德国、法国等所谓银行主导型金融体系国家，地方政府发行市政债券就必须满足严格的担保规定，实践中也主要由银行等金融机构担保。亚洲国家中日本地方政府（包括地方国有企业）2008 年的借款和贴现规模为 227 万亿日元，高于同期地方债规模的 140 万亿日元。相反，美国等金融市场发达国家则主要通过资本市场公开融资，2012 年末其市政债券余额高达 37 145 亿美元，高于州及以下政府未清偿贷款余额，占全部债券余额的比重为 9.73%，规模仅次于国债、公司债，与资产支持证券大体相当。

第三节　提供不同类公共产品
需要差异化市政建设融资模式

根据公共产品理论，公共产品可分为纯公共品和混合公共品两类。其中，国防、司法行政服务等纯公共产品必须同时具有效用不可分割、非竞争性消费和非排他性受益三项属性。然而现实中大多数公共产品很难同时符合上述三项基本属性，如教育、公立医院、公园等大多数常见公共品并不具有完全的非竞争性和非排他性，其属性介于纯公共品和私人产品之间，可定义为混合公共品。作为地方纯公共品和混合公共品的核心供给者，地方政府需要为不同类型的公共产品合理配置资源，将财政运营资金与债务融资运用到与其属性相匹配的项目中，提高为社会提供公共产品的效率。

表 1–1　　　　　　　　　城市基础设施的分类

纯公共品	混合公共品
基础设施的维护和人员经费、城市一般道路、桥梁、隧道、路灯、公共绿地、防洪排涝	供水、燃气、集中供热、给排水设施、公共交通、轮渡、地铁、收费道路、桥梁、园林

资料来源：袁静：《城市建设举债的理论基础》。

政府部门在公共品上的投入通常可分为经常性支出和资本性支出两类。经常性支出，是维持公共部门正常运转或保障人们基本生活所必需的支出，如人员经费、公用经费及社会保障支出等；资本性支出，是用于购买或生产使用年限在一年以上的耐久品所需的支出。经常性支出可直接在当期为社会产生公共消费福利，规模不大且发生时点较为平均，财政运营资金一般足以直接用于弥补经常性支出，提供部分纯公共品。然而，对于修建公路、地铁、图书馆、博物馆，以及铺设下水管道和电力系统等期限较长、规模巨大的偶发资本性支出来说，这些公共品的投资与消费存在时间上的分离，现期投资会在其后的很长时间内为整个地方社会提供收益。在这种情况下，动用地方一般预算收入等年度经常性财政资金为这些项目融资，会造成受益者和成本负担者的错配，相当于现在的人为未来的公共产品提前埋单，仅有付出而没有回报，显然有失公平，也会使公共品的供给低于最优规模。相比之下，使用债务手段为资本性支出进行融资不仅匹配了融资期限与资产使用期限，解决了代际公平问题，同时极大地提高了政府对混合公共品的供给效率。综上所述，地方政府由财政资金和小部分短期债务融资支持政府经常性支出、以长期债务融资支持资本性支出的效率最高。

从现实中来看，政府提供大部分公共产品所需的支出均属于资本性支出，可使用规范化、标准化债务来为其融资。然而，地方政府使用债务融资必须考虑还款来源的问题。政府的财政性资金收入有限，仅依靠基于自身偿债能力的债务融资远远不能满足社会对公共产品的需求，合理使用公共产品本身的收益作为偿债来源很好地解决这一困境。这就要求政府根据各项公共产品能否进行有效收费来进行分类，按照这一原则，一般可将地方性公共产品分为非经营性公益类产品和经营性公共产品两类。

非经营性公益类产品包括城市内一般道路、桥梁、路灯、治安维护等纯公共产品，也包括园林、给排水设施、环境卫生等少部分正外部性显著但本身也具有一定收益属性的混合公共产品。这些公共产品用来为城市提供最基本的公共服务，一般不能或难以明确界定受益对象，很难适用使用者付费原则。此外，和其他基础设施项目相比，这些项目的投资规模也相对较小，基于政府税收拨款进行投资建设便已足够，目前政府主要以财政拨款、城市维护建设税和少量收费支持其建设。对于其中规模较大，严重影响年度财政平衡的项目，也可以通过发行一般责任债券的方式为其融资，平滑政府的现金流支出负担。

经营性公共产品包括供水、燃气、集中供热、收费道路、区域性收费交通设施等。这部分公共产品同样具有正外部性，但其内部收益十分显著，且能够清晰地界定产出及受益对象，在技术上能够实现单纯的使用者付费，因此这些项目可以通过市场化的手段来进行融资建设。通过出让长期特许经营权、租赁承包权等方式，政府可吸引社会资本充分投入市政基础设施建设，不仅有利于减轻财政负担，同时也提高了公共产品的效率和服务质量。随着城镇化进程进入新的阶段，市政基础设施所需的初始投资额十分巨大，且建设周期很长，依靠税收为来源的政府自身财力基本无法负担，若不进行债务融资，此类设施就无法建设并辅助使用，地方基础设施公共产品的供给也远低于合意水平。即使选择通过发行债券的手段进行融资，若不预先以征收使用费为还款来源保证，地方政府本身的信用风险和流动性风险也可能阻碍社会资本进行基础设施投资。可见，收益型市政债券的金融运作方式能够很好地与经营性公共产品相匹配。

第四节　市政债券的类型及特点

一、市政债券的概念

市政债券（Municipal Bonds）一般是由地方政府或其授权机构发行，以政府税收等一般财政收入或特定项目收益作为偿债来源，主要用于城市基础设施建设的债券。所募集资金用于非经常开支项目和一些现金流的需要。在美国，大部分市政债券的利息收入可免缴联邦税，有时也会减免地方政府税，是一种免税债券。

在国外，市政债券的发行主体是地方政府及其授权机构，有别于盈利性的企业，也有别于发行国债的中央政府。其中，政府授权机构可发行债券为自身的营运融资，例如纽约及新泽西港湾管理局就发行了项目收益债券，为其在纽约市区的各项经营融资。授权机构也可不为自身的经营而发行债券，而只作为其他企业（通常是私有公司）的融资渠道。政府授权机构可以为不同项目发行不同种类的债券，每种债券都由不同的公司进行担保，而许多授权机构的工作也就仅限于作为发行渠道。例如，雅丽根尼县工业发展局为美国航空公司、联合百货公司、科特工业公司等许多公司发行了债券。

二、市政债券的类型

根据偿债资金来源的不同，市政债券可以分为一般责任债券、收益债券和双重覆盖债券。其中，一般责任债券是指以地方政府征税能力形成的收入作为偿债资金担保来源的市政债券；收益债券是指以投资项目的收入（而非税收）作为唯一偿债资金来源的市政债券；双重覆盖债券，又称混合市政债券，是以地方政府税收收入和投资项目收入共同作为偿债资金来源的市政债券，主要以一般性的征税能力为担保偿付，还以某些专项收费、补助金、特别收费等其他收入为偿债来源，风险最低。

此外，还包括可变利率通知债券、税收和收入预期票据、发债预期票据、拨款预期票据等短期市政债券，以及再融资债券、工业发展债券等其他类型债券。

（一）一般责任债券

常规的一般责任债券又可分为信誉完备债券（unlimited tax general obligation debt）及有限责任债券（limited tax general obligation debt）。信誉完备债券是指以地方政府全部征税能力形成的收入作为偿债资金担保来源的市政债券，税收收入包括公司所得税、个人所得税、销售税、财产税等，它依托地方政府的主体信用，是一般责任债券中担保形式最强的一种债券。有限责任债券是指以地方政府的有限税种（一种或多种税种）税收收入作为偿债资金担保的市政债券。某些一般责任债券不仅以一般性的征税能力为担保，还以某些专项收费、补助金及特别收费为担保，这种债券因为其担保收入来源的二重性被称为双重担保债券。

除此之外，广义的一般责任债券还包括拨款担保债券（又称道义责任债券，对政府是否还款无强制约束力），有公开担保计划的债券（政府有义务自动扣留并调度州政府援助款项以偿付发行人的违约债务，常用于教育系统债券）。

（二）收益债券

收益债券是以特定项目的收入作为偿债资金来源的市政债券，其发行一般不需要议会投票，结构受政府宪章限制较少。收益债券中扣除经营费用，剩下的资金首先用于债务偿付。具体来看，美国的收益债券种类繁多，发行者多为相关授权机构，主要有以下几类。

公用事业债券，为公用电力、燃气、供水及废水处理系统、固体废料等公共项目融资。例如：（1）公共电力项目收益债券，由发电厂和配电系统的收入作为偿债来源，发行公共电力项目收益债券的公用电厂包括市政公用事业系统、投资者所有的公用事业公司、农村电力合作社等。（2）水务项目收益债券。水务项目收益债券的发行是用来为水处理厂、泵站、收集设施和分配系统筹集建设资金的，通常以来自连接费和水务系统使用者的支付作为偿债来源。

非营利机构债券，为医院、其他医疗机构（疗养院、辅助生活设施、养老社区、康复中心以及其他医疗保健相关设施），公立和私立大学，私立小学和中学，博物馆以及其他非营利组织融资。例如：（1）高等教育债券。公立和私立学院和大学发行高等教育债券，发行机构的不动产（如整个校园或特定财产）抵押权为额外担保，或由特定学费、特定设施产生的收入担保，比如，为学生宿舍建设或翻新而发行的债券由住宿费和伙食费收入为担保。（2）医院项目收益债券，偿债通常依赖于联邦和州的补助计划（如公共医疗补助制度和医疗保险制度）、第三方商业性支付（如蓝十字组织、健康维护组织和私人保险）和个人医疗付款。

住房项目收益债券，为中低收入家庭的购房、家庭购置首套房、老年人及退休军人的保障性住房提供融资，由州或地方政府的住房金融机构（Housing Finance Agency）发行。例如：（1）单户住宅抵押贷款项目收益债券，首先以贷款池为抵押，另外还有许多不同的担保提供方，包括联邦住房管理局、退伍军人管理局等。（2）多户住宅项目收益债券，为针对老年市民或低收入家庭的多户住宅项目而发行。有些由联邦保险的抵押品提供担保，有的获得了联邦政府的经营补贴或利息费用补贴，有的仅获得减征地方财产税为补贴。

交通债券，此类债券主要为高速公路、机场、港口、桥、隧道和大型交通建筑融资。发行者可以是州或地方政府授权机构或当地的政府部门。例如：（1）机场项目收益债券。美国多数机场直接由市政府或专门建立的公共机构所有、管理及维护。通常，用于偿债的收入来自交通费收入（着陆费、场地使用费、航空加邮费等），或来自航空公司使用终点站或飞机库等特定设施而获取的租金收入。（2）收费公路和汽油税项目收益债券。通常有两种类型的公路项目收益债券。第一种类型债券的发行收入被用来建设专门的能够盈利的设施，如收费公路、桥梁和隧道。对于这些纯粹企业类型的项目收益债券，通常用收费作为偿债来源。第二种类型的公路债券通过通行费以外的专项收入作为偿债来源，例如汽油税、机动车注册费以及司机驾驶执照费。

（三）其他债券

资产支持债券，通过独特风险的专项收入来偿还，如烟草税、收费和罚款等，风险取决于收入来源公司的支付能力。

可变利率通知债券。属于市政货币市场产品，该债券每隔一段时期（如

7天或1年）调整1次利率，并提前通知，债券持有人可随时要求按面值回售，相当于为地方政府融资的短期票据。

拨款预期票据，将以来自联邦政府的拨款还本付息的债券。发行预期票据，预期以稍后发行长期债券的收入赎回的债券，属于过渡性质的融资安排。这些票据期限较短，是州、地方政府和授权机构的临时借款。

工业发展债券。偿债资金来源为被投资的私人集团。由地方政府授权机构发债筹资后将资金借给私人企业，由其进行免税设施（如污水处理系统、天然气设施等）建设，并以租金偿还。在这种情况下，尽管政府授权机构是名义上和法律意义上的债券发行人，但实际举债人是企业，这些企业将负责还债。这些债券有的以私人企业不动产或资产抵押留置权作担保，有的无担保。工业发展债券的优点是私人企业可以将免税融资所得的资金用于资本投资，同时帮助政府达到某些社会目标。

再融资债券，构造一个结构相同的债券组合并托管在账户中作为原始债券的还款保证，那么原始债券就变为再融资债券，而不再以一般责任或收入为担保。发行目的是为了解除原始项目收益债券发行时的一些限制条款，或者降低融资成本。

次贷危机发生之后，美国推出了新的市政债券品种——建设美国债券（Build America Bonds）。2009年2月17日，美国总统奥巴马签署《2009年美国经济恢复和再投资法案》（*American Recovery and Reinvestment Act of* 2009）。法案授权地方政府在2009—2010年发行建设美国债券，筹集资金用于公共建筑、法庭、学校、公路、交通设施、公立医院、公共安全设施、水利工程、环境工程、能源工程、政府住房工程等的建设，并由联邦政府按利息的35%给予税收减免或补贴。建设美国债券自2009年4月开始发售，截至2010年3月底，共有48个州发行了"建设美国债券"，筹集资金900亿美元。2010年2月1日，美国总统奥巴马在提交给国会的"2011财政年度预算案"中提出，把"建设美国债券"作为一项永久性项目，提供28%的补贴率，并将债券用途扩大至一些债务的再融资，以弥补地方政府短期运转资金不足，以及用于投资非营利性医院和大学。

三、市政债券的特点

以美国为例，税收减免、风险较低和税后收益率高是其市政债券的三个显著特点。

（一）税收减免

美国对市政债券的利息收入实施所得税减免。美国 1986 年《税收改革法案》（*Tax Reform Act of* 1986）规定，为提供必要的公共服务所需的设施或基础设施而发行债券的利息享有联邦免税优惠，这成为市政债券税收减免的法律基础。这一税收减免政策的实质是联邦政府对发行债券的地方政府（及其授权机构）实行间接财政补贴，否则后者就必须以更高的成本从资本市场借贷资金。此外，有部分州还规定市政债券可以免交州和州以下地方税。对于市政债券如何进行税收减免，会在债券发行之前由律师事务所按照相关规定作出判断。

美国在次贷危机后推出的"建设美国债券"在税收减免方面又有所创新。建设美国债券按税收减免方式的不同分为税收抵免债券和直接支付债券两类，其中，税收抵免债券是联邦政府给予债券持有人所获利息 35% 的税收抵免额，如果持有人当年的纳税义务低于该抵免额，未抵部分可结转以后年度抵免；直接支付债券由联邦政府将债券利息 35% 的部分直接支付给发行人。

对市政债券实行税收减免，既有利于降低融资成本，也有利于拓宽债券的投资者范围，从而为扩大融资规模创造了条件。从实际情况看，税收减免政策确实在很大程度上推动了美国市政债券的发展，但也引起了一些争议。美国的不少地方政府为更好地利用市政债券的免税政策，针对法律的漏洞，通过创造各种衍生金融工具来拓展市政债券的使用范围。随着资金用途开始脱离"公共"性质，一些市政债券已变得越来越像公司债券（例如一些工业发展债券）。到目前为止，美国关于市政债券免税制度利弊的讨论仍然没有停止。

（二）收益率较高

美国市政债券总体信用水平较高，所以票面利率一般较低。但是，由于享受税收减免政策，市政债券的税后收益率要明显高于同等级别应税债券的收益率。这也是市政债券在美国债券市场上长期具有较强竞争力的重要原因。

（三）信用风险低

20世纪40年代以来，美国地方政府发行市政债券四十余万次，而其违约率平均为0.5%，其信用风险仅略高于联邦政府债券（美国国债）。

表1-2　　　　　　　　　　美国市政债券违约记录表

时期	发行违约次数	总发行次数	违约率（%）
1940—1949 年	79	40 907	0.2
1950—1959 年	112	74 592	0.2
1960—1969 年	294	79 941	0.4
1970—1979 年	202	77 620	0.3
1980—1994 年	1 333	130 092	1
总计	2 020	403 152	0.5

资料来源：《中国市政债券信用风险与发债规模研究》。

美国的偿债准备金制度也在一定程度上提高了市政债券的信用水平。美国政府规定，地方政府的偿债准备金数额可以为付息总额的100%~120%，也可为债券发行值的10%。偿债准备金的来源包括发行溢价收入、发行人自有资金以及投资项目收益。偿债准备金仅限于投资低风险的联邦政府信用债券（包括联邦政府债券和有联邦政府信用支持的债券），投资期限不能长于剩余偿债期限。

另外，20世纪80年代以来，美国市政债券保险市场发展迅速，为投资者提供了更好的安全保障，也为二级市场提供了流动性和价格支持。债券保险是指若市政债券发行人失去偿债能力，保险公司会代其承担还本付息的法律责任，降低了市政债券的投资风险。

第二章　国外市政债券
市场发展历程及现状

第一节　美国市政债券市场

美国是市政债券的起源国，也是市政债券的主要发行国。经过近两百年的发展，其市场运行机制已较为成熟。

一、美国市政债券发展历史沿革

美国市政债券始于 19 世纪 20 年代，当时美国城市的大规模建设需要大量资金。1812 年，纽约州首次采用发行债券的办法筹集资金开凿伊利运河，仅用 5 年时间运河即告完工，远快于依靠财政慢慢完成积累后再进行投资的模式。各州受此启发，纷纷仿效，开始通过发债筹措资金进行基本建设。截至 1841 年，各州债务总额已接近 1.93 亿美元，这是美国地方政府的首次举债高峰。1840—1880 年，美国城市人口爆炸性增长，同时美国西部开发和铁路建设也极大地推动了地方政府债务的迅速膨胀，地方政府的负债规模超过了联邦政府的 50%。其间美国城镇的高速发展与市政债券的急剧增长密不可分，通过发行市政债券募集的资金大部分都投入到城市发展、铁路建设和美国免费公共教育系统中。1902—1932 年，美国地方政府的债务又增加了10 倍。

此后，每遇大规模增加基础设施建设，美国地方政府的债务都会剧增。金融危机后，美国总统奥巴马正式签署《2009 年美国经济恢复和再投资法案》（*American Recovery and Reinvestment Act of* 2009），该法案授权州和地方政府在 2009—2010 年发行建设美国债券，市政债券构成美国经济刺激政策的重要组成部分。

2013 年，美国市政债券的新发债规模达到 3 316 亿美元，占美国债券发行总量的 5.2%，占美国当年名义 GDP 的 2%。其中，一般责任债券（General Obligation Bonds）公开发行 1 246 亿美元，占当年市政债券发行总量的 38%，项目收益债券（Revenue Bonds）公开发行 1 885 亿美元，占当年市政债券发行总量的 57%，另有 185 亿美元的市政债券通过私募发行，占当年市政债券发行总量的 5%。截至 2013 年末，市政债券市场存量为 36 712 亿美元，占债券市场存量的 9%。

表 2－1　　　　　　　　　　美国市政债券发行规模　　　　　　　　　单位：亿美元

年份	2005	2006	2007	2008	2009	2010	2011	2012	2013
一般责任债券发行额	1 440	1 146	1 302	1 102	1 549	1 469	1 049	1 353	1 246
项目收益债券发行额	2 624	2 675	2 943	2 762	2 519	2 834	1 803	2 342	1 885

资料来源：美国证券业与金融市场协会相关资料。

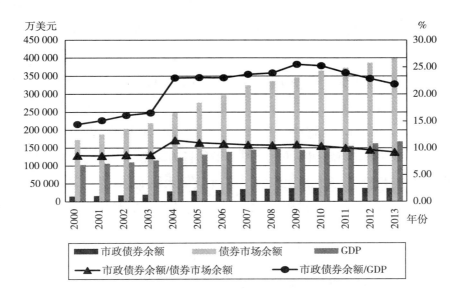

图 2－1　美国市政债券在债券市场中所占比重

二、美国政治、财政、法律体制对市政债券发展模式的影响

美国实行的联邦制是比较松散的联邦，50 个州政府具有除国防、外交之外的所有主权。由于历史的原因，美国各州的独立性很强，除了缴纳联邦税收之外，几乎不发生州与州之间的财政资金再分配。

美国联邦预算和地方预算是独立编制的，联邦法律不允许各州从联邦财政获得资金支持，因此各州政府只得自行融资。1817 年纽约州首次采用发行债券的方法为开凿伊利运河筹集资金，美国自此形成了各州独立决定发行市政债券的传统。发行市政债券并不需要上一级政府的批准或同意，即州发行市政债券不需要联邦政府批准，州以下地方政府发行市政债券也不需要所在州政府的批准。

1975 年以前，美国联邦政府对市政债券几乎没有什么监管措施。国会批准市政债券免受 1933 年《证券法》注册要求及 1934 年《证券交易法》定期报告要求，仅有反欺诈条款适用于市政债券的发行与交易。各级地方政府发行市政债券不需要向 SEC 报告和登记，不同的州对于发行市政债券的决策人、程序及其责任虽然存在区别，但各项条款完全由本级政府确定。

1975 年纽约市政债券违约和 1983 年华盛顿公共能源供应系统债券违约，直接推动了美国国会修订《证券法》，通过了《证券法修正案》（1975）。该修正案决定成立市政债券规则制定委员会（Municipal Bond Rulemaking Board，MBRB），负责拟订市政债券市场上交易商的行为规则。市政债券规则制定委员会本质上是自律组织，该组织对市政债券发行人、投资人、评级机构并无监管权限。实际上，美国联邦政府对市政债券市场的监管仍然坚持自律监管为主的理念。

当市政债券出现风险，进而引发地方政府财政危机时，美国联邦政府将启动紧急财政援助，通过财政部向地方政府提供紧急项目援助，帮助其偿还到期债务；各州政府国库也都设有地方财政复兴周转金，可以向下级地方政府提供补贴和贷款来化解危机。

美国的政府体制决定了美国市政债券有很强的地域性，绝大部分市政债券都由当地机构投资者和居民购买。加之税收优惠政策局限于当地，跨区域流通的市政债券较少。美国市政债券的发行主体包括州、市、县及其代理或授权机构，截至 2010 年底，全美共有约 55 000 个市政债券发行者，大规模发债者为较大的地方政府及其代理机构，如加利福尼亚州政府、洛杉矶运输局、纽约市水务局等。

三、美国地方法律对市政债券发行的管理

除了联邦证券法之外，市政债券发行还受被称为"蓝天法"的州证券法约束。这些法律的涉及范围较广，包括公共基金的使用许可、税收和债务限制，以及与市政债券发行相关的信息公开和公开会议法等内容。

美国联邦政府没有规定各州债务规模的权力。但是美国 50 个州中，有 47 个州要求每年必须实现预算平衡，仅有怀俄明州、弗吉尼亚州、印第安纳州、佛蒙特州没有强制平衡预算的要求，从源头上保证了财政收支的稳健性。美国各州对市政债券发行规模控制的重点是一般责任债券（General Obligation Bonds），即重点控制以全部税收收入作为偿付来源的市政债券规模。美国对构成地方政府的债务规模有所限制，控制指标主要有负债率、债务率和资产负债率等。以本次访问的美国纽约市为例，其一般责任债券余额不得超过当年纽约市物业税收入的 10%。美国全国州预算官员协会（NASBO）2002 年进行的调查，在州宪法和法令规定允许发行一般责任债券的 47 个州中，有 37 个州在其宪法和法令中对一般责任债券规定了限额，如要求债务余额与州政府年度预算总收入之比为 90% ~ 120%、债务余额与该州国内生产总值之比为 13% ~ 16%。对于以市政项目运营收益为还款来源的收益债券（Revenue Obligation）则视市政项目收益情况确定举债规模。

总体来看，美国市政债券在政府总体债务中的占比约 20%；长期债券的发行规模占当年 GDP 的 2% ~ 4%，保持在当年财政收入的 10% 以内；市政债券余额与 GDP 的比重保持在 15% 左右，是地方政府财政收入的 80% 左右[①]。

---

① 胡维波：《关于发展我国市政债券市场的策略探讨》，载《财经政法资讯》，2006（1）。

（一）美国地方政府债务风险预警体系

美国俄亥俄州在美国政府间关系咨询委员提出的预警参考指标基础上发展起了地方财政监测计划（Fiscal Watch Program），并逐渐成为地方政府债务风险预警的一种典型模式。1979 年，俄亥俄州通过《地方财政紧急状态法》（*Code on Local Fiscal Emergencies*，后于 1985 年修正）[1]，该法规定了需提出地方政府财政风险预警的十大类情况（如表 2 - 2 所示），并明确规定由州审计局（Office of Auditor of State）负责实施财政监测计划，对地方政府是否处于财政紧急状态作出判断，然后向州政府提交关于财政监测状况的书面通报，列出下级地方政府的"预警名单"。

表 2 - 2　　　　　　　　　美国地方政府财政危机确认标准

第一条	3 年以上出现赤字，并且过去每个财政年度赤字率为 1% 以上（含 1%）
第二条	支出超过收入达 3 年之久或更长
第三条	拖欠债券或票据的本金或利息支出
第四条	有 30 天拖欠工资
第五条	有 30 天没有按照指定日期支付债权人开支
第六条	与债权人谈判，要求对超过债务的 30% 进行调整，但谈判没有成功
第七条	连续两个年度地方赤字率累计为 5% 或者更高
第八条	没有根据《地方养老金计划筹集标准和复兴法案》的要求，在规定的期限内支付最小范围内的养老金支出
第九条	根据《破产法》第 9 章的规定对其债务进行调整
第十条	征收用于一般用途的不动产税收入达到最高要求，而地方服务数量明显减少

（二）美国市政债券发行管理机制

由于美国各个州的法律有所不同，因此，不同的州对于发行市政债券的决策人、程序及其责任存在区别，以下以加州橘县（County of Orange）和佛罗里达州的迈阿密市（City of Miami）为例作些介绍。

加州橘县批准发行市政债券的权力在监督委员会（Board of Supervisors），

---

[1]　http：//codes. ohio. gov/orc/118.

该委员会由 5 位选举产生的全职委员组成。发行期限少于 13 个月的短期债券由县司库（Treasurer）向监督委员会提出建议；而超过 13 个月的长期债券则需由县的首席行政长官（County Administrative Officer）向监督委员会提出建议。监督委员会的各位委员收到建议书之后召开碰头会，讨论是否批准。事实上，很多委员对于是否批准市政债券的发行，主要是听取首席行政长官的建议。

迈阿密市的主要治理机构是城市委员会。城市委员会由一个市长、一个副市长和选举产生的三个委员组成，对所有的政府行为负责。城市委员会将日常管理的责任委托给由该委员会任命的城市经理人，负责城市的所有行政部门及其雇员的管理。城市经理人可以根据实际需要提请发行市政债券，并事先准备发行市政债券的财务报表以及官方陈述书，但市政债券最终是否发行由城市委员会决定。

第二节 日本地方公债市场

日本是相对中央集权的国家，与美国在国家结构形式上有所不同，在市政债券的发行管理方面形成了有自身特色的制度安排。

一、日本地方公债发展历史沿革

日本现有都、道、府、县 47 个，市、町、村 3 213 个，市政债券在日本被称为地方政府债券，是对发行者发行的各种债券的总称。起初日本地方政府没有自治权力，不能通过地方公债进行债券融资。直到"二战"后新修订的日本宪法增加了允许地方自治的内容，地方政府才逐渐成为债券发行主体。如果说美国的市政债券制度代表着分权制国家的地方债券市场制度，日本的地方公债制度则代表了中央集权国家地方债券发展过程中的某些过渡性债券市场的制度安排。

近年来，随着日本地方财政规模逐年扩大，发行市政债券已成为维系地方财政、扩大地方财源的重要手段。从历史发展情况看，日本市政债券从 20 世纪 70 年代开始快速发展，在 70 年代中后期和 90 年代中期出现两波跳跃式增长——这两个时期正是日本经济陷入增长困境，国内资金需求强烈的阶段。目前，日本是全球仅次于美国的第二大市政债券市场国。2013 年，日本地方政府债券发行规模约为 737.7 亿美元，债券存量接近 59 33.4亿美元。

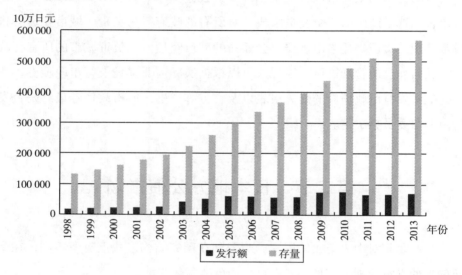

资料来源：日本证券业协会相关资料。

图 2 – 2   日本近年市政债券的发行额及存量

二、日本政治、财政体制对市政债券发展模式的影响

日本的政府体系由中央政府、都道府政府和市町村政府三级组成。都道府和市町村等地方政府原来没有自治权力，"二战"后日本宪法经过修订增加了允许地方自治的内容，地方政府开始拥有债券融资权力，但日本对地方政府发行市政债券实行较为严格的发行管理制度，在防止地方政府债务膨胀和加强中央对地方财政的指导等方面发挥了十分重要的作用。

（一）协议审批制度

日本地方政府要发行市政债券，必须向自治省①上报计划，并经自治大臣批准。自治大臣批准时，要与大藏大臣②协议，听取大藏大臣的意见，所以称为协议审批制度。自治大臣与大藏大臣审批地方政府发债的重点是当年不批准发债或限制发债的地方政府名单，确定的依据主要有三个方面：一是对不按时偿还债券本金或发现以前通过明显不符事实的申请获准发债的地方政府，不批准发债；二是对当年地方税的征税率不足90%或赛马收入较多的地方政府，限制发债；三是严格限制有财政赤字的地方政府发债。

（二）计划管理制度

"二战"后日本中央政府（自治省和大藏省）每年都编制"地方政府债券发行计划"，其主要内容包括债券的发行总额、用途、各种发行方式的发债额。这一计划虽然只作为参考资料提交给国会，无强制执行的效力，但是，由于自治大臣在审批地方政府发债申请时以该计划为依据，所以十分重要。在决定允许发行的债券金额和用途的同时，还需要确定债券的持有人即债权人以及资金的分类。总体来看，投资购买地方公债的资金渠道主要有：政府资金（包括财政融资资金和主要由国家运营的邮政储蓄资金、简易保险公积金）、公营企业金融公库资金和民间资金等。历史上，大约70%的地方债券是政府资金、公营企业金融公库等政府机构和地方公共团体的互助机构以及一部分银行等直接认购，但近年来政府资金比例逐渐趋于下降。一般来说，政府资金仍然大约占50%，公库资金大约占10%，市场资金大约占40%。其中，都道府县从市场融资的比例比较大，而市町村从政府取得资金的比例比较大。都道府县一级平均来看，政府资金占40%，民间资金占60%。但在东京、大阪等金融市场发达的金融中心，民间资金比例已经相当

---

①　日本是一个形式上实行地方自治制度、实际上中央对地方有着极为强大的影响力的国家。自治省是日本中央政府20个省厅（相当于我国的部委）之一，是以管理地方自治制度为其主要职能的中央机构，在中央地方关系中起到了极其重要的纽带作用。

②　日本大藏省的负责人。大藏省是主管日本财政、金融、税收的最高行政机关。

高。如大阪地方公债的资金来源中，民间资金占 80%，政府资金只占 20%。而东京地方公债中民间资金更是高达 90%，政府资金仅有 10%（土居丈郎，2003）。

（三）资金用途限制

日本对于地方政府发行市政债券筹集资金的用途有明确限定。日本《地方公债法》规定，市政债券主要用于以下各项事业：交通、煤气、水道、住房等建设所需经费；灾害紧急事业费、灾害后生产恢复事业费和灾害救济事业费；所有地方普通税税率都高于标准税率的地方政府所从事的文教、卫生、消防及其他公共设施的建设。

此外，日本作为中央集权制国家，由于上级的法律或道义事权往往成为下级的当然事权，下级的债务不可避免地成为上级的或有债务，上级不得不成为下级债务的实际上的最后承担者，因此，在日本实际上存在着双重保证的偿还机制安排。地方政府作为债券发行或担保者是第一次、法律和制度的偿还人，中央政府成为二次的、行政和道义上的偿还人。

从日本地方公债融资制度演进的角度来看，虽然有标准化的债券工具，但由于发行之前已经确定了购买对象，并非针对不确定性的潜在投资者，不属于市场经常性的自发交易活动，且存在一定的兜底性质。因此综合来看，日本的债券制度可以说是带有私下协调性质的财政性融资制度。

三、市政债券的分类和用途

日本的市政债券主要有地方公债和地方公共企业债两大类，地方公债由日本地方政府直接发行，是日本地方债券制度的主体，其中既有都、道、府、县发行的，也有市、町、村发行的；地方公共企业债则是由一些特殊的国营法人发行的债券，这种债券一般都是由政府担保支付本息。日本地方政府债券筹集的资金主要用于建设性支出，不能用于经常性支出。具体用途包括：（1）交通、煤气、上下水道事业及其他地方公用团体经营的企业所需经费；

（2）对地方公营企业提供的资本金和贷款；（3）地方政府债务转期；（4）抗灾应急、灾后恢复以及灾害赈济事业费；（5）公共设施建设事业费或这些设施的用地费用。据统计，在1990年末的地方政府债务中，有28.4%用于地区综合开发，9.9%用于教育设施建设，6.8%用于公营住宅建设，6.2%用于一般公共事业等。

第三节　德国市政债券市场

德国是联邦制国家，由中央政府（central government）、州政府（state government）以及地方政府（local government）三级政府组成。联邦政府负责制定政策、法律和规章，由州政府负责执行。县、小城市（社区）政府负责承担联邦政府和州政府委托的社会公共事务以及地方社会公共事务。各级政府均有独立预算，分别对各自议会负责。德国市政债券主要指州政府以及地方政府及其代表机构发行的公共债务。

一、德国市政债券发展历史沿革

1991年前，德国州以下政府主要通过银行贷款进行融资，银行通过发行潘德布雷夫债券（Pfandbriefe，Covered Bond的一种）进一步融资，银行贷款约占地方政府融资额的85%。由于地方政府融资渠道过于单一，对财政稳健性产生了负面影响：一是融资期限往往较短，5~10年长期贷款较少，容易产生流动性风险；二是将财政与银行"捆绑"在一起，会相互传播风险；三是由于地方财政独立，其债务容易过度。除此之外，上届政府留下的沉重债务，往往会成为困扰下届政府的重要因素。[①]

20世纪90年代初德国统一以后，庞大的国家建设投资需求促使政府转向资本市场融资。债券市场能提供较长期限资金，地方政府也希望引入外部

① 王信、李俊：《德国地方政府债券市场的发展与启示》。

约束，限制债务过度增长，德国地方政府债券市场开始步入发展轨道。
1997—2000 年，德国财政体系经历了调整，州以下政府减少了净债务，并更
加注重银行贷款。但从 2000 年开始，州以下政府开始用市政债券来替换银行
贷款。随着资本市场的进一步发展，市政债券成为州以下政府融资的首选。
德国市政债券的主要投资人是商业银行，这是德国以全能商业银行为主的金
融体系结构决定的。值得一提的是，近几年为了吸引保险公司和基金等机构
投资人，德国各州创新了名为"抒善"贷款（Schuldschein Loan）的债务工
具。该债务工具本质上就是地方政府向保险公司或基金等机构投资人定向发
行的私募债券。德国市政债券的另一个重要组成部分叫做 Jumbo，它是由一
组州政府集合发行的债券。截至 2007 年，Jumbo 已经发行 33 只，且每组州
政府个数由 5 到 7 个不等。联合发行能有效降低债券融资成本，提高流动性。
过去十年，债券发行量最小的三个州——北莱茵—威斯特法伦州、萨尔州以
及汉堡州，其联合债券发行额占其债券总发行额比例分别高达 78%、71%
及 61%。

受职能限制，地方政府债券发行主体是州政府，地区政府一般很少发行。
截至 2011 年 6 月，德国州市政债券余额 2 751 亿欧元，占政府债券存量的
21%。地区政府债券存量为 1.75 亿欧元，仅占地方政府债券存量的 0.06%。

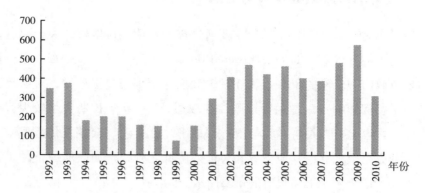

注：1998 年以前数据以德国马克计量，1999 年以后数据以欧元计量，2010 年的数据截至 5
月末。

资料来源：德国央行统计表。

图 2-3　德国州以下政府债券发行量

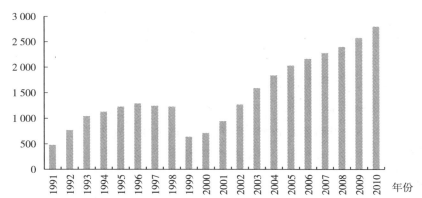

注：1998 年以前数据以德国马克计量，1999 年以后数据以欧元计量，2010 年的数据截至 5 月末。

资料来源：德国央行统计表。

图 2 - 4 德国州以下政府债券存量

二、德国政治、财政、法律体制对市政债券发展模式的影响

德国是联邦制国家，全国共有 16 个一级行政单位（13 个州和 3 个直辖市）。联邦财政与州财政相互独立，各州有独立的财政权。因此，各州政府举债只需获得州议会的批准。2010 年，德国市政债券发行量最大的三个州分别是北莱茵—威斯特伐利亚州（North Rhein – Westphalia）、柏林市（Berlin）、下萨克森州（Lower Saxony）。

东德和西德统一后，鉴于前东德地区发展相对滞后，德国中央政府加强了平衡地区经济发展的职能。德国联邦宪法确定了收入均等化原则（Revenue equalization）和联邦团结原则（Principle of federal solidarity）。收入均等化原则体现在德国联邦宪法第 106 条第三段和第 107 条，其中规定德国主要税种（包括个人所得税、企业所得税、增值税）应该在联邦、州和市之间分配，这种分配应确保财政状况不同的州之间合理均衡。德国各州税收分享的比例由联邦政府确定，税率由联邦法律确定。德国联邦政府通过多税种、多层级的转移支付体系，意图不断缩小各州经济发展水平差异。2009 年，人均 GDP 最高的汉堡市（Hamburg）与人均 GDP 最低的 Mecklenburg West – Pomerania 州相差不到 1 倍。联邦团结原则在宪法里表述为联邦的所有成员对任何一个陷入

财务困境的州有连带支持义务。这就意味着德国各州几乎不可能发生债务违约。

在收入均等化原则和联邦团结原则下，德国市政债券市场有如下基本特点：一是各州市政债券隐含了联邦政府担保，其信用风险几乎等同于国债，惠誉评级公司对德国联邦各州的信用评级均给定了等同于德意志联邦的 AAA 级；二是联邦团结原则使各州市政债券获得了宪法层面的显性担保，即有债务危机的州可以获得联邦各州的支持；三是各州发债计划虽然不需要由联邦政府批准，但是有向德国中央银行事后报告的义务，而且有在联邦政府例行电话会议上提前沟通的惯例。

德国联邦政府并无法律授权对各州规定统一的债务控制比例，债务总水平的控制是各州议会的权力。由于各州都追求平衡财政预算，地方政府举债的规模实际上受到严格控制。以此次访问的黑森州（Hesse）为例，该州 2010 年新发市政债券总额为 72 亿欧元，相当于该州当年财政预算收入的 26%；该州 2009 年末市政债券余额为 334 亿欧元，相当于该州 2009 年 GDP 的 15%。处于公认的安全债务范围之内。除了债务存量指标之外，每年还本付息总额与财政预算收入的比例也是控制债务水平的重要指标。纵观德国 16 个州（市），2009 年市政债券还本付息总额与财政预算收入的比例大体在 10%，比例最高的 Saarland 州和布来梅市（Bremen）也不超过 20%。

本轮国际金融危机之后，德国联邦议会通过法案，要求在 2016 年之前各州要实现经常性财政收支平衡，除了发生自然灾害等特别情况，州财政不能有赤字预算；2020 年之后，各州不得再发行州政府层级的市政债券。这种制度安排期望从财政收支的源头消除公共债务的不稳定因素，而不仅仅是从公共债务举债规模上进行终端控制。

第四节　波兰市政债券市场

一、波兰市政债券发展历史沿革

波兰是单一制国家，在实现计划经济向市场经济转轨之前，各级地方政府都不能举债。波兰市政债券市场起步于 1996 年，1997 年底市政债券存量不到 3 亿兹罗提（约合 0.96 亿美元），2009 年底市政债券存量达到 69 亿兹罗提（约合 22 亿美元），年均复合增长率接近 30%，占波兰各类债券总余额的 11%。尤其是在波兰加入欧盟之后，欧盟对波兰的基础设施建设进行经济援助，援建项目的配套资金大多通过发行市政债券解决。今天的波兰相当一部分市政当局已经很少使用银行贷款，债券才是它们主要的外部融资方式，同时越来越多的金融机构也对组织发行市政债券产生更大的兴趣，具有评判债券发行成本和市政当局信用度的机构也越来越多。

波兰市政债券的 80% 左右被商业银行持有，10% 左右被外国投资人（大多数来自欧盟）持有。保险公司、基金等持债比例很小。在波兰市政债券市场上，商业银行还承担着承销机构、做市商和交易代理机构的角色。这是由于波兰金融体系相对不发达，商业银行承担了金融市场多种角色。

此外，波兰地方政府发行市政债券通常采用私募方式，即只向有限数量的投资人定向发行，通常也不进行评级。

二、波兰政治、财政体制对市政债券发展模式的影响

波兰虽然是单一制国家，但是各级地方政府之间相互独立，没有上下级关系，地方政府只能从中央政府获得转移支付，地方政府之间不存在转移支付问题，这使波兰各个地方政府的融资相互独立。由于地方政府独立的财政权力给了地方政府较为自由的融资选择，所以必须对地方债务进行控制，以保证地方财政的正常运转。

法律规定，地方政府债务（含债券和银行贷款）的余额不得超过当地政府当年预算收入的 60%，地方政府债务（含债券和银行贷款）当年还本付息额不得超过同期地方政府预算收入的 15%。特别值得一提的是，当年还本付息额不得超过同期预算收入 15% 的限制，使绝大多数市政债券只能采用平均摊还本息的偿还方式，即市政债券每年都要偿还一部分本金，而不是每年只付利息、到期一次还本的做法，避免了本届政府举债、下届政府还本的局面。

第五节　韩国市政债券市场

韩国政府一般情况下不允许地方政府发行市政债券，但在必要情况下对不可避免的地方债可以特殊对待，条件是必须符合规定的特殊用途，并且要经过中央政府的批准。

韩国《地方财政法》（*Local Finance Law*）第 7 条规定地方政府可发行市政债券的项目包括：具有长期效益的公共工程项目；具有充分投资回报，而且能还本付息的项目；抵御自然灾害的项目和灾后重建项目；筹资用于前一轮举债还本付息的资金；其他改进居民福利状况的项目。每年中央政府会确定并公布地方政府发行债券的指导方针，同时制定"地方筹资中期计划"。有筹资要求的地方政府必须预先提交举债筹资的方案报告，列明筹资项目和筹资规模，按照具体用途先与管理国家住宅基金、农村发展特别账户、环境保护特别账户的政府部门协商，获得相关部门批准后，提交中央政府审批。中央政府按照审批指标批准后方可实施发债计划。

韩国地方债按照举债目的和使用范围的不同分为一般账户债、特别账户债和公共企业债①。一般账户债所筹资金主要用于道路与桥梁建设、公共设施维修和救灾项目；特别账户债所筹资金主要用于住宅、供水排水和乡村企业项目；公共企业债所筹资金主要用于地铁等建设项目。

---

① 见韩国公共行政与安全部（Ministry of Public Administration and Security，MOPAS）的年报。

第三章　我国市政建设融资概况

第一节　我国市政建设融资需求矛盾

改革开放以来，我国市政建设投入增长迅速。1978—2010 年，我国城市公用设施固定资产投资从 6.4 亿元上升到 1.35 万亿元，年均增长 26.1%。按城市人口计算，人均固定资产投资也由 3.7 元增加至 1 955.6 元（见图3－1）。

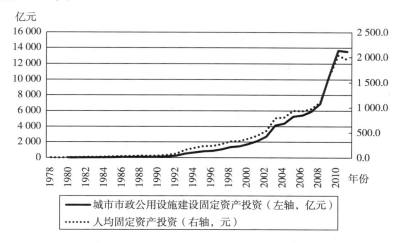

数据来源：《中国城市建设统计年鉴》，《中国统计年鉴》。

图 3 － 1　城市市政公用设施固定资产投资概况（1978—2011 年）

但市政建设投资相对水平仍然较低，其占全社会固定资产投资的比重低于发展中国家平均水平。联合国开发计划署的研究表明，发展中国家城市建设固定资产投资占全社会固定资产投资的比重一般为 10% ~ 15%，与 GDP 之比一般为 3% ~ 5%。1995 年以来，我国城市基础设施建设投资占全社会固定资产投资的比重平均为 5%，最高值仅为 8%。与此同时，市政建设投资与 GDP 之比也维持在 4% 以下（见图 3 – 2）。

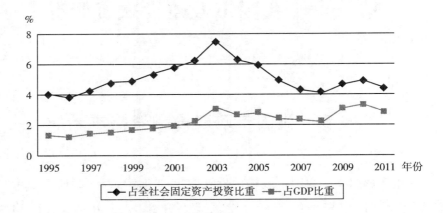

数据来源：《中国城市建设统计年鉴》，《中国统计年鉴》。

图 3 – 2　城市基础设施建设投资的相对比重（1995—2011 年）

2012 年末，我国城镇化率为 52.6%，仍远低于发达国家近 80% 的平均水平。到 2020 年，预计城镇人口年均增长 1 700 万左右，届时城镇化率达到 60% 左右，城市人口 8.4 亿左右。可以预见，随着城镇化的推进，基础设施建设投资势必也要增长。即使不考虑基础设施投资的历史欠账，按照人均 30 万元左右计算投资规模，未来 8～10 年每年大体需要新增投入 5 万亿元。目前，我国中央地方政府事权和支出责任划分不清晰、不合理、不规范，地方政府财政收入难以满足对应事权的需求。1978—1994 年，地方财政收入与支出占全国比重还基本相称，66.5% 对应 63.1%，而 1995—2012 年，二者分别变为 48.7% 和 78.9%，也即地方政府用不到一半的财政收入承担了接近八成的支出责任（见图 3 – 2）。而且，随着地方财政收入增速的变缓（2012 年收入增速由上年的 29.4% 下降到 16.2%）和支出的不断加大，这种财权与事权的不对等状况存在继续强化的趋势。这种不对等局面的持续，造成相当一部分地方仍处于"吃饭财政"阶段，使得可用于地方建设的财政资金十分有限。

第二节　我国财政体制变革过程中
市政建设投融资模式演变

市政建设是政府的重要公共职能之一，市政建设支出是财政支出的主要组成部分。从财政体制变革视角看，随着我国逐步从高度集中的计划经济体制向市场经济体制转型，中央政府和省级政府之间的财政分权体系经历了两次重大变革，呈现三个不同的阶段，分别是：计划经济体制时期的统收统支阶段，改革开放后到1993年的"财政包干"阶段，以及1994年之后的分税制阶段。伴随着我国经济体制特别是财政体制的变迁，我国市政建设融资经历了由早期单一的财政拨款模式到目前多样化市场融资模式的演变。

新中国成立后到改革开放前，我国财政管理体制与计划经济体制相适应，形成了统一领导、分级管理的、中央高度集权并带有统收统支色彩的高度集中的财政管理体制。在计划经济体制下，政府通过行政命令、计划指标在全国范围内统一配置社会资源。财政作为国家筹集运用资金、实现国民经济和社会发展计划的工具必然服从和服务于这种资源配置方式。高度集中的财政管理体制下，由财政对包括市政建设在内的基本建设按经济计划无偿拨款，财政成为最重要的基建投资主体。1954年，中国人民建设银行成立，隶属于财政部，专门办理基本建设拨款。这一时期，基建投资项目由计划部门审批、立项，列入国民经济计划，财政部门按国民经济计划编制国家预算，安排基本建设支出，将资金拨付给建设银行，建设银行根据审批的基建计划，为建设单位提供资金并监督资金使用。在统收统支体制下，"吃大锅饭"问题突出，基本建设项目缺乏明晰有效的激励约束机制，投资项目责、权、利不相统一，投资和建设效率低下，地方政府财政缺乏自主权，不利于因地制宜开展市政建设和改善居民福利。

党的十一届三中全会后，财政管理体制进行了全方位的改革探索。从1980年起，国家开始实行省、市、自治区"划分收支、分级包干"的财政体制，按照隶属关系明确划分中央和地方的收支范围，这一改革又被称为"分灶吃饭"的财政包干体制。在这一体制下，地方享有更多财政收入，同时负责对地方基建投资的统筹安排和调剂使用。这一改革有助于促进中央地方事权和财权相统一，调动地方因地制宜发展地方生产建设的积极性，给予地方政府更大的财政自主权。这一时期市政建设融资模式也更为多样和灵活。1980年11月，国务院同意国家计委、国家建委、财政部、中国人民建设银行《关于实行基本建设拨款改贷款的报告》，基本建设投资试行建设银行贷款，变无偿使用为有偿使用。在"拨改贷"改革不断深入的大背景下，财政预算中的建设性支出比重不断下降，20世纪80年代中后期，包括城镇化建设这一传统公共财政领域也开始利用银行贷款，当时不少城市还大量向市民集资用于道路交通等市政基础设施建设。值得注意的是，这一阶段"分灶吃饭"财政体制变革区别于1994年的分税制改革，并未从立法角度重构中央与地方的财政收支权责关系，而是管理角度的行政性分权。从改革探索角度，各省、直辖市、自治区根据各自情况开展不同试点，尽管短期内取得良好效果，但是从全国角度这一行政性分权体制缺乏规范性、公平性和透明度，中央财政的收入不足，影响了国家财政政策和宏观调控政策的控制力。

　　1993年11月，党的十四届三中全会通过了《关于建立社会主义市场经济体制的若干问题的决定》，明确提出从1994年起建立新的政府间财政税收关系，将原来的财政包干制度改造成合理划分中央与地方（包括省和县）职权基础上的分税制，预算财政管理体制的主要内容是：（1）中央和地方明确划分了各自的政府事权和财政支出的范围；（2）中央和地方明确划分了各自财政收入的范围，明确划分了中央税、地方税和中央与地方共享税；（3）建立了中央对地方的转移支付制度，即税收返还和专项补助以帮助实现地区平衡。此外，还清理地方的预算外资金，取消或减少了大量的政府收费项目；推行以增值税为主体的间接税制度，统一个人所得税等。分税制改革后，我国财政税收体制进一步完善和规范，中央与地方、政府与市场之间的关系进一步明确，在分税制体制下，地方政府明确了事权和支出范围，开始具有自身的税收收入，形成了相对独立的地方政府信用。

分税制改革之后，地方政府在中央和地方总收入中的份额持续下降。由图3-3地方政府税收收入份额趋势图可以看出，分税制改革之前，地方政府的税收收入份额达80%，占绝对优势。但分税制改革之后，地方政府收入的比重迅速下降，近年来一直维持在50%以下。

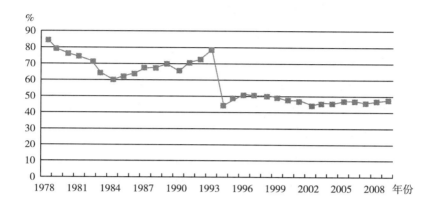

数据来源：1978—2010年各年《中国统计年鉴》。

图3-3　地方政府税收收入份额

在收入权利向中央倾斜的同时，中央和地方政府之间的支出责任并没有进行相应调整。中央政府主要负担国防、外交以及中央本级财政负担的公共支出，将主要的地区性支出职责均划归地区。地方政府实际支出比重不断上升，从20世纪80年代的60%上升至2009年的80%（如图3-4所示）。

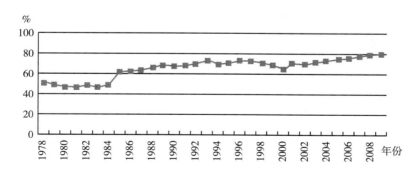

数据来源：1978—2010年各年《中国统计年鉴》。

图3-4　地方政府支出份额

拥有50%财权的地方政府承担了80%的事权，但《预算法》限制了地方政府借债的权力。为了弥补地方政府巨大的财力缺口，中央对地方的转移支付成为重要的财力补充。分税制改革以来，转移支付规模不断扩大，从1994年的497亿元，扩大到2012年的40 233.64亿元。平均来看，转移支付占地方政府预算内收入的份额保持在45%左右。

但是，巨大的转移支付规模并不完全形成地方政府的可支配财力。转移支付按功能主要分为两种类型[①]：一是财力性转移支付，由均衡性转移支付、民族地区转移支付等项目组成。地方政府可统筹安排使用，主要用于弥补财政实力薄弱地区的财力缺口，均衡地区间财力差距。二是专项补助，目的在于实现特定的宏观政策及事业发展目标，或对中央委托地方事务、中央地方共同事务进行补偿，一般规定了资金的使用范围或者是具体项目，甚至一些专项补助对地方政府提出了提供配套资金的要求。因此，地方政府对专项补助的量裁权很小，不能完全自由支配。

1994年以来，专项补助一直占转移支付的绝大部分比重，之后虽然逐年下降，但2009年依然占有50%左右的份额。因此，转移支付在弥补地区财力上具有一定局限性。

分税制财政改革后，市政建设划入地方政府事权范围，由地方政府统筹融资。分税制改革后我国财政金融体系进一步完善，市政建设融资更为规范更为市场化，但是由于分税制使地方政府财力与所承担事权不匹配，在巨大的市政建设支持压力下，催生了地方政府严重依赖土地财政，通过地方平台融资等问题。

---

① 非财力性转移支付包括：专项补助、增加工资补助、增发国债补助、农村税费改革转移支付补助、中小学教师转移支付；财力性转移支付包括：一般性转移支付补助、民族地区转移支付、艰苦边远地区津贴补助、所得税基数返还补助、农业税减免及企事业单位预算划转、原体制补助、转移支付补助、各项结算补助、调整收入任务增加或减少补助、省补助单列市。

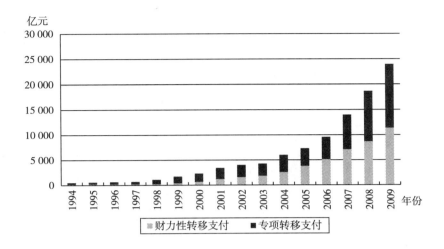

资料来源：财政部相关资料。

图 3 - 5　转移支付规模及结构趋势图（1994—2009 年）

第三节　近年来我国市政建设融资典型模式

近年来，我国市政建设债务融资主要分为两大模式：一是地方政府试点直接发债融资，规模相对较小；二是地方政府组建融资平台企业通过银行贷款、发行债券、信托融资等多种方式融资，这是近年来政府融资的主要模式。此外，近年来 PPP 模式也在我国市政建设融资中得到了更多的应用。

表 3 - 1　　　　　　　　　　　　近年来我国市政建设融资基本情况

类型		主管部门	监管要求	募集资金用途	2013 年底余额
地方政府直接发债	财政部代理发债	财政部	年度发行额度管理①；当地方财政不能还本付息资金时，由中央财政垫付	公益性项目（保障房、农村民生工程、灾后重建、医疗、教育、文化等事业）	8 830 亿元
	地方政府自行发债		年度发行额度管理；要求地方建立偿债保障机制	N/A	1 170 亿元

续表

类型		主管部门	监管要求	募集资金用途	2013 年底余额
组建地方政府融资平台进行债务融资	银行贷款	银监会	实施"名单制"管理，名单内的平台贷款用途受限，名单外的平台按一般商业信贷管理	名单内平台贷款用途限于收费公路、重大项目、特定机构土储贷款、保障房项目和特定在建项目	10.1 万亿元
	企业债	发改委	偿债资金来源 70% 以上来自自身收益；平台资产的真实有效，不得将公益性资产作为资本注入；平台公司所在地政府负债率低于 100%	节能减排、生态环保、保障性住房、城市轨道交通、新疆和藏区发展、重大自然灾害灾区重建，以及其他国家产业政策鼓励发展领域项目建设	1.1 万亿元
	信托	银监会	归入融资类业务，纳入信托公司资本监管框架	N/A	9 600 亿元
	债务融资工具	人民银行（交易商协会）	"六真"原则[②]	符合国家产业政策，优先支持保障性住房、公共交通轨道建设等类型的融资需求	4 888 亿元
	公司债	证监会	发行主体为上市公司	符合国家产业政策	325 亿元

注：①地方政府全年发债总额不得超过国务院批准的当年发债规模限制，当年额度当年有效，不得结转下年。

②"六真"原则是指平台企业须满足"真公司、真资产、真项目、真现金流、真偿债、真支持"等要求。

资料来源：财政部、发改委、审计署、银监会、证监会相关资料。

一、地方政府直接发债融资

在 2014 年《预算法》修改之前，我国相关基础法律法规对地方政府融资尚有限制。根据 1994 年第八届全国人大通过的《预算法》第二十八条规定，地方各级预算按照量入为出、收支平衡的原则编制，不列赤字。除法律和国务院另有规定外，地方政府不得发行地方政府债券；《贷款通则》规定地方政府不能直接向商业银行借款；《担保法》也不允许地方政府为贷款提供担保。为缓解地方债务压力，建立规范的地方政府举债机制，近年来，中央探索地方政府直接发债的机制主要有以下两种方式。

第一，财政部代理发行地方政府债券。2009 年 3 月，中央决定由财政部代理发行 2 000 亿元地方政府债券。截至 2013 年底，财政部累计代理 31 个省和直辖市、5 个计划单列市发行 1.1 万亿元地方政府债券。

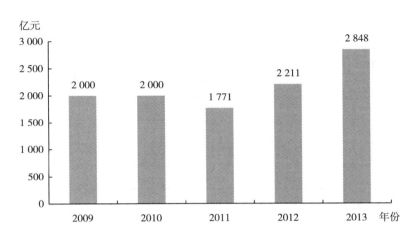

数据来源：Wind。

图 3－6　财政部代地方政府发行债券规模（2009—2013 年）

财政部代理发行地方政府债券的程序与国债发行基本一致。财政部代理发行 2013 年地方政府债券的规则主要包括：一是发行额度。地方债发行实行年度发行额管理，全年债券发行总额不得超过国务院批准的当年发行额度。二是还本付息管理。地方政府债券由财政部代为发行、代办还本付息，利息按年支付。地方财政部门未按时足额向中央财政专户缴纳还本付息资金的，财政部采取中央财政垫付方式代为办理地方债还本付息。三是发行方式。财政部代理发行地方债采用市场化招标方式，参与投标机构为 2012—2014 年记账式国债承销团成员。四是资金运用管理。募集资金主要用于中央投资地方配套的公益性建设项目及其他难以吸引社会投资的公益性建设项目，严格控制用于能够通过市场化行为筹资的投资项目，不得用于经常性支出和楼堂馆所项目建设。

第二，地方政府自行发债。在财政部代理发行的实践基础上，中央也探索了由地方政府自行发债。2011 年，中央试点上海、浙江、广东和深圳等四省市地方政府自行发债，2013 年将江苏、山东纳入试点范围。截至 2013 年底，地方政府累计自行发债 1 170 亿元。

表 3 – 2　　　　　　　　　地方政府自行发债情况　　　　　　单位：亿元

年份 省市	2011	2012	2013
上海市	71	89	112
广东省	69	86	121
浙江省	67	87	118
深圳市	22	27	36
山东省	—	—	112
江苏省	—	—	153
总计	229	289	652

资料来源：财政部相关资料。

二、地方政府融资平台融资模式

近年来，为满足城镇化建设进程中的实际资金需求，各地方政府在实践中探索出组建投融资平台公司[①]进行"曲线"融资方式。地方政府融资平台公司的融资渠道主要包括银行贷款、信托融资、企业债和非金融企业债务融资工具等。

第一，银行贷款。银行贷款是融资平台公司进行市政建设融资的主要途径。截至 2013 年 6 月底，融资平台公司贷款余额为 9.7 万亿元，占贷款总额的 13.3%。从融资成本看，银行贷款的利率通常为在基准利率（6%）适当上浮，并附带其他放款条件。平台贷款的发放主要由商业银行根据相关政策

---

① 地方政府融资平台指由地方政府及其部门和机构等通过财政拨款或注入土地、股权，经营性资产等资产设立，承担政府投资项目融资功能，资产和现金流大致可以达到债务融资标准，并拥有独立法人资格的经济实体。由地方政府融资平台出面融资，必要时再辅之以财政补贴或还款承诺，再将所融入的资金用于城市建设项目的投资建设。

和自身对平台的授信。对于符合政策、授信充足、业务往来密切的融资平台，贷款的发放速度较快，最短放款期限为一周以内。

2010 年，国务院发布《关于加强地方政府融资平台公司管理有关问题的通知》（国发〔2010〕19 号，以下简称国发 19 号文），提出对融资平台公司进行清理规范①。为配合国家政策，银监会在 2011 年 3 月发布《关于切实做好2011 年地方政府融资平台贷款风险监管工作的通知》（银监发〔2011〕34 号，以下简称 34 号文），提出在总行及分支机构层面分别建立平台类客户（仍按平台管理类）、整改为一般公司类（退出类）客户的"名单制"管理系统；不得向"名单制"管理系统以外的融资平台发放贷款；对于符合条件的新增平台贷款，不得再接受地方政府以直接或间接形式为融资平台提供的任何担保和承诺。34 号文严格规定了平台类客户新增贷款的准入标准，对平台贷款划分为"全覆盖、基本覆盖、半覆盖、无覆盖"的风险类别，并提出"整改为一般公司类贷款"的退出条件。

后续，银监会分别发布《关于加强 2012 年地方政府融资平台贷款风险监管的指导意见》（银监发〔2012〕12 号，以下简称 12 号文）和《关于加强2013 年地方政府融资平台贷款风险监管的指导意见》（银监发〔2013〕10 号，以下简称 10 号文），加强融资平台贷款风险监管。

表 3-3　　　　银监会"名单制"管理系统（一季度一调整）

类型		信贷政策
仍按平台管理类	贷款规模总量和结构	禁止银行业金融机构新增融资平台贷款规模，在结构上优先支持省级融资平台、保障性住房和国家重点在建续建项目
	项目投向	限于收费公路、重大项目、特定机构土储贷款、保障房项目和特定在建项目

① 国发 19 号文提出对以下两类融资平台公司：对只承担公益性项目融资任务且主要（70% 及以上）依靠财政性资金偿还债务的融资平台公司，今后不得再承担融资任务；对承担上述公益性项目融资任务，同时还承担公益性项目建设、运营任务的融资平台公司，要在落实偿债责任和措施后剥离融资业务，不再保留融资平台职能。而保留下来仍需继续规范化运作的融资平台公司是指，承担有稳定经营性收入的公益性项目融资任务并主要依靠自身收益偿还债务的融资平台公司，以及承担非公益性项目融资任务的融资平台公司。

续表

类型		信贷政策
仍按平台 管理类	新发放贷款条件	现金流全覆盖、抵质押合规、预算支持到位、资产负债率不超80%、非外地平台、禁止地方政府违规担保注资
	授信审批	将新增贷款和购买融资平台发行债券的授信和审批权上收至总行，禁止银行为平台发债提供担保
	退出条件	退出条件需满足符合现代公司治理要求且按照商业化原则运作的企业法人、资产负债率在70%以下且经会计师事务所审计、风险定性为全覆盖、预算支持到位且存量贷款的相关指标已整改合格、诚信经营无违约记录等五项条件 对该条件低于有关退出条件监管要求、违背退出程序和贷款承诺的，应重新纳入平台管理
退出类①		按一般商业贷款政策授信，但不得发放保障房和公益性项目贷款
名单外的 平台		禁止向未纳入"名单制"管理的融资平台发放任何形式由财政性资金承担直接或间接还款责任的贷款

注：①退出类是指经核查评估和整改后，已具备商业化贷款条件，自身具有充足稳定的经营性现金流，能够全额偿还贷款本息的融资平台企业。

资料来源：银监发〔2013〕10号。

第二，企业债券。融资平台公司经发改委审批发行的企业债券一般称为城投债。截至2013年12月底，各地方融资平台共发行城投债1 988期，累计发行金额2.5万亿元，余额1.1万亿元。城投债到期期限总体较长，2013年度发行的城投债平均到期期限为7.03年，最长到期期限为15年。

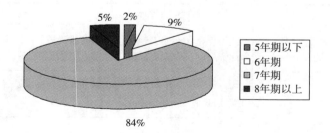

数据来源：Wind。

图3-7　城投债到期期限（2013年）

总体来看，企业债券融资成本低于贷款，以AAA级融资平台为例，2013年度发行的企业债券平均利率为5.77%，最低为5%。但是，融资平台企业发债利率受债券市场环境影响较大，波动性较强。

表 3 – 4　　　　　　城投债平均发行利率情况（2013 年）

债项评级	3 年	5 年	6 年	7 年	8 年	10 年	15 年
AAA	—	5.10%	6.28%	5.89%	5.3%	5.54%	5.93%
AA +	5.4%	6.94%	6.39%	6.56%	5.70%	6.56%	—
AA	5.4%	—	6.56%	6.78%	6.16%	7.15%	—
AA –	—	—	7.58%	—	—	—	—

数据来源：Wind。

国发 19 号文发布后，发改委出台《国家发展改革委办公厅关于进一步规范地方政府投融资平台公司发行债券行为有关问题的通知》（发改办财金〔2010〕2881 号），在以下方面作出规定：一是经营能力方面，要求平台公司偿债资金来源 70% 以上（含 70%）必须来自公司自身收益，且公司资产构成等需符合规定；经营收入主要来自承担政府公益性或准公益性项目建设，且占企业收入比重超过 30% 的投融资平台公司发行企业债券，还必须向债券发行核准机构提供本级政府债务余额和综合财力的完整信息。二是净资产方面，要求申请发行企业债券的投融资平台公司，必须严格确保公司资产的真实有效，必须具备真实足额的资本金注入，不得将公立学校、公立医院、公园、事业单位资产等公益性资产作为资本注入投融资平台公司。三是募集资金用途方面，发债资金主要用于节能减排、生态环保、保障性住房、城市轨道交通、新疆和藏区发展、重大自然灾害灾区重建，以及其他国家产业政策鼓励发展领域项目建设的，可在同等条件下优先获得核准。四是所在地政府负债率要求方面，如果该类投融资平台公司所在地政府负债水平超过 100%，其发行企业债券的申请将不予受理。

2011—2012 年，为控制平台类公司发行企业债券的风险，发改委给出了一系列窗口指导政策：一是规定发行人资质条件，仅接受银监会认定的"退出类"融资平台的发债申请，不接受"仍按平台管理类"平台公司的发债申请。二是控制审批通道中的城投债项目数量，每个省会城市（含副省级城市）同时最多可向发改委申报 2 家城投债项目；地级市（含自治州）同时最多可申报 1 家；全国百强县同时最多可申报 1 家；国家级开发区、保税区可在所属市的名额外，单独申报 1 家；直辖市申报城投项目没有数量限制，但直辖市所属任一区仅可同时申报 1 家（简称"21111 规则"）。三是规定还款方式，要求城投类企业债偿付采用"提前分期偿付本金"方式，一般从第三年年末开始还本，以防止地方政府过度做大发债规模。

第三，信托融资。信托融资是银行贷款政策趋严背景下的补充渠道，融资成本普遍较高。信托公司筹集资金后，通常以信托贷款（附带地方政府担保）和股权投资（附带地方政府约定购回）两种模式向融资平台提供资金，该类业务称为信政合作。截至 2013 年 12 月末，信政合作业务存量为 9 600 亿元，相比 2013 年底增长 92%①。从融资成本看，投资人对信托融资的收益要求普遍较高，年化收益率可达 10%。同时，信托融资实行备案制，且一般无确切业绩要求，资金发放较简单快捷。起初信政业务监管较为宽松，从正式启动到发行结束一般不超过两个月。

2010—2012 年，银监会陆续颁布《关于规范银信理财合作业务有关事项的通知》（银监发〔2010〕72 号）及一系列相关补充规定，将信政合作归入融资类业务，实行余额比例管理②，并按要求计提拨备和风险资本。银监会的这些举措，较为严格地将信政合作业务纳入信托公司的资本监管框架，对于前期迅速膨胀的信托类地方平台融资业务，提出了较高的风险防范要求。此后，信托公司为规避上述监管规则，开始借助信托受益权转让、券商资产管理计划及基金子公司等通道，继续为融资平台提供资金支持。2012 年 12 月，财政部、发改委、人民银行及银监会发布《关于制止地方政府违法违规融资行为的通知》（财预〔2012〕463 号），进一步规范融资平台企业的信托融资行为。经过多轮监管政策规范，融资平台企业通过信托渠道融资的难度变得更大，融资成本显著提升。

第四，非金融企业债务融资工具。为满足我国城镇化进程中的市政建设融资需求，在人民银行总行党委领导下，交易商协会按照"真公司、真资

---

① 中国信托业协会：《2013 年第四季度末信托公司主要业务数据》，2014 年 2 月。
② 根据《关于规范银信理财合作业务有关事项的通知》（银监发〔2010〕72 号）第四条第一款规定，对信托公司银信理财合作实行余额比例管理，即融资类业务余额占银信理财合作业务余额比例不得高于 30%。

产、真项目、真现金流、真偿债、真支持"的"六真"原则，遵循市场化机制，积极支持符合条件的市政基础设施建设类企业通过发行债务融资工具融资。其中，"真公司"是指企业应为市场化经营、商业化运作的独立法人实体，具备健全的公司治理结构；"真资产"是指企业应拥有真实有效的经营性资产，且拥有资产的收益权和处置权；"真项目"是指企业应有真实和经营性的项目，项目立项及所有权属明确；"真现金流"是指企业应有真实、持续的营业收入和现金流，鼓励通过不断增加自身经营性收入，提高可持续经营能力；"真偿债"是指企业应有切实可行的市场化偿债机制设计和偿债计划，并严格落实偿债保障措施；"真支持"是指地方政府对企业的支持应遵循市场化原则，公开、公平、公正，并接受市场参与者监督。

国发 19 号文颁布以来，交易商协会按照国家对融资平台相关规定，参照银监会等部门对融资平台企业的名单制度，对待融资平台企业总体上较为审慎。在债务融资工具注册发行政策上，主要对保障性住房、公共轨道交通建设等类型的融资需求，给予了较为明确的扶持。截至 2013 年底，协会累计支持 177 家从事市政建设的企业[①]注册发行 519 只债务融资工具，累计发行金额为 6 420 亿元。

第五，公司债券。在支持市政建设融资方面，公司债券并非主要渠道。这主要是由于公司债券一般由上市公司发行[②]，而从事市政建设的融资平台企业多由地方政府组建，经营期限和财务情况尚不满足目前股票市场的上市条件，因此通过公司债券融资的融资平台企业较少，目前已经通过发行公司债券进行市政建设融资的主要是融资平台企业下属的一些上市公司。截至 2013 年底，市政建设企业累计发行公司债券 53 期，累计融资金额 353 亿元，余额 325 亿元。

---

① 统计口径为"非金融企业债务融资工具信息管理系统"中 NAFMII 一级行业分类为"公用事业"及"城市基础设施建设"的企业。

② 根据证监会《关于实施〈公司债券发行试点办法〉有关事项的通知》（证监发〔2007〕112号）规定："试点初期，试点公司仅限于沪深证券交易所上市的公司及发行境外上市外资股的境内股份有限公司"。

三、PPP 模式

PPP 在中国的实践可以追溯到 20 世纪 80 年代中期，早期项目包括深圳沙角电厂 BOT 项目、广州白天鹅饭店和北京国际饭店等。这些项目都是投资人发起，通过谈判和政府达成一致，共同完成项目建设、运营。经历了 1994 年 BOT 项目试点、2004 年《市政公用事业特许经营管理办法》后，2003 年各地 PPP 项目大量上马，但由于制度规范不完善，出现了个别失败的案例。

党的十八届三中全会提出，允许社会资本通过特许经营等方式参与社会基础设施建设投资和运营，为 PPP 的普及提供了政策基础。此后全国范围内开始了新的一轮 PPP 推广。2014 年 5 月财政部成立 PPP 工作领导小组，起草《政府与社会资本合作模式（PPP）操作指南》，推出首批 80 个引入社会资本的基础设施建设示范项目。此后，各地积极推广 PPP 模式。江苏、浙江、湖南、青海等省区先后推出 PPP 试点项目，涉及交通基础设施、供水安全保障、污水处理设施建设、生活垃圾无害化处理等多个方面。

第四节　银行间市场项目收益票据
创新支持城镇化融资的探索实践

一、创新背景

目前我国处在工业化和城镇化发展的加速期，随着新型城镇化建设的深入推进，单纯依靠地方政府财政收入难以满足大批关系国计民生的城市基础设施项目建设，因此各地城建企业承担了很多城镇化项目建设职能，导致过去几年地方政府性债务增长较快。从国外经验来看，一些新建大型基础设施项目广泛采用了项目收益债券、PPP、BOT、资产证券化、项目贷款等项目融资方式建设，取得了良好的经济效益和社会效益。为贯彻落实十八届三中全会关于探索新型城镇化建设目标、建立透明规范的城市建设投融资体制要求，探索实践新型的金融支持城镇化建设方式，在人民银行指导下，中国银行间市场交易商协会充分借鉴国际经验，结合我国金融市场现状，组织发行人和主承销商等中介机构就项目收益票据工作框架进行了深入探讨，明确了项目类型、发行主体、还款来源、偿债保障、期限安排等重要内容，推出了项目收益票据，并起草《银行间债券市场非金融企业项目收益票据业务指引》，以规范项目收益票据相关工作、发挥债务融资工具对城镇化建设的支持作用。同时，按照国务院办公厅《关于加强城市地下管线建设管理的指导意见》（国办发〔2014〕27 号）关于"探索通过发行项目收益债券等市场化方式融资"的要求，积极推动城市地下管线、交通枢纽工程、棚户区改造等城镇化项目的注册发行工作。

二、产品特点

项目收益票据是指募集资金专项用于城镇化项目建设且以项目建成运营后产生的经营性现金流为主要偿债来源的债务融资工具。

1. 产品定位于城镇化项目建设

项目收益票据定位于募集资金专项用于城镇化相关项目建设，并以项目建成运营后产生的经营性现金流作为主要还款来源的债务融资工具。项目收益票据的信用基础是项目资产，在结构设计上与资产支持票据有一定的相通之处，但更强调融资核心目的为建设项目、项目类型专注于市政交通等城镇化建设相关项目、注重项目建设与地方政府债务的隔离。

2. 发行主体与地方政府债务隔离

鼓励项目发起人设立专门的项目公司作为发行主体，负责项目投融资、建设和运营管理。在项目运营阶段，项目公司日常经营收入全部归集存放在监管银行开立的专户之中。项目公司作为独立法人，其运营风险不会传递至项目发起人，继而与地方政府或城建类企业起到了一定的风险隔离作用。

3. 发行期限与项目周期匹配

项目收益票据的期限可以涵盖项目建设、运营与收益整个生命周期，总体期限较长，并且在期限设计上充分考虑与项目现金流回收进度的匹配，从而能够更好地实现城镇化项目建设"财务成本在时间轴上的平移分布"。

4. 综合运用多种结构设计

鼓励通过期限设计、分期摊还、提前赎回、资金归集、增加抵质押担保等交易结构设计，提高资金使用效率、降低融资成本，并保障发行人及投资人利益。

5. 地方政府不承担还款责任

地方政府不承担项目收益票据的直接偿还责任，也不为票据承担隐性担保。票据的融资规模、信用水平不依赖于地方政府财政收入与债务水平，且地方政府不直接介入相关项目的建设、运营与还款，从而对控制地方政府债务规模起到了有益作用。地方政府可以提供财政补贴等支持，但必须合法合规，并做到充分的信息披露。

6. 充分面向地方投资人

鼓励项目所在地投资人深度参与项目收益票据投资，有利于丰富地方投资人的投资结构，也有利于充分调动地方投资人的积极性，充分发挥地方金融机构对当地城镇化建设的支持作用。

三、PPP 模式推进背景下项目收益票据的发展展望

从国际经验来看，PPP 模式具有提高公共服务项目建设运营效率、减小财政负担等多方面优势，目前已经成为各国缓解公共服务需求与财政资源制约之间矛盾的重要手段。进一步推进 PPP 模式在提供公共服务领域的应用，短期内有利于化解地方政府债务风险，从中长期来看，对引导社会资本积极参与公共事业，推进医疗、教育等民生服务改善具有重大意义。

（一）PPP 的概念

政府和社会资本合作（PPP）是指政府与私人部门为提供公共产品或服务而建立的一种长期合作关系，它既是一种管理模式，也是一种融资模

式。PPP 模式适用于规模较大、需求稳定、长期合同关系清楚的项目，包括公路桥梁、铁路、供水、医院、学校、监狱等各类基础设施和公共服务。具体来讲，通常是由社会资本承担设计、建设、运营、维护基础设施的大部分工作，并通过"使用者付费"和必要的"政府付费"两种方式获得合理投资回报，政府部门负责基础设施及公共服务价格和质量监管，以保证公共利益最大化。

目前，PPP 的典型的做法是政府和私人部门共同组成特殊目的机构（SPV），针对特定项目，与政府签订特许经营合同，并由 SPV 负责项目设计、融资、建设、运营，特许经营期满后，SPV 终结并将项目移交给政府。

（二）主要类型

从项目收益来源的角度，PPP 可以划分为使用者付费模式和政府付费模式两种类型。使用者付费模式也称为特许经营，一般合同期限固定（25 ~ 30年），合同期满后，运营权转交给政府。私营部门在项目存续期内通过向公众使用者收费的方式，收回投资、运营和融资成本，并获取一定利润①。政府付费模式同样由私人部门承担建设、筹资、运营等职责，只是其收益来源于政府对该项公共服务的购买，该模式常用于学校、医院等公共服务项目。除此之外，还存在介于二者之间的准经营性模式，在这类模式下，使用者付费不足以覆盖项目公司的运营成本时，政府给予一定财政补贴。

（三）PPP 模式应用于提供公共服务的优劣势

与纯粹的"私有化"和"政府采购"模式不同，PPP 更加强调通过政府与私人部门的合作，实现市场运作、风险共担、长期共赢，主要优势体现在以下几个方面。

一是有效提高公共服务提供和基础设施建设的效率。PPP 模式下，项目建设运营由私人部门承担，政府仅保留发展规划、市场监管等职责。以市场

---

① 该种方式常用于高速公路、地铁等项目。

化为导向的运营模式，有助于利用私人企业的运营效率和竞争压力，提高公共服务的效率和质量。

二是合理分担并转移项目风险。项目存续期间，在项目设计、建设、市场需求、运营及维护等方面存在诸多风险，PPP 模式将项目建设、运营和维护等风险从公共部门转移至私人部门，借助私人部门更高的效率、绩效以及先进的技术，有效控制了项目存续期间的成本，降低了项目的整体风险。

三是有效缓解地方短期财政压力。公共服务项目具有规模大、期限长的特征，传统模式下，项目建设资金需财政一次性投入，加大了政府短期财政压力。PPP 模式通过引入民间资本，能够有效解决项目融资难的问题，政府从项目建设者转变为服务购买者，拉长了基建公共支出的周期，有利于优化财政支出结构。

四是成功剥离政府信用、防范政府债务风险。PPP 明确了政府与企业边界，阻断了政府信用的介入，有效防范政府债务风险。此外，在 PPP 融资模式下，私人部门直接以市场化、多元化方式筹资，拓宽了基础设施的融资渠道。在我国市政债券或政府融资平台大多以政府信用为担保、地方政府存在预算"软约束"的背景下，PPP 模式有利于降低政府债务规模膨胀的风险。

同时，还需要认识到，由于剥离了政府担保，投资人会对 PPP 项目要求更高的回报，提高了项目融资成本。此外，PPP 模式的效果很大程度上取决于合同设置是否全面、清晰，以保证项目执行和操作透明。因此，PPP 合同的长期性和复杂性对现有法律和制度基础，以及政府的谈判、监督能力提出了更高的要求。

项目收益票据作为 PPP 的一种形式，是解决城市基础设施建设项目资金来源的有益创新。对于自身具有一定经营性收入的项目，交易商协会拟根据项目情况引导其发行项目收益票据等品种。同时，按照财政部建议，允许一定比例的财政补贴（不超过30%）作为项目收益票据的偿债资金来源。下一步，交易商协会拟继续加强产品结构创新研究，考虑通过完善信息披露体系、强化投资人保护机制、优化注册流程等方式，进一步提高项目收益票据的市场认可程度，推动项目收益票据快速发展。

附录：银行间债券市场非金融企业项目收益票据业务指引

（中国银行间市场交易商协会公告〔2014〕10号）

第一条 为拓宽非金融企业债务融资渠道，规范城镇建设企业在银行间市场发行项目收益票据的行为，保护投资人合法权益，根据中国人民银行《银行间债券市场非金融企业债务融资工具管理办法》（中国人民银行令〔2008〕第1号）及中国银行间市场交易商协会（以下简称交易商协会）相关自律规则，制定本指引。

第二条 本指引所称项目收益票据，是指非金融企业（以下简称企业）在银行间债券市场发行的，募集资金用于项目建设且以项目产生的经营性现金流为主要偿债来源的债务融资工具。

第三条 企业发行项目收益票据应在交易商协会注册。

第四条 本指引所称项目包括但不限于市政、交通、公用事业、教育、医疗等与城镇化建设相关的、能产生持续稳定经营性现金流的项目。

第五条 企业发行项目收益票据获取财政补贴等行为必须依法、合规，不应存在任何直接、间接形式的地方政府担保。

第六条 企业可通过成立项目公司等方式注册发行项目收益票据。

第七条 企业可选择公开发行或非公开定向发行方式在银行间市场发行项目收益票据。

第八条 企业发行项目收益票据应设置合理的交易结构，不得损害股东、债权人利益。

第九条 项目收益票据发行期限可涵盖项目建设、运营与收益整个生命周期。

第十条 企业发行项目收益票据所募集资金应专项用于约定项目，且应符合法律法规和国家政策要求。企业在项目收益票据存续期内变更募集资金用途应提前披露，且变更后的用途应满足本条要求。

　　第十一条　企业发行项目收益票据应设立募集资金监管账户，由资金监管机构负责监督募集资金投向。同时制定切实可行的现金流归集和管理措施，通过有效控制项目产生的现金流，对项目收益票据的还本付息提供有效支持。

　　第十二条　企业发行项目收益票据应披露以下信息：

　　（一）项目收益票据交易结构和项目具体情况；

　　（二）由第三方专业机构出具的项目收益预测情况；

　　（三）在存续期内，定期披露项目运营情况；

　　（四）由资金监管行出具的存续期内现金流归集和管理情况；

　　（五）其他影响投资决策的重要信息。

　　第十三条　企业应在项目收益票据发行文件中约定投资者保护机制，包括但不限于：

　　（一）债项评级下降的应对措施；

　　（二）项目现金流恶化或其他可能影响投资者利益等情况的应对措施；

　　（三）项目收益票据发生违约后的债权保障及清偿安排；

　　（四）发生项目资产权属争议时的解决机制。

　　第十四条　企业选择公开发行方式发行项目收益票据，应通过交易商协会认可的网站披露本指引第十二条、第十三条所述信息。

　　企业选择非公开定向发行方式发行项目收益票据，应在《定向发行协议》中明确约定本指引第十二条、第十三条所述信息的披露方式。

　　第十五条　鼓励对项目收益票据探索新型信用评级方式。鼓励对项目收益票据采用投资者付费模式等多元化信用评级方式进行信用评级。

　　第十六条　本指引由交易商协会秘书处负责解释。

　　第十七条　本指引自发布之日起施行。

第二部分

市政债券融资实务

第四章　市政债券发行人

第一节　影响市政债券发行主体资格的因素

一、发行主体法律地位

从法律角度来看，债券是当事人债权债务关系的反映，有权发行债券的主体必须是具备独立权力能力和行为能力的法律主体。因此，确定地方政府是否具备市政债券发行主体资格，首先需要有法律上的依据和保障。

二、独立财权

市政债券的发行主体是地方政府或政府授权机构，按照权责明确的原则，这就要求地方政府具备独立的财权与行事权。因此，中央与地方的财政分权是地方政府发行市政债券的前提条件之一。事实上，允许地方政府发行债券，是实行分税分级财政体制国家的普遍做法。地方政府可以发行债券为基础设施建设及公共产品筹资，地方政府债券在其财政收入及债券市场体系中都占有重要地位。

三、偿债能力

市政债券可分为一般责任债券和收益债券。一般责任债券由地方政府发行，以发行人的完全承诺、信用和税务能力为保证；收益债券是为项目或企事业单位融资而发行的债券，以发行人所经营项目的收入能力和财务自立能力来作担保。

作为一般责任债券的发行人，地方政府的税收水平、偿债能力尤为重要，具体主要体现在四方面：一是要求地方政府能够公开预算、明确偿债资金来源；二是地方政府要对市政债券的筹集、使用情况和效益问责；三是地方政府应设立专门的市政债券监管部门；四是视情况做好偿债保障机制的建设。

作为收益债券的发行人，政府代理机构或政府授权机构作为发行主体，其偿债资金主要来自项目运营收入和政府补贴，这就要求发行人能够充分披露项目信息，并能准确测算未来现金流入与偿债安排。

四、义务履行能力

债券本质上是一种金融契约，是关于债权人和债务人权利与义务的一系列约定。市政债券作为债券的一种，同样要求债务人能够履行相关责任与义务。即市政债券发行人，与其他公开市场债券发行人一样，需要具备履行相应义务的能力。具体来说：一是信息披露义务，市政债券发行人需要具备履行充分披露债券相关信息义务的能力，包括债券发行时本级政府财税实力、募集资金用途、偿债资金来源、项目未来现金流预测以及存续期间的信息披露等；二是投资人保护能力，作为公开市场债券发行人，市政债券发行主体需要具备履行投资人保护义务的相关能力，包括具备完善的偿债保障机制、持有人会议机制以及突发重大事项的应急预案等；三是付息兑付能力，市政债券的发行人需要具备能够履行按时兑付债券本息义务的能力。

五、地方政府信用体系

在债券市场上，对于债券发行主体及所发行债券的信用评级，往往是投资人购买债券的重要依据之一，关系到债券的定价和流通转让，同时也有利于监管机构进行分类监管与市场准入管理。市政债券发行人若作为独立的发行主体，受地方经济发展程度、金融意识程度不同等因素的影响，其信用风险必然有所差异。因此，在市政债券发展过程中，地方政府信用评级是市政债券发行主体的一个重要标志，有必要构建完善的地方政府信用评级体系，以体现各区域的信用等级差异。

第二节　国际成熟市场市政债券发行人分析

在国际上，美国、日本拥有世界上最发达的地方政府债券市场，也分别代表着两种不同的市政债券融资制度。美国是分权制度下的市政债券发行的典型代表，地方政府具备独立发债权，并且拥有完善的市场化运作模式和监督管理机制；而日本则是属于集权制度下市政债券融资模式，地方政府发债规模、期限、用途等受到中央政府的严格控制，不具备完全意义上的市场性。本章主要以美国和日本为重点，来分析国际成熟市场上市政债券发行主体的特点。

一、美国

（一）发行人范围

美国市政债券的发行主体包括地方政府、政府机构或债券使用机构。地方政府包括县、市、镇或特别区（Special district）；政府机构包括代理机构和政府授权机构，政府授权机构可作为其他企业或机构的融资平台；债券使用机构也可以自身名义直接发行市政债券。

在美国，大部分地方政府及其代理机构都将市政债券作为重要的融资工具，政府和政府机构是市政债券最主要的发行主体。在美国8万多个地方政府中，大约有55 000个是市政债券发行机构。从构成比例来看，地方政府一般占到市政债券发行的50%左右，政府机构（代理和授权机构）占比约47%，而直接发行主体发行量所占比例一般低于3%。

（二）发行主体资格的确立

由于美国实行联邦制，地方政府只对本级立法机构负责，是独立的财政和民法主体，因此州和地方政府发行市政债券不需要上级政府的审批，同时也无须向美国证券交易委员会报告和登记注册，地方政府具备完全独立的自主发债权，是否发行市政债券完全由本级政府决定。但美国各州几乎都对地方政府举债制定了实质性或程序性的规定，对债务的规模、期限、用途作出限制，并在一定程度上受到"经常账户预算平衡"和有关会计准则的限制。

具体而言，一般责任债券往往是由各州、市、县政府发行，以其一般税收权利作为偿债保障，即政府承诺以未来的全部税收和负债能力作为偿债保障。具体而言，州政府的税收来源主要有营业税、财产税、个人所得税、企业所得税以及具有各州特色的特殊税种等。因此，只有享有征税权的政府才能发行一般责任债券。

表 4－1   美国一般责任债券案例

发行人	加利福尼亚州
发行规模	50 000 000 美元
偿债资金来源	加利福尼亚州财政
募集资金用途	为水源地保护、防洪等设施建设提供融资和再融资

收益债券则主要由为建设某一基础设施而依法成立的地方政府代理机构、委员会或授权机构发行，通过有偿使用所建公共设施获得的收入来偿还债务，比如公路项目收益债券、水务项目收益债券、机场项目收益债券等。因此具备一定现金流的政府事业单位才能发行收益债券。有时，同一发行人既可以发行收益债券也可以发行一般责任债券。

表 4－2   美国收益债券案例

发行人	密歇根州海湾城
发行规模	9 770 000 美元
偿债资金来源	城市电力系统运营收入
募集资金用途	满足城市电力系统升级过程中的采购及建设需求

美国市政债券的发行主体负有到期还本付息的责任，在信息披露方面，

州或者地方政府应该对外披露的主要材料有综合年度财务报告（Comprehensive Annual Financial Report）和官方陈述（Official Statement）以及独立审计报告，必须对这些报告中披露的信息的真实性负责，不得对外披露错误和误导的信息，同时，批准发行市政债券的个人也负有责任。

（三）发行主体违约

美国具有成熟的市政破产制度。现行的美国破产法中关于市政主体破产的规定诞生于 20 世纪 30 年代的大萧条时期，为应对大规模的市政债务拖欠，美国国会通过了市政破产法案，该法规经历了若干次的修订与补充之后，形成了现在的《联邦破产法》第九章。《破产法》第九章的允许无力偿还债务的地方政府申请破产保护，并在保全资产的前提下制订债务调整计划，使地方政府可以合法地延期偿债或进行其他债务调整，为摆脱财政困境创造了时间和机会。成熟完善的市政破产保护制度保障了丧失偿债能力的地方政府的正常运转，值得注意的是，美国市政当局的破产是其经营部分的破产，而非政府职能的破产。

美国市政债券违约案例：1994 年橘县破产事件

橘县是加利福尼亚州南部的一个县，因盛产柑橘而得名。全县 GDP 达 1 180 亿美元，人均收入 7 万美元。可就是这样一个富裕的县，却因无法支付学校及当地政府的工资而不得不于 1994 年 12 月 6 日寻求破产保护，进而成为美国历史上最大的市政债券违约事件。

破产的原因在于，主管橘县财政税收和公共存款的司库 Robert Citron 把政府的资金投入华尔街的债券市场，结果投资失利，造成损失 17 亿美元，超出了政府财政的承受能力，发生支付危机，橘县政府只好宣布破产。

最后，政府和立法机关联合签署发行了新的债券，而于 1995 年提高营业税的议案也获得了通过，所有本金及利息于 18 个月后得到全部偿还。

二、日本

（一）发行人范围

日本市政债券的发行人有都、道、府、县以及市、町、村，特别地区、地方公共团体联合组织以及地方开发事业等特殊地方公共团体也可以根据地方自治法的规定发行地方债。根据不同类别的发行主体，日本地方债可分为地方政府发行的地方公债和由地方政府经营的公共事业企业发行的地方公营企业债。日本的地方政府债类似于美国的一般责任债券，公营企业债类似于美国的收益债券，目前二者的发行规模的比例大致为5:1。

（二）发行主体资格的确立

日本的地方政府债务，最早可以追溯到明治初年（1868年），1879年，日本建立了"举借地方债务必须通过议会决定"的原则，从此开始建立地方政府债务首次实行年度总额限制，举债主体以大城市为主，发行对象则为大银行和大信托投资公司。20世纪90年代以来，日本中央政府不断推出以扩大公共支出为主要内容的财政政策，地方政府债务余额节节攀升，地方财政面临史无前例的债务压力。2006年之前，地方政府举债必须在征得中央政府的批准后，按照《地方公共财政计划》确定地方政府债务的偿债成本，根据财政重建计划，许多陷入财政困境的地方政府可以接受中央政府的援助，因此，地方政府在中央政府"隐性担保"的前提下，避免陷入债务危机。

2006年以后，日本开始引进和欧美各国基本相同的地方发债制度，地方债的发行审批由许可制改为协议制，地方政府在财政健全的情况下可以自行发债，地方政府发行公债的主体资格确立标准如下。

第一，财政收入充足并且实际公债费（指地方债的本息偿还金）比率在16%以下的地方政府只需事前通知总务大臣或都道府县知事即可发行民间资金类地方债，即市场公募债和金融机构包销债。若地方政府通过与总务大臣或都道府县知事进行协议并获得认可后发债（民间资金类），地方债的本息偿还金将被计入地方财政计划。

第二，财政收入充足、实际公债费比率高于16%但不高于18%的地方政府，发行地方债必须同总务大臣或都道府县知事进行协议。若获得协议认可，地方债享受公共资金借款，本息偿还金被计入地方财政计划；若没有获得协议认可的地方政府，只要获得地方议会审议通过也可以发行地方债，但这部分地方债不作为基准财政需求，不享受公共资金借款，本息偿还金不被计入地方财政计划，地方政府必须自行解决地方债的融资与偿还问题。

第三，实际公债费比率高于18%或标准税率不足的地方政府，若发行地方债必须获得总务大臣和都道府县知事的许可后方可发行，获得许可的地方政府债享受公共资金借款与国家信用支持，债券的偿还本息被计入地方财政计划。

（三）发行主体信用评级

从2008年开始，发行市场公募债的日本地方政府开始陆续采用信用评级。2012年度，发行市场公募债的52个日本地方政府中，有25个地方政府进行了信用评级，主要为国际评级机构评级。进行信用评级的地方政府多为发债较多的地方政府。之所以日本地方政府对于发行市场公募债陆续进行信用评级，其原因可以总结为两点：一是2008年国际金融危机后，日本地方政府的财政收入普遍下降，在中央政府对地方政府的财政转移支付能力有限的情况下，一些自主税收能力较差的地方政府开始出现财政赤字、财政恶化的情况。为了便于投资者了解各地方政府的信用质量、有选择地投资地方债，一些地方政府开始进行信用评级。二是进行信用评级的日本地方政府将评级作为宣传手段，以与其他地方政府加以比较，获得宣传效应。日本地方政府对于信用评级越来越重视。

三、其他国家

（一）德国

德国是一个三级政府结构的联邦制国家，其政府级次包括：联邦政府、16个州政府和12 291个市政府。联邦总统为国家元首，联邦行政权力集中于以联邦总理为首的联邦政府，立法权归联邦议会，司法权由联邦宪法法院及其他联邦高级法院行使。德国地方政府的层级包括县和镇，其中镇又分为乡镇和城镇。地方自治是德国地方政府的基本特征，地方自治的地位受到联邦宪法和州宪法的保障。

德国地方债可以由地方政府、地方性公共机构依据州宪法、州法等法律规定发行，联邦政府不予干预。原则上也是只能发行筹集投资性经费的地方债，但经济不景气时也可以破例发行赤字债。地方政府制定年度预算时，要结合各年度地方债的发行额决定，各州政府以此为依据自行决定发行地方债或借款。地方政府作为地方债券发行人，所融资金一般用于市政基础设施建设；地方性公共机构作为地方债发行人，所融资金一般用于与该公共机构相关的市政基础设施建设和营运中。由地方政府和地方性公共机构发行的地方债，一般以地方政府的税收收入担保这些债券的利息支出和本金偿还。

（二）瑞典

瑞典地方政府原则上可以自由发债，所筹资金无用途方面的特别规定，制度上也允许发行赤字债。但 2000 年瑞典在地方自治法中纳入预算平衡原则，即以多个会计年度来管理财政收支的思路以制度化的形式得到了确认。而该原则是禁止编制赤字预算的，如果在决算阶段发生了财政赤字，则必须在 3 年以内予以消除。政府希望通过这种方式，维持地方政府的财政秩序。

在瑞典地方债市场中，比较特殊的是地方政府的共同筹资机构——瑞典地方金融公社。该机构是地方政府自发出资设立和运营的政府性金融机构，而实际出资者也是从该机构进行贷款的地方政府，该机构为非营利性质，它凭借自身信用发行债券筹集资金，并以此为资金来源，向国内的地方政府、地方公营企业提供低息贷款和财务顾问服务。

第三节　我国相关制度框架及市场实践

一、自发产生阶段

20 世纪 80 年代末至 90 年代初，许多地方政府为了筹集资金修路建桥，都曾经发行过地方债券。有的甚至是无息的，以支援国家建设的名义摊派给各单位，还有的直接充当部分工资。1993年，出于对地方政府兑现能力的担忧，国务院叫停了地方举债的行为。随后1995年的《预算法》第二十八条规定："地方各级预算按照量入为出、收支平衡的原则编制，不列赤字。除法律和国务院另有规定外，地方政府不得发行地方政府债券。"

二、融资平台债

改革开放以来，我国公路、铁路、机场等基础设施建设突飞猛进，但仍满足不了经济高速发展、城市规模高速扩张、人口高速膨胀所产生的需求。在1994年的分税制改革重新分配中央与地方财权之后，地方政府开始逐渐面临资金不足的问题，但同时有强烈的促进经济增长的冲动，但无论是中央财政还是地方财政，增加对基础设施建设的投入都存在相当大的困难，商业银行对市政项目提供贷款也有诸多局限性，而政策性银行的资金来源有限且贷款对象侧重于全国性基础设施建设项目。于是地方政府开始通过多种方式弥补资金缺口，其中之一即是设立城市投资建设公司，作为发债主体和政府的融资平台，发行城投债进行融资。这实际上规避了1994年《预算法》关于地方政府不得发行债券的规定。但由于城投债身份模糊，并且是以企业债形式出现的"准市政债券"，监管机构不明确，其违约时地方政府的担保责任也不明确，于是成为重大金融隐患。

2002年以来，融资平台一直以"准地方债"的形式存在，城投债的最终信用主体是地方政府，土地质押、外部担保和应收账款质押是最主要的三种担保形式，其中应收账款质押被认为是地方政府对债券的变相担保，也被视为最有效的担保模式。2009年后城投债发行量和发行总额呈现井喷式增长，2013年城投债发行规模高达2 447亿元。

三、财政部代发地方债

2009年，为应对金融危机，我国在现行预算法基础上有所突破，通过中央财政代发地方政府债券的形式，发行了 2 000 亿元地方债，并将其纳入地方预算构成地方债务。

从 2009 年开始，财政部连续三年代发地方债 2 000 亿元，2012 年发行 2 500亿元，而 2013 年发行 3 500 亿元；中央代发地方政府债规模累计达到 1.2 万亿元，截至 2013 年底，实际余额 8 544 亿元。

图 4 - 1　近年来地方债规模持续扩张

四、地方自行发债试点

2011 年，财政部印发了《2011 年地方政府自行发债试点办法》，允许上海市、浙江省、广东省、深圳市开展地方政府自行发债试点，2011 年、2012 年地方自行发债规模分别为 229 亿元和 289 亿元。2013 年，自行发债试点扩大至六省市，将江苏省和山东省也纳入了试点范围。2014 年 5 月，经国务院批准，财政部印发《关于印发 2014 年地方政府债券自发自还试点办法的通知》（财库〔2014〕57 号），上海、浙江、广东、深圳、江苏、山东、北京、江西、宁夏、青岛试点地方政府债券自发自还。

但 2012 年 6 月的十一届全国人大常委会第二十七次会议重申了现行《预算法》中的"除法律和国务院另有规定外，地方政府不得发行地方政府债券"，地方政府发债的主体资格依然被严格限制。

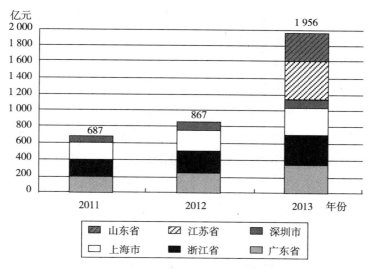

图 4 - 2　近年来地方自主发债规模

五、市政债券的最新探索

从 2003 年我国开始探索预算法的修订，经过草拟、征求意见、人大审核，2014 年 8 月《预算法修正草案》四审稿提交十二届全国人大常委会第十次会议进行审议，2014 年 8 月 31 日表决通过《预算法修正草案》。此次表决通过的《预算法修正草案》要求确立全口径预算体系；鼓励一般性转移支付，限制专项转移支付；确立了省一级地方政府预算中的建设投资资金可以举债，地方政府要明确偿债计划和偿债资金来源；要求预算在规定时限内进行全面公开，并要求政府部门在规定的时限内公开部门预算，尤其是地方政府需要对其举债情况做出说明。具体来看：

第一，允许省一级政府发行地方政府债券用于建设投资。《预算法修正草案》四审稿规定，经国务院批准的省、自治区、直辖市的预算中必需的建设投资的部分资金，可以在国务院确定的限额内，通过发行地方政府债券举借债务的方式筹措，扩大了举债预算资金范围，比如政府性基金预算中的建设资金也可以举债。除明确上述内容外，又进一步明确"举借的债务应当有偿还计划和稳定的偿还资金来源，而且只能用于公益性资本支出，不得用于经常性支出"。同时四审稿过程中还有部分人大委员建议增加"国务院建立地方政府债务风险评估和预警机制、应急处置机制以及责任追究机制等"。

第二，要求预算在规定时限内进行全面公开，并要求政府部门在规定时限内公开部门预算。《预算法修正草案》四审稿中第十四条第一款规定"经本级人民代表大会或者本级人民代表大会常务委员会批准的预算、预算调整、决算、预算执行情况的报告及报表，应当在批准后二十日内由本级政府财政部门向社会公开，并对本级政府举借债务的情况等重要事项作出说明"。这意味着除了需要公开财政收支预算、决算定期公开外，地方政府还需要单独对本级政府举借债务情况进行说明，要求政府债务进行公开披露。

第四节　国外市政债券发行主体制度的经验借鉴

一、地方政府发债主体资格与财政分权息息相关

世界上绝大部分国家都在国内设有不同层级的地方政府，但是由于国体和国家结构形式的不同，各国对地方政府的理解也不尽相同。在联邦制国家，联邦制下的成员国或州政府作为中间政府，而地方政府则指成员政府下的分支机构，比如在美国州不是地方政府而州以下的县、自治市、乡、镇、市镇、村镇以及各种特别区等地域性政府才称为地方政府。在集权制国家，中央政府以下的地域性政府都属于地方政府。虽然地方政府是国家结构形式的重要组成部分，但是地方政府能否发债却与国家结构形式并不存在严格的对应关系，在联邦制和集权制国家中，地方政府一般都能发行债券。实际上，市政债券与地方自治、财政分权存在着紧密的关系，只要存在中央与地方的财政分权，就具备发行地方政府债券的前提。因此在联邦制的美国和集权制的日本，市政债券均有发行。

二、地方政府有权发债与实际发债存在重大区别

从国外经验来看，美国允许州及州以下地方政府发行地方政府债券，而

日本也允许都、道、府、县和市、町、村发行地方政府债券。据统计，美国现有 83 000 多个州、县、市和其他地方政府部门，它们大部分有发行市政债券即地方政府债券的权力。但是各级地方政府有权发行债券与实际上发行债券存在重大区别。有权发行地方政府债券的政府，只有在具备法定条件之后才能实际发行债券。比如美国各州对地方政府举债均有明确的程序规定，并受到经常性预算平衡和有关会计准则的限制；日本地方政府发债受到公债费比率指标约束与中央政府的严格控制。因此，只有通过严格条件限制和资格审查的有举债权的地方政府才能实际发行地方政府债券。

三、地方政府债券的运行具有充分法律法规保障

西方国家有关地方政府债券的法治化程度较高，是确保债券良性运作的可靠保障。在日本，依据《地方自治法》第 250 条规定：一般公共团体可以在其他法律规定的场合，按预算规定的数额借入地方债。只要该项支出的行政效果涉及将来，而且居民在以后年度中能够受益，就可以通过借债筹资。该法还规定地方政府若要举债或变更举债方法、利率及偿还方法时，需事先报经中央政府批准。

在美国，有关联邦债券的法律由《1933 年债券法》、《1934 年债券交易法》等多部法律法规组成。虽然市政债券的发行不受《1933 年债券法》的注册要求，而且在 1989 年以前市政债券也不受《1934 年债券交易法》中定期报告的约束，但是在发售和交易时必须遵守反欺诈条款，其中包括主体方面的规定。因此，充分的法律法规保障是地方政府确定市政债券发行主体资格，并保证债券市场健康发展的基本条件。

第五节　建立透明规范的城市建设投融资机制

1994 年，我国开始实行分税制财政体制改革，建立划分事权、财权的分

税制财政体制。在该体制下，地方政府的事权、税收权与支出范围均已明确，与中央政府的利益边界也已界定，为确立地方政府发行市政债券的主体资格奠定了体制基础。2014 年，在经过财政部代发部分省级政府地方债券和部分地方政府直接发债的试点后，2014 年，修改后的《预算法》正式规定省级地方政府可以发行债券，从法律层面赋予地方政府举债权，我国政府权责明晰的规范化的债务融资渠道初步建立。当前，我国地方政府直接发债实践仍处于起步阶段，为使地方政府债券这一可持续的规范化地方政府融资渠道真正建立和完善，长远来看，地方政府发行人、监管部门、市场还需要共同努力，在建立完善的信息披露制度、发展地方债券偿债保障机制、构建地方信用体系等方面夯实地方债券市场发展基础。

一、完善信息披露制度建设

我国证券市场已经初步建立了信息披露制度，但对地方政府债券的信息披露要求还不严格。充分、透明的信息披露制度不仅可以约束政府的非理性发债行为，也有利于监管和调控。在披露具体要求上，可考虑从地方政府财务数据、募集资金用途、募投项目情况、偿债机制等方面加以约束。通过建立完善的信息披露制度，不仅有利于募集资金的规范使用与投资人的保护，也有利于规范地方政府举债行为，有利于市政债券健康发展。

二、完善地方政府信用体系建设

完善地方政府信用评级体系建设，是建立地方政府公共融资的市场化约束和风险分担机制的重要基石。对于地方政府进行信用评级不仅可以为市政债券投资者提供公正、客观的信息，以优化投资选择，实现投资安全性，取得可靠收益，从而起到保护投资者利益的作用；也能够为政府主管部门审核发行资格提供参考条件，有助于对地方债务的分类监管，有利于金融市场的稳定；同时也有利于改进地方政府业绩考核，转变地方政府行为模式。近年来我国债券市场发展迅速，也带动了信用评级行业的快速发展，未来随着市政债券的推出，将地方政府纳入信用评级体系也是市场发展的必然要求。

三、完善偿债保障机制

地方政府在管理使用融资资金的同时，要通过年度预算安排、财政结余以及项目效益等建立地方融资的偿债准备金，为市政债券的付息兑付提供保障。同时要完善地方债券发行市政债券的担保机制，降低债务潜在风险，可考虑根据项目的性质，建立分级担保、反担保、实物担保等担保机制。

第五章　市政债券投资人

目前我国市政债券无论在理论研究还是在实践上来看，均处于初步探索阶段。而美国市政债券经过近两个世纪的发展，已经具有成熟的市场制度，同时也形成较为稳定的投资群体，其各方面的经验和做法都值得我们借鉴。因此本章的分析将基于国外先进经验和国内现有实践的结合。首先通过一般性分析，阐述影响市政债券投资人结构的因素；其次借鉴美国成熟市场，分析美国市政债券投资人结构及特点；最后探讨我国相关制度框架及市场实践。

第一节　影响市政债券投资人结构的因素

美、日等国外成熟债券市场已经建立完善的市政债券市场，并形成比较稳定的投资者群体。与之相比，由于一直受到地方政府不得发债的法律限制，我国市政债券发展处于试点探索阶段，当前尚未形成独立完善的市政债券市场。因此，我们主要通过分析影响当前债券市场投资者结构的因素，同时综合考虑市政债券特性，来分析影响市政债券投资人结构的因素。具体来说，我们将从这几方面进行分析：税收因素、债券存续规模、流动性因素、信用风险因素、债券保险因素和监管因素。

一、税收因素

投资普通的附息债券的收益来源主要有两方面：利息收入和资本利得。目前不论在我国还是美国均需对两类收入进行征税。而在国外，投资市政债券收益一般享有免税的待遇，因此在名义收益率一致的情形下，相较于普通企业债券，市政债券对于投资者更具有吸引力。具体而言，若市政债券的名义收益率为 r，边际税率为 t，则该市政债券净收益率（应税等值收益率）为 r/（1 - t）。可见随着边际税率的提升，投资者因免税获得的收益越高，市政债券对投资者吸引力越大。因此税收是影响市政债券投资人结构的重要因素之一。

在美国，税制变化增加个人投资者购买激励，抑制商业银行和保险公司投资需求，形成当前个人投资者为主的投资人结构。这一分析我们将在之后的第二部分重点论述。税收因素同样影响我国投资者对债券的需求。以铁道债的发行为例，2011 年 10 月 10 日，财政部、国家税务总局联合下发通知，对企业持有 2011—2013 年发行的中国铁路建设债券取得的利息收入，减半征收企业所得税，即相当于减免利息的 10%。税制改革前，受动车事故及财务状况不佳以及银行间市场资金紧张等因素影响，铁道部债券融资一度面临较大的冲击。2011 年 7 月 21 日，铁道债甚至一度罕见遭遇流标。税收政策出台之后，发行阻力很大程度上被减少了，市场投标热情一定程度被调动起来，税率对需求的刺激效应立竿见影。在税率减半后的第二天，曾两度延期发行的 2011 年第一期中国铁路建设债券终于成功发行，发行量各 100 亿元的 7 年期品种和 20 年期品种均获得机构踊跃投标，认购倍数分别为 2.84 倍和 1.67 倍。从投资认购的角度，主要受到税前考核因素影响的商业银行的投资户的投标热情明显提高。

二、信用风险因素

市政债券融资的核心是运用地方财政或项目的现金流支持债券发行，其实质是借助地方政府的信用落实还款资金和提供担保。一般来说，由于城市基础设施建设具有投资大、后续成本不稳定、回收期长以及收益外部性的特点，因此政府信用是市政债券能够顺利偿还的有力保障，直接影响其所发行市政债券的信用评级，不同风险偏好投资人可以根据政府信用资质不同选择资质不同的市政债券。

国外市政债券的发行主体均为城市主体，投资者多为当地的机构和个人投资者。对于政府的发债行为有明显的"近约束"作用，不仅有效地监督募集资金的使用，而且对于信用风险的产生有着较好制约。

三、存续规模和流动性因素

由于不同机构配置债券的目的不同，债券流动性强弱、存续规模的大小影响了投资机构对债券的需求，进而对投资人结构产生影响。例如基金公司的公募账户由于受到净值压力和赎回压力的影响，偏好于流动性较好的市政类债券，例如具有高质押率的城投类债券；而证券公司的自营投资类账户主要受到投资杠杆、收益率和流动性方面的影响，更偏重于有交易性机会和高流动性的市政类债券，对存续规模较少、流动性较差的地方债有较少的需求。债券的存续规模较小、流动性较弱的市政类债券，可能更容易受到商业银行理财户和保险机构的青睐。

四、债券保险因素

市政债券保险的设置同样会对投资人结构产生比较重要的影响，投保能够提高市政债券对个人投资者的吸引力，提高个人投资者的持有比例。债券保险商与信用评级机构基本上以同样的方式评价发行者的偿付意愿与能力，一般主要依据发行人的经济状况、税收和收益情况、财务管理实践、历史信用状况以及其他一些标准，这些评价是保险商是否承保以及承保后保险费率多少的判断依据。目前近50%的美国市政债券发行都含债券保险，通过市政债券保险加强债券的清偿保障，由于市场信息不对称性和专业技能的匮乏，个人投资者更倾向于购买有保险的市政债券，以保证其债券能够按计划偿还。因而这也是美国个人投资者能够直接持有市政债券市场50%债券的重要原因之一。

相比之下，机构投资者例如基金、保险公司内部一般都有授信评级体系，对市政债券的风险有较好的判断和承担能力。由于市政债券保险的设置降低了债券收益率，对机构投资者的吸引力下降，降低了机构投资者的投资比例。

五、投资限制与监管因素

从保护投资人的监管角度看，多数成熟债券市场仅仅对普通公众投资的品种做出限制，而对于机构投资者，监管机构一般不对其投资做过多限制，具有充分投资自由的机构投资者群体保证了投资偏好多样性和投资行为的差异性。目前，我国债券市场的机构投资者分别由不同的监管部门进行监管，监管政策差异较大且协调效率不高，银行、基金、证券公司和保险资金的投资行为受不同监管要求的约束。严格的投资监管有助于降低投资风险，但同时也抑制了投资主体的灵活性，加重了投资行为的同质化，对银行间市场的投资人结构带来一定的影响。

第二节　国际成熟市场市政债券投资人

市政债券最早发起于美国，在发达国家已经有很悠久的历史，现今市政债券的发行规模最大的国家是美国。美国市政债券市场经过几百年的发展，在法治监管、税收安排、市场体系、各种金融技术的灵活运用和品种创新等方面已经十分发达和成熟。美国市政债券市场是从 19 世纪 20 年代作为基础设施建设的融资平台发展起来的，目前美国市政债券的市场规模相当于国债市场的一半和公司债券市场的四分之一。对发行者来说，美国市政债券是一种非常有吸引力的融资工具，它通过信用形式为地方政府筹集资金，不仅发挥了财政政策和金融政策的协同优势，而且增强了地方政府的配置职能，丰富了资本市场的交易品种。

从历史上看，州地政府公债的资金来源经历了一个由金融资金向家庭资金转化的过程。20 世纪 70 年代中期以前，州地政府公债的投资者多是银行类金融机构，大部分可交易的政府证券也是如此。自 20 世纪 80 年代以来，政府修订税法政策，将特定种类的市政债券纳入所得税范围。作为市政债券的最重要投资者，银行类金融机构的地位显著下降，市政债券对其的吸引力也大大削弱。与此形成鲜明对比的是，各类非传统金融机构和个人投资者对市政债券的需求明显增长。

从目前的情况分析，美国市政债券的投资者主要包括家庭、基金类集合投资人、存款类机构和保险机构，其中个人投资者是最重要的组成部分，根据美国证券交易委员会（SEC）最新的市政债券市场报告，个人投资者直接或间接持有超过75%的流通中的市政债券。

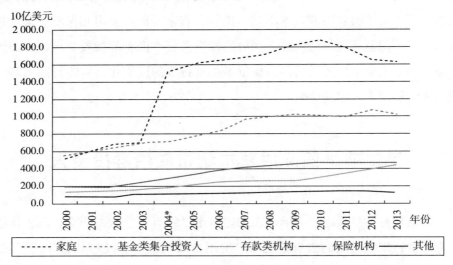

图 5 - 1　2000—2013 年美国市政债券的主要投资人变化

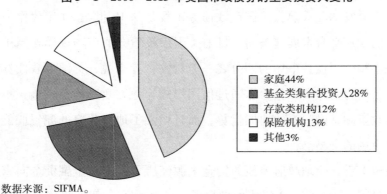

数据来源：SIFMA。

图 5 - 2　截至 2013 年底美国市政债券的投资人结构图

一、存款类机构

从趋势上分析，目前商业银行对市政债券的持有比例呈现明显的下降趋势，从 1971 年的 51% 下降至 2013 年的 12%。这种趋势主要受到政府调整政策的影响，早期，由于商业银行可以获得购买市政债券资金利息成本的 80% 的税收减免，所以商业银行的市政债券投资比例一直很高。而政府颁布的《1986 年税收法案》规定银行在 1986 年 8 月 7 日之后购买的市政债券不再享有这一特殊税收减免，导致银行对市政债券的需求量锐减。

从投资需求分析，商业银行投资市政债券，不仅仅要考虑利息收入免税的因素，更主要是看重市政债券可作为与央行市场操作的重要担保品。商业银行同时还将市政债券作为做市业务和撮合业务的主要交易品种。

二、保险机构

财产和灾害型保险公司也是市政债券的主要投资者之一。财产和灾害型保险公司的盈利呈现明显的周期性。通常在高利润年度，财产和灾害型保险公司会通过大量配置市政债券来获得收入少缴或免缴收入税的好处；而当保费和投资收入无力与索偿理赔成本匹配时，随着承保理赔亏损的增加，财产和灾害型保险公司则会削减对市政债券的投资。1986 年的税收改革包含了许多减少但未消除保险市政债券需求的条款，使得保险市政债券持有量在税收改制后有所下降。

三、基金类集合投资人

基金类集合投资人主要包括共同基金、货币基金、封闭型基金等，在美国市政债券市场占有重要的份额。近五年来，共同基金持有市政债券呈上升趋势，而货币基金出现了一定的下降，合计占有了 25% 的市场份额，这些基金是个人投资者间接投资市政债券的重要渠道。个人投资者由于各方面条件的限制，时间、精力不足，信息不灵，专业知识和投资经验缺乏，频繁买卖的交易成本高昂，会造成市政债券二级市场投资积极性不高。而基金类集合投资人具有集中托管、集中交易的低成本优势，加上专业操作使得能在规避风险的同时取得较高收益，使个人投资者更容易地参与市政债券二级市场交易，极大地扩展市政债券二级市场的参与面，促进了市政债券二级市场的活跃和繁荣。

四、个人投资者

截至 2013 年底，美国个人投资者直接持有市政债券份额约 1.6 万亿美元，占据市政债券总额的 44%，间接持有份额为市政债券总额的 28%，合计总量达到了 72%。

个人投资者可直接或间接通过共同基金、单位信托购买市政债券。税收政策的调整导致市政债券对个人投资者的吸引力不断提高。根据美国《1986 年税收改革法案》的规定，市政债券的税收优惠有三种情况：用于公共目的的债券，其利息收入免缴联邦所得税；用于私人项目的债券需要缴联邦所得税，但可以免缴债券发行所在州的所得税和地方政府所得税；既非政府项目的又非私人项目的债券，如住宅与学生贷款，也是免税的，但发行数量受到限制，而且利息收入被作为选择性最低税收的优先项目。《1990 年税收法案》提高了最高边际税率（增高到 33%），而 1992 年税法更将最高边际税率增至39.6%，这意味着投资一定比例的市政债券不仅能够获得收益，还能够得到税收上的优惠，使市政债券更具投资价值。目前绝大多数市政债券是用于公共目的的免税债券。毫无疑问，免税降低了美国市政当局的融资成本，免税政策使市政债券市场区别于其他非政府债券市场。

个人投资者是美国市政债券市场上的重要组成部分，他们一般为本市或者本州的普通居民，只有对州政府和市政府管理层持有信心时才会认购市政债券。市政债券的价格成为衡量政府管理层业绩的重要标准，业绩良好的政府能够极大地降低其融资成本。投资者在投资市政债券的过程中，关注着地方的财政税收增长情况和市政项目的盈利状况。因此，市场中介机构和个人投资者的参与，客观上起到了对地方政府的监督核查作用。

从美国成熟的市政债券市场可以发现，一个成熟的资本市场应当有大量机构投资者参与其中，同时应该引进个人投资者作为重要补充。个人投资者充分参与市政债券投资对于市政债券市场发展有重要意义，一方面，市政债券风险极小、收益适中能够带来投资收益，将储蓄余额有效地流入到城市公用建设中获得高于银行利息的收益，适合个人投资者投资；另一方面，个人投资者可以更好地体现出监督作用和对政府支持的信心，从而真正发挥市政债券利用民间投资为公用事业建设服务的功能。

第三节　我国市政类债券投资人结构及发展趋势

从国际上成熟市政债券的运行来看，市政债券市场健康发展的条件是：良好的地方财务管理系统、长期资金的稳定供给、稳定的宏观经济环境、投资者对市场的了解、健全的二级交易市场、信用评级和债券保险机构的发展，以及法律监管框架的完善。

我国债券市场的投资者主要分为特殊结算成员（人民银行、财政部、政策性银行、交易所、中央国债公司以及中证登公司等），商业银行（国有银行、股份制商业银行和地方商业银行），保险机构、证券公司、基金、非银行类金融机构（信托投资公司、财务公司、租赁公司、汽车金融公司等），非金融机构和个人投资者。从市场结构看，商业银行、保险公司、基金管理公司、证券公司等机构投资者是我国银行间债券市场的主要参与者，同时也是市政类债券的主要投资者。

一、商业银行

我国各类投资者投资市政融资类债券并不能够免税，商业银行投资市政类债券产品的动机主要出于流动性与配置要求。投资规模主要受资本充足率的要求、贷存比的限制以及信贷投放量的影响。从制度方面分析,商业银行投资市政类债券主要受到 2012 年颁布的《商业银行资本充足率管理办法》的影响。该办法对于市政类债券投资的影响体现为两个方面。一方面,信用类市政债券的风险权重明显增加,明确规定中央政府投资的公用企业债权参照一般企业标准以 100% 计量风险权重,同时对过去未明确的我国公共部门实体债权按照 20% 计量风险权重。另一方面,交易账户的市场风险计提从满足条件计提变为对交易账户统一计提市场风险,计量覆盖的业务范围,不仅包括商业银行资产负债表外业务,也包括持有债券的产品的表内业务。

商业银行账户按照属性不同,可以分为投资类账户、交易类账户和理财类账户。商业银行的投资类账户主要的配债能力最强,投资市政类债券主要受到资本充足率的影响,是目前财政部代发的地方债主要的投资群体。交易类账户主要是通过债券交易实现资本利得收入,由于账户属性的要求,对于债券的流动性要求很高。此类账户对于地方债的需求较弱,对于高评级流动性好的信用类市政债券有一定的需求。理财账户近几年发展迅速,同样具有较强的配置能力,对于产品的收益率要求较高。此类账户逐渐成为地方融资平台、城投公司等发行的信用产品的主要配置机构。

二、保险公司

随着债券市场规模扩大的同时,保险机构可投资市政类债券的品种也逐步增加。随着投资政策的逐步放开,由原来仅有的国债、金融债为主的投资模式,转变为持债结构也逐渐趋于多元化。保险类机构账户按照属性不同,可以分为投资类账户、专户类账户、养老类账户和年金类账户。

保险集团和资产管理公司的投资账户是保险类机构投资债券类产品的主要资金来源。从制度方面分析,保险公司投资市政类债券主要受到 2010 年保监会颁布的《保险资金运用管理暂行办法》和《关于调整保险资金投资政策有关问题的通知》的影响。两个办法规定可投资的无担保债券的品种，调整为无担保企业债券、非金融企业债务融资工具和商业银行发行的无担保可转换公司债券。同时，将投资中国境内发行的无担保企业（公司）类债券的信用等级，也调整为具有国内信用评级机构评定的 AA 级或者相当于 AA 级以上的长期信用级别。投资无担保企业（公司）类债券的余额，不超过该保险公司上季度末总资产的 20%。投资类账户对于地方债的需求较弱，对于高评级的城投类市政债券的需求较大。

保险公司的专户类账户按照资金来源属性，可分为保险公司自有类和信托类账户。保险公司自有类账户也受到保监会相关规定的限制，投资偏好与投资类账户相似。信托类账户不受上述两个办法的影响，对于中低评级的城投类市政债券有一定的需求。

保险公司的养老类账户和年金类账户不受保险公司投资范围限制，主要受到人力资源和社会保障部的监管。2011 年 11 号文《企业年金基金管理办法》和 2013 年 24 号文《关于扩大企业年金基金投资范围的通知》明确两类账户的投资范围。

三、基金公司

近几年来，随着我国股票市场持续低迷，债券发行规模稳定、良好的流动性以及低风险带来的可靠性使得基金公司对于债券投资的规模逐年增长。基金账户按照募集属性不同，可以分为公募基金和专户基金。从制度方面分析，基金公司投资市政类债券的限制主要来自基金法和单只基金募集说明书的投资范围影响。由于基金公司的投资范围比较广泛，对于市政类债券的需求也很大，基金公司同样是市政类债券投资的重要投资群体。基金公司的公募产品账户投资市政类债券主要受到投资范围的限制，已经存续的部分公募基金，由于账户策略差异，未将城投类债券列入投资范围之内。基金公司专户账户的投资范围比较广泛，投资限制较少。对于产品的需求各异，对于市政类债券的投资需求很大。基金公司由于受到净值压力和赎回压力的影响，

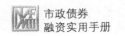
偏好于流动性较好的市政类债券，特别是具有高质押率的城投类债券。

四、证券公司

证券公司在市政类债券市场既承担承销商的角色，同时也作为投资者进行投资配置。在政策规则方面，证券公司的自营投资范围比较宽泛，投资市政类债券没有明显的限制，主要受到公司投资策略的影响。证券公司账户按照资金来源不同，可以分为自营投资类账户和资产管理类账户。自营投资类账户主要受到投资杠杆、收益率和流动性方面的影响，更偏重于有交易性机会的市政类债券。地方债存续规模比较小，流动性较差，自营投资类账户较少配置。但是对于流动性较好的城投类债券有一定需求。资产管理类账户由于资金成本较高的原因，往往需要配置中低评级的城投类债券来提升收益。

五、个人投资者

作为国外市政债券最大的投资群体，个人投资者在我国则较少参与市政类债券的投资。主要原因有以下几个方面：首先，我国的市政类债券多在银行间市场发行，个人投资者很难直接进入市场参与；其次，市政类债券的发行期限都比较长，与个人投资者中短期的配置需求不符；最后，市政类债券缺乏良好的二级交易转让平台，个人投资者即使配置也只能被动持有到期，丧失取得资本利得收入的可能。

第四节　发挥市政债券
本地投资人"近约束"作用

市政债券的发展应当遵循市场化发行和风险自担的原则。投资者既享受市政债券的投资收益，又将相应承担市政债券可能存在的违约风险。在信息公开透明的情况下，投资者应当根据自身的风险承受能力进行自主投资，充分平衡风险与收益的关系。在出现债券延期支付或者本息不能兑付的违约情况下，应完全按照市场化的方式进行清算与追偿。建议借鉴国外"谁投资，谁受益，谁监管"的范式，鼓励个人投资者尤其是市政债券发行主体本地的个人投资者积极进入市政债券的投资领域，形成对市政债券发行主体的"近约束"。对于缺少直接投资能力的个人投资者，可以通过当地的地方商业银行、农村信用社或者市政债券基金来享受市政化发展带来的收益。同时，建立完善的债券持有人监督机制，保障债券持有人的利益。

第六章　市政债券市场相关中介机构

第一节　市政债券市场主要中介机构概述

一、市政债券承销商

发行人选择发行债券时，通常会聘请承销机构帮助发行和销售债券。承销商凭借在行业中的声望和业务经验，利用自身销售网络资源，将证券销售出去的过程叫做债券承销。承销商在证券发行当中发挥核心作用。对于金额比较大的融资活动，一般会由多家主承销商组成承销团进行承销。

二、法律顾问

在市政债券承销发行的过程中，需要法律顾问机构对于本次债券发行的安全性发表法律意见，因此需要出具法律意见书，主要体现在以下三个方面：第一，债券法律顾问需要检查发行人是否能够合法地发行债券。第二，债券法律顾问要查看发行人是否已经指定出各种所需要的没有违反任何其他的法律和规则的合同、决议等契约，是否完全准备好债券的发行。第三，债券法律顾问需要保证提供给债券持有人的、由发行人或者第三方许诺的债券的信用增进措施，是否确实得到了政府的法律法规支持。

三、信用评级机构

在市政债券发行的过程之中，发行人要做的一项重要工作就是请信用评级机构对于其所发行的债券进行信用等级评定。信用评级是指由专门的信用评级机构根据发行人提供的信息材料，通过调查、预测等手段，运用科学的分析方法，对拟发行的债券资金使用的合理性和按期偿付本息的能力及风险程度所做的综合评价。投资者在进行投资决策时，通过阅读债券的信用评级情况，可以清晰、明确地了解债券的内在风险程度。

四、信用增进机构

使用市政债券信用增进，是一种在一个投资组合内帮助减少信用风险的方法。市政债券信用增进是指债务的利息当发行人无力偿付或无法全额偿付的时候，由信用增进公司来进行代为偿付。这种信用增进通常贯穿于债券的整个存续期。当托管人或者投资者在发行人的付息日或兑付日仍然没有得到相应支付时，根据信用增进协议等合约，信用增进公司有责任支付足够的钱来补偿保护投资者的本金和利息的违约金额。

五、其他中介机构

在债券承销发行的过程中，还有为发行人提供审计、资产评估、财务顾问等服务的相关机构，比如会计师事务所、评估事务所等。

第二节 美国市政债券主要中介机构概述

一、市政债券承销商

在美国债券市场上，为了在市场上募集资金，市政债券发行者需要与承销商合作。市政债券的承销商通常是证券公司或者是银行的一个部门，他们提供其他金融服务。证券公司和银行的市政债券部门的工作是承担投资银行业务，承销、营销、交易市政债券。一些机构的市政债券部门也可以组织完成所有的这些职能。在有些机构中，这些工作是划分给固定收益部和投资银行部。一些部门也有可能和很多其他组织一起合作完成。由于这是一项既广泛又带有区域性质的业务，一些只负责市政债券市场的承销商，有时集中负责一个市场，而有些公司专注于零售业务，主要与个人和个人投资者接触。

一般来说，市政债券承销商主要承担以下义务。

（一）公共金融（Public Finance）

市政债券业务中的投资银行部门被称为公共金融。投资银行家要与现有客户打交道，并且要与其他发行者接触以开发新业务。公共财政专家通过在承销和交易过程中所获得信息，来应对发行者的需求以及在传统和创新的融资结构条件下投资者的需要。投资银行家负责协调和回应许多发行者发给他们的书面和口头的"征求意见书"（Request of Proposals，RFPs）。这些"征求意见书"包括详细的项目计划和发行者的财务分析，这是发行者直接与承销商议定承销细则的基础（在承销部分详细讨论）。发行者若选择和承销商之间用议价销售（Negotiated Sale）的方法议定承销价格和公开发行的价格，那么承销商之间的竞争是很激烈的，因为有很多企业争夺这项业务。

公共财政部门可以依照地区、市场板块、生产线等分类组织起来。有时公共财政部门还能从事财务咨询工作。

（二）承销

承销商决定新债的价格和收益率。承销商从发行者那里购得债券主要是通过竞价销售（Competitive Sale）或议价销售（Negotiated Sale）。若采取竞价销售方法，承销商会把密封的投标书在限定时间内递交给发行者。通常会有一个以上的承销商递交投标书。出价最高（即发行者须支付的利息最低）的承销商将获得债券承销资格。承销商往往会选择联合投标，即两个或两个以上的承销商组成一个联合体，以一个投标人的身份共同投标。竞价销售，也称为公布销售（Advertised Sales）或密封投标销售（Sealed Bid Sales）。

在议价销售中，发行者在公开销售日前，选择主承销商或高级管理人员，他们的主要工作是在债券发行和上市的每个阶段协调和管理融资问题。选择主承销商（有时负责一只债券，有时负责好几只债券）的过程，通常包括完成书面"征求意见书"，投资银行家、承销商以及公司其他重要成员口头表述他们拟议的融资战略，对发行者的提问作出答辩。发行者往往还选择和在承销竞争中的对手公司的管理人员作为联合负责人。承销商或联合承销商提出购买方案，以发行者承担的最低利息成本对应的价格购买债券，再出售给投资者。议价销售在构造债券和对市场反应方面有较大的灵活性。在竞价销售中，承销商会与承销商、销售人员紧密合作，确定新债合适的价格。

（三）交易

承销商从不同承销商和投资者那里积极买卖债券，维持债券二级市场的流动性。一个好的交易员在任何时候对任何市政债券都非常熟悉，他们知道这些债券的信用等级，以及其他固定收益市场的总体情况。通常情况下，交易员还会专攻一个行业，比如医院债券；或者特定期限的债券，比如剩余期限为1年到10年的债券；或者美元债券（Dollar Bonds，即以美元价格，而非收益率报价和交易的债券）。

（四）销售

销售人员是与机构投资者直接接触的人员。他们坐在交易室，可以接近承销商和交易员。销售人员除了负责销售公司所承销的新债外，他们对于投资者的投资组合也非常熟悉，可以寻找机会在二级市场为投资者服务。销售人员可以通过各种方式组合起来，例如地域、与客户的关系、债券的期限或者将这些方式结合起来组织。

（五）销售联络

拥有很多个人客户的证券公司往往都有一个零售联络队伍（Retail Sales Liaison Force）。销售联络员通常在交易室办公，他们会与总部和分部的客户总监（Account Executives，也可以称为股票经纪人、注册代表、客户总监或私人客户服务代表）一起工作。客户总监会向销售联络员询价以及了解订单，联络员会与承销商和交易员一起满足投资者需求。一些大型证券公司也会有地方的交易部。这些交易部与其总部的交易运作很相似，但是规模较小。在地方交易部工作的销售人员和联络人员与总部的人员的工作范围和方式大致相同。

（六）信用研究

市政债券市场的复杂性以及一些州政府和地方政府财政上的困难都导致了市政债券承销商特别注重市政债券发行者的信用状况。承销商都有研究专员和信用专家负责一级市场和二级市场的审查和跟踪发行者的信用状况。研究员可以发表自己对于未来市场的简要的观点，一些观点既可以在内部交流，也可以传递给投资者；他们也可以撰写一些涉及具体行业或者市场战略的综合性的报告。一些公司的研究员和信用专家会和投资银行家关于"征求意见书"做广泛的交流，一旦公司获得议价销售业务，他们就要准备信用分析和信用评级。研究员和信用专家将负责审查信息披露规则要求提供的报表。

目前，评级机构、债券保险人以及机构投资者也会聘请专业的研究员和信用专家。

（七）资本市场

资本市场结合了投资银行的功能和市场交易的功能。他们负责设计金融和投资产品，例如：衍生品、互换（Swap）、合成证券（Synthetic Securities），供市政债券发行者和投资者使用。使用者和公司内部风险管理团队提供的信息为这些产品的创建提供了支持。他们可以根据公司自营交易的需求设计金融产品。这样的公司通常拥有一个信用评级更高的特殊子公司，用来进行有关金融衍生品的交易，从发行人的角度降低有关金融衍生产品的交易对手的（Counterparty Structures）风险。

（八）营运

营运涉及复杂的市政债券买卖程序。营运部门需要采用全行业规定的关于下单（Orders）、记账（Record Keeping）、确认交易（Confirmations）的标准进行交易。其职责包括：处理订单和付款、核实并递交证券、发出确认单以及保存客户账户文件以及其他必要的文件。

二、市政债券经纪人

在美国债券市场中，市政债券经纪人只为市场市政债券的承销商做交易；他们不直接与任何机构或者与个人投资者接触。经纪人参与交易相比承销商更为有效。例如，承销商出售债券通常会通过经纪人寻找买家。这就是所谓的征求报价交易。其他情况下，承销商会根据客户的要求寻找特定的债券，告诉经纪人他们希望购买的债券的收益率或者价格。在这种情况下，经纪人会在其他承销商那里寻找这类债券。

三、法律顾问

法律顾问主要分为债券法律顾问、承销商法律顾问和其他法律顾问。

（一）债券法律顾问

基本上，发行每只市政债券都要征求债券法律顾问的意见，他们代表了债券持有人的合法利益。法律顾问的意见会涉及一些主要的法律问题：该债券制定的法律是合法的、有效的，对发行者具有法律约束力，根据税法，市政债券利息免缴联邦所得税。为了阐述他们的意见，债券法律顾问需要：

1. 审查和检查与发行债券相关的法律；
2. 确保债券审批所需的程序都已完成；
3. 确保发行的债券遵守了所有的税法。

法律顾问在审查相关法律和程序时，要将所有的相关文件组装成法律程序誊本（transcript of proceedings）。该誊本将作为债券发行、还款、抵押程序的参考文件，是一个永久记录文件。

红皮书（the bond buyer's municipal marketplace），是整个行业的目录，它列出的名单包括市政债券承销商、律师等。相对于没有在市政债券上出现的法律顾问，市场对于在红皮书中列出的各国公认的债券法律顾问的意见更为重视。根据红皮书中所言，一家合格的律师事务所必须在当年红皮书出版前两年内至少完成下列中的一项：

1. 呈递一份关于国债或者市政债券的主要法律意见；

2. 担任市政债券的承销商的法律顾问或联合法律顾问，或者发行者的法律顾问。

（二）承销商的法律顾问

承销商的法律顾问在协商问题中代表承销商。承销商的法律顾问会对发行者进行更彻底的尽职调查。尽职调查包括向发行者和一些重要关联文件人提问，了解他们的财务状况、融资计划、财务报告以及其他的一些影响买家投资决策的重要信息。最后承销商的法律顾问会提供一个声明书给承销商，声明在信息披露中没有信息遗漏，所涉及投资决定的材料都已齐备。此外，承销商法律顾问还需编写发行者将债券出售给承销商时的债券购买协议或合同。

（三）其他法律顾问

由于市政债券市场的多样化，一些发行者可能需要来自特别税收顾问、银行法律顾问、信息披露顾问、债券以外事宜的法律顾问、借款人顾问等其他法律顾问的意见。

四、财务顾问、专家以及其他顾问

州政府和地方政府往往会征询财务顾问和其他专家的意见。财务顾问的任务包括：

1. 分析发行者的资金需求情况；

2. 帮助选择承销商或组织竞价销售；

3. 构造债券结构；

4. 与评级机构和信用机构（Credit Enhancers）合作；

5. 对发行者的债务和资金计划的相关事宜提供意见。

财务顾问的工作范围与承销商的工作范围部分一致，特别是在议价销售中。财务顾问有时可以作为承销商，但是这也可能引起一个大问题，因为承销商（同时又是财务顾问）和发行者之间会出现利益冲突。

涉及设备改建的项目不仅仅需要财务顾问的意见，还需要征求专家的意见。这些专家擅长的领域不同，比如说，一些专家只为医疗保健项目的可行性提供意见；另一些专家只负责金融工程或者机场建设项目；还有一些专家负责评估收费公路项目或者公共设施工程发行者的会计人员在融资过程中也发挥了作用。顾问意见的重要性不仅仅体现在建立一个有价值的项目，而且他们的意见可以帮助债券发行者获得债券审批机构的批准，增强投资者对该债券的认可和信心。

市政衍生品专家通常来自大的投资银行、保险公司或律师事务所，他们也可能是独立的组织。他们会提供广泛的服务，包括成为利率互换的交易对手，市政债券再投资、对冲战略以及提供其他衍生产品服务。套利债券退税专家也是既可以来自大机构也可以来自独立的组织。他们提供市政债券的套利规章，撰写相关报告。他们会和债券发行者一起计算债券的退税额度、审核债券、分配混合基金、制作现金流模型、计算收益率以及制作报告制度。

经纪人、承销商或者市政债券承销商（Municipal Securities Firm）根据市政债券法规制定委员会（MRSB）制定的 G‐38 规则可以为自己聘请顾问。在各个公司聘请的顾问直接或者间接地为经纪人、承销商或者市政债券承销商服务之前，双方必须签订书面的顾问合同。聘请顾问的记录必须向发行者和市政债券法规制定委员会披露。

五、评级机构

市政债券发行者数以万计。由于发行者数量巨大且债券结构多样，相比其他发行者较少的市场，债券或者债务评级在市政债券市场发挥了更为突出的作用。对于债券信用资质的评级一般用字母或者数字符号表示。一般债券发行都必须披露评级报告。一些债券可能被评为没有等级（Non‐rated），意味着这类债券没有达到投资级别或者对于这类债券有利的市场还继续存在。

承销商或者财务顾问往往代表发行者向评级机构介绍债券的相关信息。评级机构也会定期跟踪评级，分析发行者目前的财务和经营状况。此外，评级机构会为征求提高评级的地方政府进行审查，列出评级可能有变化的债券名单，分析信用趋势，以及提高其他评级服务。

三个主要的市政债券评级机构分别是穆迪投资者服务公司，标准普尔和惠誉。这三家评级机构的总部都设在纽约。穆迪从 1909 年开始就对市政债券进行评级，标准普尔是从 1940 年开始，惠誉是从 1913 年开始。这三家评级机构对长期债券、短期债券、商业票据、评级公司担保的债务、银行和其他信用增进机构（Credit Enhancement）都进行评级。虽然每个机构有自己独特的评级标准，但是 AAA 级是每个评级机构给出的最高信用等级，当信用级别每下降一级，字母就会按比例减少。穆迪的评级可以在字母后面增加一些数字（1，2 和 3），标准普尔和惠誉则可以在字母后面增加了 " + " 和 " – " 符号。穆迪的最低信用等级是 Baa3 级，标准普尔则是 BBB – 级。

信用等级大体上可以按照表 6 – 1 分类。

表 6 – 1　　　　　　　　　　三大评级公司信用等级

信用等级	穆迪	标准普尔	惠誉
投资级别			
第一流的（Prime）	Aaa	AAA	AAA
极好的（Excellent）	Aa	AA	AA
中等以上（Upper Medium）	A	A	A
中等以下（Lower Medium）	Baa	BBB	BBB
非投资级别			
投机级（Speculative）	Ba	BB	BB
绝对投机级（Very Speculative）	B, Caa	B, CCC, CC	B, CCC, CC, C
违约级（Default）	Ca, C	D	DDD, DD, D

尽管三大评级机构的评级标准有所差异，但评级过程却基本一致。对于新发行的债券，发行者要向评级机构提交所有的融资文件、财务预测表、审计报告以及初步的正式声明。重要的发行一般由两名以上的评级分析师跟进，其中一人为首席评级分析师。评级分析师审核所有的文件，并通过会议的形式有针对性地向发行者提问。

在所有数据收集完整，所有疑惑都讨论后，由首席评级分析师向评级委员会递交评级报告。评级委员会在经过系统性地审查后，确定债券的信用级别并在向市场公布前告知发行者。如果发行者对结果不满意，可以通过增加信息或重申要点的方式来提高信用级别。

评级机构对获得评级的债券也会持续监控。随着时间的推移，由于当地经济环境的改进或者偿债能力的降低，债券的信用级别可能提高也可能下调。信用级别也可能由于突发事件，如非预期的破产申请等而变更。每家机构都有自己的关注的项目清单，以便及时调整信用等级，如穆迪的信用监察表，标普的信用观察清单以及惠誉的警报列表。

即使是市场上没有任何交易和变动，发行者的代表仍需要定期拜访评级机构，让评级师分析师及时更新相关数据。发行人会与评级机构讨论如新的信贷结构等变化，以准确估计这些新发行债券信用等级及对现有债券等级的影响。这种沟通通常是发行者为提高其信用等级长期战略的一部分。

六、信用增进机构

信用增进是指信用级别较高的实体为信用级别较低的实体增加信用等级。美国信用增级在过去的 10 年中取得了飞速发展主要原因包括：

1. 投资者关心发行者的信用资质；

2. 日益复杂的债券保险特征（security feature）；

3. 信用增级用于短期市场；

4. 保险费用的成本效益。

信用增级的主要方式为债券保险，银行信用证以及银行的信贷额度。

（一）债券保险

债券保险是指如果发行人失去偿债能力时，保险公司代其承担还本付息责任的法律承诺。一般来说，保险人也是在预订的还款日还款，不会加速还款。债券保险期通常覆盖了债券的持有期。市政债券保险的作用有三方面：（1）减少发行者的利息成本；（2）为投资者提供更好的安全保障；（3）为二级市场提供了流动性和价格的支持。自1980年以来债券保险发展迅速，1980年债券保险只占当年463亿美元长期新债的2.5%，而1999年债券保险可占当年新债的46%。在市政债券保险发展的初期，大多数投保的新债是一般义务债券，然而现在投保的新债都是项目收益债券。

1999年，四大保险公司占了当年新增保险市场的97%。在二级交易的债券、投资市政债券市场的信托、私人证券组合都可以购买债券保险。目前市场上主要的市政债券保险人包括成立于1974年的市政债券保险协会有限公司（MBIA Corporation），其前身是市政债券保险协会（MBIA）；成立于1971年的美国市政债券保险公司（AMBAC）；成立于1983年的金融担保保险公司（FGIC）；以及成立于1985年的财务安全保险公司（FSA）。标普、穆迪和惠誉都对四家保险公司的债券给予了AAA评级。其他主要的保险公司还有资产担保公司（Asset Guaranty）以及美国的资本市场担保公司（Cap MAC）。此外，还有一家1997年成立的ACA金融担保公司，ACA专门为没有评级的或者信用等级在A级以下的债券提供保险。

虽然债券保险为债券投资者提供了额外的担保，但是发行者依然是债券还本付息的第一保障，因此不是所有获得保险的债券的价格和收益都是一样的。市场对于保险人的实力评价是决定这家公司保险交易价值的重要因素。评价保险人的实力主要是看他们的财务实力以及他们之前发行过的债券的情况。

（二）银行信用证和信用额度

银行信用证和银行信用额度是信用增级的其他方式。银行信用证和债券保险相比是属于短期书面付款保证。在发行者违约时，信用证可以用于支付投资者债券本金和应计利息。它比银行信贷额度的保障力度更强，因为若要使用银行信贷额度还本付息，必须满足更多的前提条件。拥有银行信用证的债券的评级和发行该信用证的银行的等级一样。拥有银行信贷额度的债券不一定能获得和该银行一样的评级，分析师除了分析发行者的财务状况以外，也会关注信贷额度可以用来偿还债券的条件。

1980 年以来，银行信用证使用率波动极大。1980 年拥有信用证的债券占当年 463 亿美元新债的 0.2%。1985 年该比例达到 18.6%，而当时信用证使用率剧增的原因有很多，包括长期债券的利率水平较高，这就刺激了短期产品的开发和增长，例如变动利率即期债券（Variable - rate Demand Obligation）。对于这些产品，投资者需要确定发行者手头上有足够的流动资金还本付息以防止大规模"回售"的情况发生。信用证的使用可以为发行者提供流动性的支持。1999 年，信用证的使用率已大幅下降至 5.4%，其中的原因包括：（1）银行信用资质的下降；（2）银行信用证成本的上升；（3）其他信用增级方式实用性的增强。

七、信托机构和付款代理人

信托机构负责执行债券文件规定的行政职能。这些职能包括建立账户，保管和债务有关的资金，验证债券，保留债券持有人的名单，支付债券的本金和利息，以及在违约事件发生时代表持有人的利益并执行作为付款代理人或者财务代理人的部分职能。

美国证券托管结算公司（Depository Trust and Clearing Corporation，DTCC）是政府部门授权专门从事企业证券和市政债券登记、托管、结算的全国性金融机构，它的股东主要是金融机构。托管人和付款代理人在本金和利息的支付日将资金划转到美国证券托管结算公司，公司再将资金划转至为客户代购证券的银行和证券公司。

第三节　充分发挥各类中介机构
在市政债券融资中的作用

一、尽职调查更加充分

在未来如"项目收益债券"之类的市政建设融资项目中，主承销商应重点关注地方资产收益高估问题和关联互保的信用风险。未来收益预测一般具有一定的主观性和不确定性，作为偿债的主要来源，主承销商应更为客观、保守地分析未来偿债收入，以减少违约事件的发生，保护投资者。目前关联互保已被禁止，但不排除隐性关联互保，主承销商应加强尽职调查保证调查的真实性。

二、增信方式多元化

发达国家的增信相对比较丰富。例如美国的增信方式有债券保险、抵/质押担保、第三方担保、优先/次级结构、债券信托及可交换债券等形式或可在未来市政债券的发行中加以使用。其中对债券产品进行结构化信用增级设计的担保方式被广泛应用于结构性金融产品和公司债券担保中。比如将同一期企业债券分为优先级债券和次级债券，发行人对优先级债券本息进行优先偿付。优先/次级结构通过调整债券的内部结构，将其划分为优先级和次级债券或更多的级别，不同等级的收益水平和还款优先次序、方式不同，这实际上是通过将债券所依赖的资产分层，从而把一只债券分离为两只债券。在未来我国市政债券发展过程中，也需要积极借鉴国外经验。

第七章　市政债券的承销与发行

第一节　市政债券承销与发行的业务特点

根据 1995 年颁布的《中华人民共和国预算法》（以下简称《预算法》）第二十八条规定"地方各级预算按照量入为出、收支平衡的原则编制，不列赤字。除法律和国务院另有规定外，地方政府不得发行地方政府债券"。因此，在《预算法》尚未修改的情况下，除法律和国务院另有规定外，地方政府没有直接发债权，需要时由中央政府代为发行。

从 2011 年开始，国务院批准上海、广东、浙江和深圳四地率先试点自行发债。2013 年 6 月 25 日，财政部以财库〔2013〕77 号印发《2013 年地方政府自行发债试点办法》，将自行发债试点范围扩大至江苏和山东。但试点办法第二条规定，2013 年试点省（市）政府债券由财政部代办还本付息，因此并不是真正意义上由地方政府独自承担债券还款义务的市政债券。

出于融资的需求，地方政府就只能通过变通的方式发行基建用途的债券，这就是当前中国金融市场下的特殊产物——城投类企业债（"准市政债券"）。

城投类企业是指由地方政府国资委控股，依据当地政府决策进行地方基础设施和公用事业建设、融资、运营的主体。地方政府对其定位为，城建国有资产经营管理主体，承担授权国有资产保值增值的责任；城市基础设施及市政公用项目的投融资平台及市场化运作主体。总的来看，城投企业主要是城市这一级别的地方政府所属的企业，其行使地方政府职能。以上海为例，上海市在 1992 年先行一步进行了"准市政债券"的尝试。1992

年 7 月 22 日，经上海市人民政府授权，成立了上海市城市建设投资开发总公司（上海城投），其基本性质为专门从事城市建设资金筹措、使用、管理的专业投资控股公司。通过设立隶属企业作为发债主体，申请发行用于城市基础设施建设的债券，其发行的债券属于"准市政债券"的范畴。另外，市场上也存在以信托为工具的"准市政债券"。2014 年 8 月 31 日十二届全国人大常委会第十次会议通过《预算法修正草案》，允许省一级政府发行地方政府债券用于建设投资，正式赋予地方政府债券融资权，增加政府低成本融资渠道。松绑的地方政府发债权目前仍只停留在省级政府层面，且举债额度必须由国务院报请全国人大或全国人大常委会批准。按照当前的节奏来看，地方政府资产负债表的编制仍在酝酿，中国地方政府债券发展成类似美国市政债券的过程仍在进一步推进，未来地方政府债券将成为市政建设融资的重要手段。

第二节　市政债券承销与发行国际经验

总体来看，以市场规模来衡量，地方债券或市政债券发行量最大的国家是美国和日本，而后是加拿大等国家，具有代表性的地方债券制度是美国的市政债券和日本的地方公债制度。

一、美国市政债券的发行

在美国，地方政府发行市政债券需要经过不少步骤，第一步往往是寻求独立财务顾问关于发行结构的建议，这通常包括确定募集资金的金额和所发行债券的结构。接下来，政府则必须获得有权机构的允许。有权机构的决议往往从两方面获得，一是政府的立法主体，包括州议会、市议会、县议会等；二是全体居民投票决定。一旦政府债券被居民投票或者立法机构批准，政府作为发行人，将启动整个程序，并作出相关决策，其中最重要的一个决定是发行方式。发行方式的选择将会影响其他许多相关的决定。

美国资本市场上共有 3 种市政债券的发行方式：竞争性发行（competitive bidding）、协商发行（negotiated sale）和私募发行（private placement）。

在竞争性发行的情况下，市政债券发行人从承销商处征求投标价格，愿意支付最高价格的（或提供最低利率的）承销商（或承销团）将获得销售债券的权利。在一次发行中承销团须由两个或两个以上的承销商组成，往往由较资深的承销商代表承销团成员进行投标。在协商发行的情况下，政府发行人将直接选定一家承销商去销售市政债券。

在私募发行中，市政债券并不对公众发售，而是销售给一组预先选定的投资人。私募发行往往用于较小规模的市政债券发行，迄今也仅仅占市政债券总发行量的很小一部分。

（一）竞争性发行

在发行新债券中，主要有两类事务：发起和承销。发起指的是与准备债券相关的所有工作，而承销指的是销售债券。在竞争性发行中，获得政府任命的财务顾问负责发起债券的事务，而赢得竞价的承销商将负责销售债券的事务。政府作为发行人往往并不能决定采用哪种销售方式。美国有 9 个州明确规定州政府发行的一般责任债券必须由竞争性发行来销售。在这 9 个州中有 6 个州，进一步规定市政府和县政府发行的一般责任债券也需要由竞争性发行来销售。对于收入债的销售方式，并没有进一步的规定。

一旦选择了竞争性发行，政府雇用的财务顾问即开始进行债券的发起活动。财务顾问的主要责任包括以下几个方面：

1. 决定债券的发行金额和发行结构；

2. 在发行人律师的帮助下准备文件，包括但不限于官方声明和发行公告等一系列和债券销售有关的文件；

3. 从不同的评级机构获得评级；

4. 进行成本收益分析决定是否购买债券保险；

5. 对发行时间给出建议；

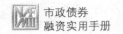
6. 征求并评估承销商的投标价格。

为了征求承销商的投标价格，发行公告须在销售前的 2~3 周在全国性的报纸和专业杂志刊登。对于想参与发行的承销商和承销团将进行初步分析并评估投资者的购买意向和合适的利率区间。这一活动将一直持续到申购的截止日期之前。在截止日期之前提交的所有申购将按照价格进行排序，价高者赢得竞争。

由于绝大多数的市政债券为分期偿还债券，发行时需要计算存续期间的平均利率。净利息成本（Net Interest Cost，NIC）和全利息成本（True Interest Cost，TIC）。计算全利息成本[①]的公式为

$$B = \sum_{n=s}^{m} \left\{ \sum_{j=1}^{2n} \frac{C_n P_n/2}{\left(1 + \frac{TIC}{2}\right)^i} \right\} + \sum_{n=s}^{m} \frac{P_n}{\left(1 + \frac{TIC}{2}\right)^{2n}}$$

其中：B 为债券募集资金；

C_n 为第 n 期的票面利率；

P_n 为第 n 期到期的债券面值；

n 为剩余债券存续期；

s 为第一期到期的年数；

m 为最后一期到期的年数；

j 为半年度付息的次数。

计算净利息成本的公式为

$$NIC = \frac{\sum_{n=s}^{m} n P_n C_n - P_r}{\sum_{n=s}^{m} n P_n}$$

其中：P_r 代表发行溢价的金额。

全利息成本和净利息成本的关键差别在于全利息成本考虑了未来债券分期结算的时间成本，因此也可以更准确地反映政府发行人所需要付出的利息。全利息成本类似于到期收益率（yield to maturity）或者内部收益率（internal

---

① 假设每半年付息。

rate of return)。尽管全利息成本能更好地衡量利息成本，而且计算机技术也能很好地降低计算全利息成本的难度，净利息成本仍然被一些发行人在评估竞价时所采用。

承销商在承销市政债券中所获得的收益由承销利差来衡量（gross underwriter spread）。承销利差的定义为单位债券的折价。如果政府发行人发行 1 亿美元的债券，并且单位债券的承销利差为 5 美元，那么对承销商的全部回报为 50 万美元。政府发行人收到的金额为 99 500 000 美元。除了承销利差之外，发行过程中的其他成本还包括：财务顾问费用，债券律师费，评级费，打印费和债券保费。承销利差占这些成本中最大的比重。

（二）协商发行

在协商发行中，政府在发行的开始阶段即选定一家承销商，并由这家承销商负责开展债券的发起和销售的活动。在这种模式下，政府应在债券发行的几个月即确定承销商，承销商的选择可以有两种方式。第一种也是最简单的一种方法由政府发行人直接指定承销商。政府可能因为和某家承销商有过合作关系，所以在发行市政债券时再次选择这家承销商。在这种情况下，政府无须向外界解释为何选择这家承销商。第二种方式则需要通过一个投标过程来确定承销商。这一过程开始于政府发布招标书（request for proposal）。招标书将公布募集资金用于的项目并确定承销商应该在标书中提供的信息。这些信息包括承销商从事此类业务的经验，经办人员从事此类业务的经验和整个成本的估计。

一旦这些标书被收集和审阅，几家被选定的承销商将被邀请进行现场展示，展示结束之后，政府将确定一家承销商来进行市政债券发行过程。相对于竞争性发行，在招投标过程中，选择主承销商将有许多主观因素。因为在招投标阶段，标书并不涉及发行利率，承销商的选择将参考很多其他的因素，比如经验、标书的质量和融资的成本。招投标的过程由于引入了竞争可以提高承销商服务的质量并有助于降低成本。随着时间的推移，协商发行显著地降低了承销利差，为发行人节省了大量的成本。

即使在协商发行中，发行人仍然可以雇用一家财务顾问。在这种情况下，财务顾问可以帮助发行人选择承销商。例如，财务顾问可以审查承销商的投标文件，并面试承销商。在承销商被选中之后，财务顾问可以继续为发行人服务并监督承销商是否在确定债券的发行条款和发行价格中勤勉尽责。所以财务顾问也可以起到为发行人监理的作用。

协商发行中被选择的承销商还需开展发起工作。在竞争性发行中由财务顾问实施的发起工作，现在则由承销商进行。与此同时，承销商还需要开展预销售工作，包括向投资者宣传即将发售的债券、衡量投资者的投资热情和预测债券的利率区间。债券的发起和预销售是一个相辅相成的互动过程，因为债券的利率会影响到募集资金的大小和发行条款的设计。预销售活动将一直持续到债券的最终发行日。承销商可以调整利率区间以便将整个债券销售出去。

（三）竞争性发行和协商发行的主要区别

根据上文对竞争性发行和协商发行的描述，两者的主要区别主要有以下两点：第一点区别是时间和结构上灵活性的差别。在竞争性发行中，债券的发行日期、募集金额和发行条款在发行公告中就已经确定，承销商不能改变这些要素。在协商发行中，承销商可以根据市场的情况，比如利率变化的情况和投资者的需求情况，对债券的发行日期，募集金额和发行条款进行调整。投资者的需求会影响债券的发行金额。举例来说，如果投资者的需求踊跃，发行人可以在不增加利息成本的情况下，增加募集资金金额。发行条款的结构也可以根据投资人的流动性偏好进行调整。发行人也可以根据利率变化的趋势提前或者推迟债券的发行。这在偿债债券（refunding bond）的发行中尤为重要，因为发行偿债债券的唯一目的就是降低偿债成本。因此，如果利息处在上升通道之中，发行人往往可能推迟偿债债券的发行甚至取消发行。

第二点比较明显的区别在于，承销商在竞争性发行中主要负责债券的销售，而在协商发行中还需要负责债券的发起。并且竞争性发行和协商发行所花的时间差别很大，竞争性发行往往只需要 1~2 周，而协商发行则需要花上几个月。时间上的差异造成了市场对协商发行中承销商的勤勉尽责有了更高的期待。美国证券交易委员会在华盛顿公用电力公司的破产调查报告中提到，在协商发行中，承销商对于信息披露需承担更大的责任。对于竞争性发行，承销商和发行人较为疏远，对材料的审阅也不用负太多责任。

（四）关于销售方式的讨论

销售方式的选择可以说是市政债券发行中最重要的一个决定，因此我们从政治和经济两方面来讨论各种销售方式的利弊。

1. 政治因素

在市政债券的发行中，政府往往面临将商业合同授予私人公司的问责问题。竞争性发行由于对于承销商的选择仅仅出于成本的考虑，所以并不受政治因素的影响。另外，协商发行中，由于承销商由政府官员选择，会牵涉更多的政治因素。其中比较具有代表性的问题是"付钱才能玩"的情况。"付钱才能玩"主要是指政府官员将政府合同授予那些曾经赞助过选举的承销商。这样的做法主要有两方面的问题，一是导致腐败，二是通过协商发行选择的承销商并不能保证最低的发行成本。

为了解决"付钱才能玩"的问题，市政债券规则制定委员会（Municipal Securities Rule – making Board）于 1994 年颁布了 G – 37 号规则。G – 37 号规则禁止赞助获胜官员的承销商在 2 年之内从事市政债券的承销工作。该规则还要求市政债券的承销商每个季度都向市政债券规则制定委员会报告赞助选举的情况。这些规则的实施也许不能完全禁止"付钱才能玩"的问题，但是也有效地减少了这类现象的发生。

2. 经济因素

承销方式选择的经济因素主要是考虑这两种方法中，哪种可以更好地降低融资成本。承销方式对融资成本的影响是地方政府债券管理中最核心的研究课题。粗略来说，这些研究可以分为两类观点，一种观点认为竞争性竞价在所有场合都有助于降低成本，另一种观点则认为协商性竞争在某些场合反而可以提供更低的成本。

就像经济理论所预示的那样，充分的竞争可以降低成本。第一种观点认为竞争性发行能带来更低的融资成本主要是由于承销商之间的互相竞争。与之相对，协商发行中胜出的承销商由于没有竞争，也许没有动力去为发行人寻找最低价的资金。

第二种观点并不认同竞争总能降低成本这一假设，因为在两种情况下，协商发行反而可以降低成本。一种情况是在时间不确定的情况下，另一种是在需求不确定的情况下。有趣的是，时间不确定和需求不确定恰恰是协商发行的特点。

时间不确定和最终发行日的灵活性有关。选择协商发行的政府发行人对于最终的发行日期有更大的灵活性。这个灵活性在利率波动时对于发行人是一个很大的优势，因为承销商可以更好地选择发行时机。

需求不确定与销售市政债券的时间跨度有关。如果没有足够的时间，承销商很有可能无法全面评估投资者的需求，这样他们就不会参与报价。如果没有足够多的参与，就不会有足够多的竞争，那么竞争导致低价的假设就不能成立。

需求的不确定性与债券结构的复杂性以及信息不对称也息息相关。债券结构的创新，比如浮动利率债券，往往能够降低债券的发行成本。市政债券中往往还包含很多赎回条款。这些创新和赎回条款都增加了债券的复杂性，也增加了让投资者理解这些债券的难度。协商发行给予承销商更多的时间去寻找并向投资者介绍债券的特色，进而扩大投资者基数，最终降低融资成本。

信息不对称指的是投资者对于发行人和募集资金用途的熟悉程度。当参与交易的各方并不拥有一致的信息，就产生了信息不对称。债券投资者最关心政府发行人的偿债能力，因此会要求风险和收益相匹配。当投资者对发行人不熟悉的时候，他们或者不愿意参与投资或者会要求一个更高的回报率来补偿信息不对称。

以下发行人和债券的特征会影响信息不对称的程度。

1. 如果发行人很少发行市政债券，那么投资人往往对发行人的信用状况不是很了解。

2. 如果发行的债券是收入债，那么投资者是否能够收回投资的不确定性较高。当评估收入债时，投资者需要评估所投项目是否能够按预期取得回报。评估一般责任债时，投资者只需要评估发行人的税收状况。

3. 如果收入债所投项目较为复杂，那么研究发行人的信用状况将更加复杂。举例来说，水务项目的收入预期将比医院项目易于分析。

4. 如果发行人本身评级较高，投资者将花较少的时间和精力进行信用评估。但是对于评级较低的发行人，投资者在决定是否买入债券之前，将不得不花很多时间来理解发行人的信用风险。

5. 当债券具有以上一个或多个特点的时候，竞争性竞价可能不能产生足够多的投标来保证最低价格。协商发行则允许承销商花更多的时间去教育投资者从而减少信息不对称。这样投资者的不确定性将减少，往往可以发现最低价格。

（五）历史情况

尽管不同的销售方式各有优势，但是协商发行逐渐主导了市场发行方式。在 2005 年，大约 80% 的市政债券由协商发行的方式发行。在 1977 年，这一比例仅为 55%。以下三个因素可以解释市政债券发行方式的演变。

1. 项目收益债券市场份额

从历史角度看，随着债券风险的逐渐增加，发行人采用协商发行的方式逐渐增加。一般来说，项目收益债券比一般责任债券的风险更大，原因在于项目收益债券的还款来源较为单一。而且让投资者充分理解项目收益债券的模式所需的时间更多。历史数据也显示，在 20 世纪七八十年代，项目收益债券的市场分额和协商发行销售的比例同步增加。因此项目收益债券发行量的增加，可以解释为何由协商发行方式发行的增加。

2. 偿债债券市场份额

另一个解释协商发行比例上升的因素是偿债债券的发行。尽管偿债债券的风险比原始债券的风险要小，但是偿债债券的发行与否完全取决于市场利率的走势。因此，偿债债券的销售往往采用协商发行的方式进行销售。

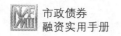
3. 利率波动

利率波动也可能是解释协商发行比例逐渐提高的原因。协商发行可以在利率波动的时候，减少发行人所面临的不确定性。

（六）小结

美国市场的数据显示，如果一只市政债券不需要承销商严格地分析和投资者去理解信用风险（比如一只由高评级的市场熟悉的发行人所发行的一般责任债券），那么竞争性发行有可能为发行人找到最低价格，最大限度地降低发行人的融资成本。另外，如果一只市政债券需要深度分析，那么可能协商发行是更适合的发行方式。

二、日本地方公债的发行

日本的地方债券包括地方公债和地方公企业债两种类型，其中，地方公债是日本地方债券制度的主体。地方公债是地方政府直接发行的债券，主要用于地方道路建设、地区开发、义务教育设施建设、公营住宅建设、购置公用土地以及其他公用事业；地方公企业债是由地方非凡的公营企业发行、地方政府担保的债券，使用方向主要集中于下水道、自来水和交通基础设施等方面。

地方债券是由都道府县和市町村两级地方公共团体发行的债券。按照规定，地方公共团体不能随便发行地方公债，地方公债根据债券发行审批制度发行。拥有地方公债发行审批权力的是总务大臣或都道府县知事。债券发行要经过中心政府有关部门严格监督，发行数额和发行条件由监管部门制定和执行。地方发行债券也有一定的比例要求。发行地方公债不仅要审批可不可以发行，以及发行的规模、期限等，也要指定通过发行地方公债募集到的资金的具体用途。预算赤字比较太高、以往发行债券需要偿还的比例太高、地方税征收未超过90%比例，以及地方公务员工资比较高的地方等不被答应发行地方债券。基于上述原因，日本的大部分地方债务并不采取债券形式，只有一小部分地方债务以债券形式出现。

　　日本的地方公债发行要制定"地方公债发行计划"，在决定答应发行的债券金额和用途的同时，还需要确定债券的持有人即债权人以及资金的分类。总体来看，投资购买地方公债的资金渠道主要有政府资金、公企业金融公库资金和民间资金等。历史上，70%以上的地方债券是政府资金、公营企业金融公库等政府机构和地方公共团体的互助机构以及一部分银行等直接认购，但近年来政府资金比例逐渐趋于下降。一般来说，政府资金仍然大约占50%，公库资金大约占10%，市场资金大约占40%，其中，都道府县从市场融资的比例比较大，而市町村从政府取得资金的比例比较大。都道府县一级平均来看，政府资金占40%，民间资金占60%。但在东京、大阪等金融市场发达的金融中心，民间资金比较已经相当高。如大阪地方公债的资金来源中，民间资金占80%，政府资金只占20%。而东京地方公债中民间资金更是高达90%，政府资金仅有10%。

　　从投资者角度来看，由于日本地方债券的大部分，不作为一般投资者的投资对象，只有以公募方式发行的大都市债券和以非公募方式发行，但通过证券公司买卖的地方债券是一般投资者的投资对象，其发行额占地方债券的30%~40%。也正因为如此，证券公司柜台市场交易的地方债券大部分是非公募地方债券。

　　就实质来看，日本的地方公债并不是真正意义上的市场性、金融性融资，与美国等西方国家的市政债券制度具有比较大的区别。假如说美国的债券制度是金融市场性质的融资活动、形成了真正意义上的债券市场的话，那么日本的债券制度可以说是带有私下协调性质的财政性融资制度。就大部分的债券融资而言，只有债券工具，而没有形成真正意义的市场。从融资制度演进的角度来看，可以说虽然有了标准化的债券工具，但由于发行之前已经确定了购买对象，并非针对不确定性的潜在投资者，仍然属于偶然的交易活动，而非经常性、规律性的"市场"。政府的治理活动也不是事先基于风险控制的资格性审核，而是对于交易双方的"买卖活动"的某种"公证"或"认可"，或者是作为最后债务人的对自己未来可能承担的偿还责任的某种"限定"。这种计划性而非市场性的债券工具虽然具有一定的优势，但也存在诸如集中风险等问题，因此，日本近年来开始改革地方公债制度，一些专家呼吁日本应该按照市政债券模式改革地方公债制度。

第三节　我国相关制度框架及市场实践

从各国的情况看，国家形式结构的差异对于市政债券承销发行管理体制有关键性影响。美国是联邦制国家，地方政府是有自治权、相对独立的主体，可以自主举债、风险自担，因此，不需要联邦政府进行管理；而单一制国家，地方政府没有自治权、不是独立主体，一旦出现债务风险，很可能最后由中央政府承担，因此，中央政府必须严格限制地方政府的融资权力。所以，美国在地方政府融资自主权方面的制度安排，并不适合我国的国家形式结构，我国应借鉴同为单一制国家的日本、韩国等国的经验。从实际情况看，日本对市政债券发行的管理严格，但流程相对简单；而韩国的管理则偏于烦琐、严格，对效率有负面影响，因此，在中央政府对地方政府的融资管理方面，日本的模式更值得我们借鉴。

一、市政债券在银行间市场的承销发行——非金融企业债务融资工具

随着我国债券市场飞速发展，市场基础性制度建设和基础设施建设均取得长足进步，尤其是银行间债券市场规模庞大，市场机制逐渐成熟并日趋完善，在这个过程中可以引导项目收益债等服务于 PPP 融资的"准市政债券"继续规范发展，并进一步向市政债券转型，促使地方政府的隐性债务显性化、合规化。

（一）承销业务主要流程

1. 尽职调查

债务融资工具尽职调查，是指相关各中介机构遵循勤勉尽责、诚实信用

原则，通过各种有效方法和步骤对发行人进行充分调查，掌握其发行资格、资产权属、债权债务等重大事项的法律状态和企业的业务、管理及财务状况等，对发行人的还款意愿和还款能力作出判断，以合理确信注册申请文件的真实性、准确性和完整性的行为。

主承销商尽职调查的目的是对债务融资工具注册申请文件的真实性、准确性和完整性进行审慎核查，确保债务融资工具发行的信息披露质量，并为其对发行人发行债务融资工具出具推荐意见提供基础。主承销商尽职调查应用的主要方法包括：查阅、访谈、列席会议、实地调查、信息分析、印证和讨论等。需要特别说明的是，并不是所有的方法都适用于所有的债务融资工具发行人，主承销商需要根据发行人的行业特征、组织特性、业务特点选择恰当的方法开展尽职调查工作。

主承销商尽职调查的核心意义是减轻债务融资工具市场的信息不对称，促进市场效率的提高。具体包括：减轻投资者与发行人之间的信息不对称，促进债务融资工具市场合理定价，降低市场运行成本；减轻自律管理机构与发行人之间的信息不对称，提高管理效率，降低管理成本；促进发行人提高信息披露和规范运作能力，协助发行人降低融资成本；减小主承销商面临的管理风险、承销风险和声誉风险；为其他中介机构的尽职调查提供总体方向性指引和全局性参考。

根据人民银行 2008 年 1 号令有关规定，交易商协会颁布了规范非金融企业债务融资工具承销业务相关的自律规则。其中与尽职调查工作比较相关的有《银行间债券市场非金融企业债务融资工具中介服务规则》（以下简称《中介服务规则》）和《银行间债券市场非金融企业债务融资工具尽职调查指引》（以下简称《尽职调查指引》）。《中介服务规则》主要对银行间市场为债务融资工具发行交易提供中介服务的机构的业务、行为等方面进行规范，《尽职调查指引》则专门规定主承销商应遵循勤勉尽责、诚实信用的原则，严格遵守职业道德和执业规范，有计划、有组织、有步骤地开展尽职调查，保证尽职调查质量。主承销商应保持职业的怀疑态度，根据企业及其所在行业的特点，对影响企业财务状况和偿债能力的重要事项展开调查。

2. 注册发行文件准备

注册发行文件，是发行人和相关中介机构为注册发行债务融资工具所制作、准备和报送的各类材料的总称。根据是否向市场公开披露，注册发行文件可分为披露类注册发行文件和非披露类注册发行文件。前者是指需依据相关法律法规和自律规则指引向银行间债券市场公开披露的注册发行文件，后者则是需向交易商协会报送而不需公开披露的注册文件。对于披露类注册发行文件而言，企业在获得《接受注册通知书》后应通过交易商协会认可的网站在银行间债券市场公开披露，使投资者能够通过上述信息进行独立分析，独立判断债务融资工具的投资价值，自行承担投资风险。对于非披露类注册发行文件而言，同样具有多方面的作用：第一，有利于证实企业及相关中介机构具备发行债务融资工具或者提供债务融资市场中介服务的基本资质；第二，有利于督促企业及相关中介机构更加真实、准确、完整地披露信息及出具专业意见；第三，有利于相关市场成员更加规范地参与债务融资市场的运作，通过提高信息披露质量进一步保护投资者利益。

债务融资工具注册发行文件的准备与制作涉及发行人，以及主承销商、信用评级公司、会计师事务所和律师事务所等众多中介服务机构，并由各文件的出具主体分别对出具的相关文件负责，各方之间的沟通与协调充分与否将会影响各类文件的质量。相关各方在准备注册文件时应严格依照《银行间债券市场非金融企业债务融资工具信息披露规则》、《银行间债券市场非金融企业债务融资工具中介服务规则》、《银行间债券市场非金融企业债务融资工具发行注册规则》、《银行间债券市场非金融企业债务融资工具非公开定向发行规则》和《银行间债券市场非金融企业债务融资工具募集说明书指引》等相关自律规则指引的相关要求，秉承诚信、认真、负责的态度准备相关注册发行文件，保证文件所载信息的真实性、准备性、完整性。

3. 注册发行文件评议

《银行间债券市场非金融企业债务融资工具管理办法》（中国人民银行令〔2008〕第1号）规定，企业发行债务融资工具应在中国银行间市场交易商协会（以下简称交易商协会）注册。交易商协会依据本办法及中国人民银行相关规定对债务融资工具的发行与交易实施自律管理。根据前述规定，交易商协会组织制定并发布了《银行间债券市场非金融企业债务融资工具发行注册规则》、《银行间市场非金融企业债务融资工具注册工作规程》、《银行间市场非金融企业债务融资工具注册专家管理办法》等自律规则指引，对非金融企业债务融资工具的发行注册工作进行自律规范，对工作原则、工作机制、工作流程予以明确。

注册发行文件的评议及注册流程的完成，是债务融资工具项目发行注册工作的核心内容。注册项目评议包括初评和复评两个阶段。主承销商协调、汇总注册文件后，按照要求报送至交易商协会注册办公室。根据《发行注册规则》第八条，"交易商协会秘书处设注册办公室，负责注册文件的接收、初评和安排注册会议"。交易商协会注册办公室对项目进行初评，并组织安排注册会议，由注册会议对项目进行复评，注册会议复评同意接受注册的项目，由交易商协会统一出具《接受注册通知书》，完成注册流程。

前述注册文件报送和评议流程，是交易商协会对非金融企业债务融资工具实施注册管理的集中体现。注册制秉持市场化的管理理念，以发行人信息披露为核心，投资者风险自担为前提，中介机构尽职履责为基础，市场自律管理为保障。在注册制下，交易商协会关注企业信息披露是否真实、准确、完整、及时，投资人根据披露的信息对企业风险做出独立判断，并自行承担风险。注册制的实践在金融市场管理制度和方式改革探索中具有重要的现实意义，极大地激发了债券市场内在发展活力。截至 2012 年末，由交易商协会注册发行的非金融企业债务融资工具余额已经达到 4.26 万亿元，约占我国企业直接债务融资规模的 57.2%。从 2005 年 5 月到 2012 年末，由交易商协会注册发行的非金融企业债务融资工具累计发行 8.31 万亿元，约占我国企业直接债务融资规模的 71.1%。由交易商协会注册发行的非金融企业债务融资工具市场已经成为非金融企业直接债务融资的主板市场。

注册制的成功实践在债券发行制度改革方面产生了溢出效应，间接推动了企业债、上市公司债的发行方式逐步朝着市场化的方向转变。发展改革委从 2008 年起，简化了企业债券核准程序，由原来的先核定发行规模、再批准发行方案两个环节，改为直接核准发行一个环节。证监会 2007 年推出上市公司债券伊始，即实行了以市场化为导向的公司债券发行核准制，同时在实践中不断简化核准程序、提高审核效率。2012 年 9 月 3 日，非金融企业债务融资工具注册信息系统（孔雀开屏系统）正式上线，交易商协会主动向市场公开注册工作流程，进一步提升注册工作透明度。

4. 组织发行

组织发行是指债务融资工具具备发行条件后，主承销商及其他债务融资工具发行参与主体通过债务融资工具承销、定价、登记托管等行为，将债务融资工具销售给投资者的过程。

承销方式包括余额包销、全额包销与代销，主承销商应与发行人通过书面协议明确承销方式。债务融资工具发行价格可通过公开招标、簿记建档等方式确定，定价应遵循市场化原则。主承销商应协助发行人开立债务融资工具的托管账户，完成债务融资工具登记、托管、结算。发行人应按照相关法律、法规以及发行主管机构、登记托管结算机构、交易流通机构的要求，履行相应的信息披露义务。

主承销商组织发行工作，应严格按照承销协议的约定向发行人划付债务融资工具募集资金，妥善保存相关交易记录、凭证等资料，并在发现异常或可能对发行工作产生重大影响的情况时，及时向发行主管机构报告。在组织发行环节，主承销商及其他发行参与主体应当严格遵守《银行间债券市场非金融企业债务融资工具发行注册规则》、《银行间债券市场非金融企业债务融资工具中介服务规则》、《银行间债券市场非金融企业债务融资工具发行规范指引》、《银行间债券市场非金融企业债务融资工具定价估值指引》等相关自律规则指引的要求开展工作。

5. 后续管理

后续管理是指主承销商及其他承销业务参与主体在债务融资工具存续期内，通过各种有效方法，对发行人及其信用增进机构进行跟踪、监测、调查，及时准确地掌握其风险状况、募集资金使用情况以及偿债能力等相关信息，持续督导其履行信息披露、还本付息等义务，以保护投资者权益的行为。开展后续管理工作涉及的自律规则指引包括《银行间债券市场非金融企业债务融资工具中介服务规则》、《银行间债券市场非金融企业债务融资工具信息披露规则》、《银行间债券市场非金融企业债务融资工具主承销商后续管理工作指引》、《银行间债券市场非金融企业债务融资工具突发事件应急管理工作指引》、《银行间债券市场非金融企业债务融资工具持有人会议规程》等。

（二）发行及定价流程解析

企业注册债务融资工具成功后，可根据自身投融资安排和市场情况，选择在银行间债券市场发行短期融资券、中期票据、超短期融资券、集合票据等非金融企业债务融资工具。企业发行债务融资工具可选择 1 家主承销商进行承销，或者 2 家主承销进行联席承销。根据承销方式的不同，债务融资工具的承销分为余额包销和代销。目前，一般采用余额包销方式。

经过几年的发展，目前非金融企业债务融资工具已经形成了种类丰富、维度多样的产品市场。从期限看，包含 1 年以下和 1 年以上整数年限的债务融资工具，以及 270 天以下的超短期融资券。从计息方式看，包含固定利率和浮动利率债务融资工具。从信用增信看，包含无担保债务融资工具和信用增进类债务融资工具。从特殊条款约定看，包含普通债务融资工具和含权债务融资工具。企业可根据自身需要，选择发行不同产品。

1. 债务融资工具定价工作框架

非金融企业债务融资工具的定价是确定发行人和投资人债权债务关系以及资金借用成本的过程，它通过承销发行机制来实现，同时需要综合考虑宏观经济、企业资信等因素。发行时票面利率的确定首先要符合发行人对成本的考虑和偿债现金流量的实际情况，其次必须要为投资人接受，品种要具有良好的市场适应性。合理的定价机制，对于成功与有效发行和建立良好的市场运行机制，都具有重要意义。

非金融企业债务融资工具发展初期，我国信用债市场容量尚小、参与者较少、评级业务尚不健全，包括非金融企业债务融资工具在内的信用债的价格发现机制还不成熟，投资者对于信用风险的认识和评估能力不足，发行定价机制尚不完善。鉴于此，人民银行和交易商协会一直致力于组织市场成员对适合我国实际的非金融企业债务融资工具的定价机制进行探索。经过这些年的发展，非金融企业债务融资工具市场化定价机制取得显著进步，基本形成了交易商协会债券市场专业委员会确定工作原则和方向、定价机制工作联席会议研究市场形势及定价具体工作、交易商协会秘书处进行后续自律管理的定价工作框架，并在实践中逐步推动和完善定价估值工作。

2. 债务融资工具发行相关中介机构

非金融企业债务融资工具在银行间债券市场发行、上市交易和完成兑付，除了需要主承销商等中介机构提供注册发行相关服务外，还需要平台类中介机构为其托管、交易、清算、结算、兑付提供服务。目前，银行间债券市场的平台类中介机构共有三家，分别是中央国债登记结算有限责任公司（以下简称中央结算公司）、上海清算所和中国外汇交易中心暨全国银行间同业拆借中心。其中，中央国债登记结算有限责任公司负责我国国债、央票、政策性金融债、企业债和部分非金融企业债务融资工具等债券的发行服务、登记托管、结算和兑付，上海清算所负责超短期融资券、信用风险缓释工具等产品的发行服务、登记托管、结算和兑付，中国外汇交易中心负责非金融企业债务融资工具的交易服务、信息披露等。

3. 债务融资工具发行定价一般流程

发行人与承销商签订完承销合同，确定了承销方式并注册成功后，就进入了债务融资工具的发行环节。截至目前，债务融资工具共有两种发行方式：簿记建档和招标发行。

（1）签署服务协议并开立托管账户

发行人首次委托中央结算公司提供相关业务服务，应首先在中央结算公司、上海清算所等中介机构开立债券发行账户。

（2）发行时间安排

发行人在注册有效期内可分期发行债务融资工具，首期发行应在注册后两个月内完成，两个月内未完成首次发行，应当向交易商协会进行备案。发行人在规定的时间内，应综合考虑自身的融资需求，债券市场行情等因素选择对自身最有利的时间。首期发行债务融资工具的，应至少于发行日前 5 个工作日公布发行文件，后续发行的，应至少于发行日前 3 个工作日公布发行文件。公告期结束后，承销团成员进行债券的分销，需要 1~2 个工作日，所以在确定最佳的发行时间时，首次发行的发行人要预留出 6~7 个工作日的公告分销期，后续发行的，应当预留出 4~5 个工作日的公告分销期。

（3）发行披露文件

企业应通过银行间市场制定信息披露平台公布当期发行文件。企业发行中期票据除应按交易商协会《银行间债券市场非金融企业债务融资工具信息披露规则》在银行间债券市场披露信息外，还应于中期票据首次发行公告之日，在银行间债券市场一次性披露中期票据完整的发行计划。

（4）簿记发行

①确定利率区间

发行材料公告后，发行人和主承销商综合参考央票和 Shibor 等市场基准利率、流动性风险、市场风险、信用风险等因素，结合定价估值情况确定发行利率区间，并根据询价情况对其进行调整。

②发送申购要约

发行前一日，主承销商应当向承销团成员发送申购说明。申购说明的主要内容包括申购本期债券的重要提示、本期债券的主要条款、本期债券的申购利率区间、申购时间、申购程序、本期债券的配售与缴款、簿记管理人的联系方式和指定缴款账户等信息。

③簿记建档

簿记建档发行，认购人必须在约定时间向簿记管理人提交加盖公章的书面申购要约，在规定时间以外所作的任何形式认购承诺均视为无效。簿记管理人于发行日约定时间向中标承销商发出《缴款通知书》，通知中标承销商本期债务融资工具中标数量及通过簿记建档确定的发行利率。

④分销安排

承销团成员应当在分销期内，将各自承销额度内的本期债务融资工具分销至合格投资者。

⑤登记托管安排

证券登记托管机构依据发行人提交的发行公告和招投标结果，或主承销商提交的债券注册要素表对所发行的债券进行券种要素注册，依据发行人提供的债券承销额度分配表，对各承销团成员承销的债券额度在其各自账户中进行债券承销额度记载。在债券缴款截至日前，登记托管机构根据承销商的指令，在承销商与认购人的债券账户中就承销额度进行相应记载。承销商只能在自己的承销额度内向认购人转让债券承销额度。债券缴款截止日的日终前，发行人应向登记托管机构出具书面的发行认购缴款到账确认通知书。登记托管机构依据发行人出具的上述到账确认通知书，依照业务规则进行债券登记，正式确立该债券持有人与发行人之间的债权债务关系。

⑥资金划付安排

承销商须按照配售确认及缴款通知书最终确定的获配承销额将相应款项及时足额划入簿记管理人指定账户。某期债务融资工具发行款项的收款账户及缴款时限由簿记管理人在配售确认及缴款通知书中确定。上述缴款时限以到账时间为准。

⑦公告发行情况及上市流通安排

发行完成次一工作日，企业与主承销商应当制作发行情况公告，双方加盖公章并扫描制作成 PDF 文件发送给银行间市场指定信息披露平台，并于当日公告。发行情况公告的内容主要包括：债务融资工具的名称、简称、代码、期限、计息方式、发行日、实际发行总额、计划发行总额、发行价格、票面利率、主承销商等要素。次一工作日，该债券即可在银行间市场流通交易。

（5）招标发行

招标发行与簿记建档发行在流程上既有相同也有不同。

相同点：

①招标发行下，主承销商和发行人同样需要根据市场情况确定利率区间，不过因为招标发行的结果更为不确定，所以区间范围一般要大于簿记建档。

②在分销以及之后的安排上，招标发行的流程与簿记建档基本相同。

不同点：

①与簿记建档发行下发行人与主承销商签订承销协议、主承销商与承销商签订承销团协议不同，发行人与投标参与机构还应签订投标协议。

②招标发行下，主承销商不需向承销商发送申购要约，而需要协助发行人在发行日的前一工作日通过银行间市场指定信息披露平台公告本期债券的发行办法和招标书及投标参与人名单。

③招标发行当天，投标人通过人民银行发行系统进行投标，在截止时间确定发行结果及中标情况。

④在招标发行结束后，发行人应在一个工作日内通过信息披露平台公布招标结果。

4. 重大事项处理

（1）发行失败

发行失败是指债务融资工具发行期结束后，有效认购额度小于发行总额的情况。

出现发行失败的情况，主承销商应当根据承销协议分不同的情况进行处理：

①承销协议约定采用余额包销的方式，由主承销商按照约定的比例承担包销责任；

②承销协议约定采用代销方式的，按照协议的约定进行后续处理。

（2）变更发行计划

发行人注册发行中期票据应当公告发行计划，如果注册有效期内由于政策、市场发生重大变化，或者发行人融资计划发生变更，需要更改发行计划，并且后续发行文件尚未公告，发行人应通报交易商协会，并通过银行间市场制定信息披露媒体向市场公告发行计划变更的公告，起到向市场告知的作用。

（3）推迟发行

在发行披露文件公告之后、债券发行之前，因国家宏观经济政策、市场发生重大变化，导致发行人推迟当期发行的，发行人应通报交易商协会，并及时向市场公告推迟发行的公告，充分解释推迟发行的原因，维护投资者的合法权益。

二、完善我国市政债券承销与发行制度的建议

我国发展市政债券，应在充分考虑国情的基础上，合理借鉴国外发展经验，选择适合我国国情的管理体制和市场发展模式。综合对美国和日本发展经验的总结，建议从法律法规体系、政府内控体系、市场运行体系三个层面搭建我国市政债券发展的体系框架模式，其中，对于市政债券的发行管理，可以借鉴日本的模式，实行由中央政府集中控制的管理体制，严格控制地方政府的财政风险；其他方面可以借鉴美国的模式。

（一）法律保障与制度建设

（1）制定《市政债券管理条例》，形成市政债券管理的系统性规章。《市政债券管理条例》作为一部专项的全国性管理条例，应对债券的发行管理、发债主体资格的认定，以及债券的资金用途、发行、交易、信息披露、信用评级、风险监控、偿债机制及违约责任等进行系统而全面的规定。

（2）修订《企业所得税法》，明确市政债券税收的优惠政策。应在《企业所得税法》和《个人所得税法》中增加"投资市政债券所得利息收入免征所得税"的规定，为市政债券的税收减免提供法律依据。

（3）制定《政府会计准则》，实现地方财政信息披露的公开透明。地方政府财政状况的公开透明，是市政债券风险监控及市场化运行的前提。2014年12月26日，财政部发布《关于〈政府会计准则——基本准则（征求意见稿）〉公开征求意见的通知》，意在规范政府的会计核算，编制权责发生制的政府财务报告，保证会计信息质量，为地方财政信息的完整、真实、准确披露奠定基础。这一准则的效果尚待在具体实践中进一步检验完善。

（二）政府内控体系建设

1. 建立中央集权的市政债券发行管理机制

我国是单一制国家，地方政府发行市政债券应实行严格的中央审批管理

制度。地方政府每年根据自身财政收支预算及发债情况，制订市政债券发行计划，经地方人大批准后向中央申报。中央在综合考虑宏观经济发展需要和地方城市建设实际需求的基础上，对地方政府发债计划进行审查，并在区域统筹平衡后，制订、下发《年度市政债券发行计划》。地方政府在年度计划内自主选择债券发行时间及规模，并在债券发行完毕后向中央报备。

2. 建立严格的市政债券资金用途监督机制

市政债券因其公共属性而享受税收减免优惠，因此，应明令禁止直接或间接地将市政债券资金用于投资高风险项目。同时，为确保募集资金被用于公共服务相关支出，以及避免重复建设等问题，必须对市政债券的资金使用进行严格审查、监督，并对资金使用效果进行评估。

3. 建立严密的地方政府债务风险监测预警机制

中央政府要制订地方政府债务风险的控制指标体系，划定债务风险预警戒线，并以此为依据建立地方政府债务风险的监测预警系统。通过严密监控，动态监测和评估地方政府债务风险，积极防范市政债券违约风险，进而避免发生系统性风险。

4. 建立有效的市政债券危机化解机制

中央政府应建立市政债券的危机化解机制，明确中央政府和地方政府各自的职责，确保触发事件发生后，能够迅速启动危机处理程序，运用危机解决和争端处理等配套机制实现维稳。可考虑在中央政府和省级政府设立市政债券风险救济基金，在危机事件发生后，通过贷款、援助等手段进行紧急救济，增强地方政府的还款能力，降低市政债券投资者的损失。

（三）市场运行体系建设

市场体系自身建设与政府层面的内控体系建设同等重要，两者应协调统一。应把市政债券市场建设为一个较为自由的市场体系，兼顾效率和公平，推动市场又好又快地发展。

1. 建立专项信息披露规则

应在《市政债券管理条例》框架下，以维护投资人的正当权益为出发点，由监管部门或市场自律组织建立市政债券的专项信息披露规则，对市政债券信息披露的原则、发行和存续期间的信息披露、虚假信息披露的责任等方面作出详细和具体的规定。尤其要着重加强对地方政府财务报告的要求，使之能够真实、准确、及时地反映地方政府的财务状况、市政债券资金使用情况和经营成果。

2. 建议配套信用评级制度

地方政府发行市政债券必须经过严格的信用评级，充分发挥信用评级的风险揭示功能和债券定价指示作用。建立市政债券信用评级机制，一是要评级机构研发符合市政债券特征的配套信用评级技术，二是要规范市政债券信用评级工作的公开、公正和公平。

3. 建立信用增进机制

信用增进机制能够分散信用风险，从而有效化解发行人违约的冲击，减少市场波动。可由市场自律组织引导市场建立起以担保和保险为主要手段的信用增进机制。同时，大力培育专业的市政债券保险机构，并积极鼓励信用偏低的地方政府采用信用增进方式发行市政债券，但同样，也必须防止信用增进机构受到地方政府的行政干预。

4. 建立应急处理机制

应在市场层面建立一套行之有效的应急处理机制，保障投资人的合法权益。一旦风险事件发生，应由规定组织，如自律组织或主承销商，组织召开债券持有人大会，客观分析风险事件的产生根源，及时组织开展市场自救，通过采取与发行人协商、债务重组、提前到期、资产保全等各种措施，积极保护投资人利益、维护市场信心，避免市场恐慌，防止风险的转移、扩散。

5. 确立合理市场基础框架

应建立起以银行间市场为主、交易所市场为辅的市场运行平台，并依托上述市场已有的成熟运作系统，发展市政债券。同时，建立以机构投资者为主、个人投资者为辅的投资者群体结构，以及公募和私募相结合的多样化发行方式结构，通过确立一个合理的市场基础框架，为市政债券发展创造良好条件。

第四节 建立完善符合
市政债券特点的承销与发行模式

从实际操作来看，市政债券发展初期，发行主体宜为在经济发达的省市以及其中经济实力强、财政收入雄厚的重点地方政府或其控制的企业作为发行市场债券的试点，优先发展项目收益债券，并结合现有的准市政债券（企业债）已经较为成熟的承销和发行模式进行发行。从宏观政策上看，法律法规体系、政府内控体系、市场运行体系的建设是我国市政债券发展的体系框架模式不可回避的三个重点领域。

在发达国家，市政债券早已成为地方政府基础设施建设以及实现某些政策目标的重要融资工具。从我国实际出发，六省市的试点发债以及各地政府通过其控制的地方城投类企业债都说明市政建设领域的适当负债有其合理性，我国有必要借鉴发达国家的经验，尽快建立和完善符合市政债券特点的承销与发行模式，并以此为契机规范市政建设投融资体制，完善地方政府负债模式，彻底打通地方政府融资的瓶颈。

第八章 市政债券信用评级

市政债券在发行过程中，需要对其进行风险揭示和价格发现，信用评级在对市政债券发行过程中风险识别和价格发现方面起到了至关重要的作用，它一方面客观、全面地对发债主体的经济、财政收支、政府治理、外部支持、信用级别情况进行了披露，为投资者提供了可靠的投资依据；另一方面它是市政债券发行利率形成的主要依据，约束了地方政府的融资行为，有效地控制了地方政府债务规模。本章主要分析了市政债券信用评级的特点、必要性、成熟市场国家的信用评级制度和我国市政债券信用评级制度的探索。本章共分为四部分：第一部分主要分析了市政债券信用评级的特点和必要性；第二部分以美国为例，分析了国外成熟市场中市政债券评级制度和方法，并对市政债券在国外成熟市场的实践进行了概述；第三部分对我国市政债券信用评级制度与实践进行了分析；第四部分为结语部分，重点阐述了发挥市政债券信用评级的作用，形成对举债行为市场化评级和激励机制。

第一节 市政债券信用评级的特点和必要性

一、市政债券信用评级的特点

市政债券分为一般责任债券和收益债券，一般责任债券以地方政府作为评级对象；收益类债券信用评级以政府收益类项目企业或单位作为评级对象。市政债券信用评级的特点主要表现在以下六个方面。

第一，市政债券信用评级内容广泛，对一般责任债券而言，市政债券信用评级对政府执政区域和范围内的经济、财政、政府性债务、政府信用、政府治理等多方面状况进行全面分析和评价；对收益类债券而言，市政债券信用评级将揭示政府收益类项目企业或单位经营、财务、政府经济、财政收支和债务等状况。市政债券信用评级具有传递信息的特点。

第二，市政债券信用评级在债券发行前对政府主体、政府收益类项目企业或单位、相关债项进行评估，目的是为投资人或债权人提供信息，要以发行的市政债券有效期为准，在信用评级评出后，一般有效期为一年，一年后要重新评级，具有一定的时效性特点。

第三，市政债券信用评级以简洁的字母数字组合符号揭示政府、政府收益类项目企业或单位的信用状况，是对政府、政府收益类项目企业或单位进行信用级别判断的一种简明工具，具有简洁性特点。

第四，市政债券信用评级由独立、专业信用评级机构作出，评级机构秉持客观、独立的原则，较少受外来因素的干扰，能向社会提供客观、公正的信用信息，具有公正性特点。

第五，市政债券信用评级揭示政府、政府收益类项目企业或单位的风险，有利于投资者、大众媒体、监管部门的监督，具有监督性特点。

第六，市政债券信用评级是政府、政府收益类企业或单位在资本市场的通行证，通过其信用级别的高低影响其融资渠道、规模和成本，形成市政债券的发行利率，具有价格发现的特点。

二、市政债券信用评级的必要性

从投资者、发行人、监管部门和国外经验来看，市政债券信用评级在两类债券发行过程中都有其存在的必要性，主要体现在以下四个方面。

第一，从投资者的角度来看，信用评级作为金融市场基础设施之一，具有信息披露、风险揭示、价格发现的功能。信用评级机构可以解决地方政府、政府收益类项目企业或单位与投资者之间的信息不对称问题，揭示地方政府、政府收益类项目企业或单位存在的信用风险，保障投资者的知情权，也可以促进地方政府提高信息透明度，接受社会和市场的广泛监督。不仅如此，信用评级是债券市场利率定价的重要依据，如果相关评级结果显示拟发债政府信用状况很差，投资者会提高价格要求或减少投资规模，甚至不购买其所发行的债券。市政债券主要由地方政府、政府收益类项目企业或单位发行，发行主体不同于一般的工商企业，涉及的财政、经济、债务和政府治理等相关信息更为复杂，投资者识别其风险的难度更大，信用评级在信息披露、风险揭示和价格发现的功能更为重要，对于投资者而言，市政债券信用评级十分必要。

第二，从债券发行人角度来看，引入信用评级可以规范和引导地方政府举债融资，促进地区持续、健康发展。由于我国各地区经济发展水平和财政实力不同，各个地区的金融生态环境差异较大，使各个地方政府所表现出的信用风险差异也较大，因此需要通过信用评级客观真实地反映不同地方政府的信用状况。若地方政府信用等级低，偿债风险大，地方政府的信用等级可以为债券监管部门审批债券提供参考，同时也是发行利率高低确定的依据，进而对地方政府举债融资形成有效约束和规范。为改善信用状况，地方政府会通过发展地方经济、增强经济财政实力和规范自身债务治理水平等方式使自身达到市政债券发行条件和降低发行利率，从而促进地方经济、财政和政府治理等进入良性的循环，促进地方经济持续和健康发展。

第三，从监管部门来看，地方政府信用评级有利于统一监管口径，规范市政债券市场秩序，建立对地方政府发债的硬预算约束机制。市政债券信用评级对政府执政区域和范围内的经济、财政、政府性债务、政府信用、政府治理等多方面状况进行全面评价，有利于监管部门建立统一的监管口径，降低政府的监管成本，形成对市政债券市场的有效监督。

第四，从国外经验来看，美国和日本等国家发行市政债券，信用评级是其发行的要件之一。美国市政债券的发行符合注册和持续信息披露等相关规定即可发行，其发行风险和信用风险主要依赖于金融市场中介机构的识别和监督，其中市政债券在发行过程中的风险识别主要通过信用评级机构为投资者提供客观、中立的信用信息。在美国主要有穆迪、标普、惠誉等大型评级机构对联邦政府、州、地方政府等市政债券发行主体进行评级，目前上述评级机构为美国 55 000 家市政债券发行主体提供了信用评级服务。信用评级在识别市政债券信用风险方面起到了重要作用，是形成债券利率的主要依据，为投资者决策提供了重要参考。过去 30 年时间里，美国市政债券共发生了2 339 起违约事件，通过债务重组，投资者最终获得了全部本金及利息，在部分市政债券违约的案例中，地方政府信用评级在违约前给予了级别下调和展望关注等处理，揭示了市政债券主体的违约风险大小，起到了保护投资者利益的作用。

第二节　成熟市场——美国市政债券评级制度、方法与实践

一、成熟市场——美国市政债券评级制度和方法

美国市政债券的发行只要通过注册和持续信息披露等相关规定即可发行，其发行风险和利率风险主要依赖于金融市场的识别和监督。金融市场中对市政债券风险识别的中介机构包括律师、审计机构、保险公司和信用评级，其中最主要的风险识别机构为信用评级机构，市政债券信用评级为投资者提供可靠的信息，降低投资者的投资风险。美国市政债券在发行过程中的首次评级至少需要三家主要的信用评级公司中的一家或两家进行信用评级，而对债券信用级别的调整（降低级别或提升级别）需要开展双评级。在美国有穆迪、标普、惠誉三家评级公司对联邦政府、州、地方政府等市政债券发行机构进行评级。美国市政债券评级一般在债券发行前公布，信用评级机构会根据评级对象经济、财政、债务状况、偿债意愿、信用资质等调整信用级别，但信用级别的调整需要开展双评级。

（一）标普地方政府评级方法简介

标普的地方政府评级方法分为国际（International Local and Regional Gov-

127

ernments）和美国地方政府评级方法（Local Governments in the United States），对于美国地方政府主体评级方法又分为州评级方法（美国州主体评级方法单独进行分析和列示）和地方政府（州以下地方政府）评级方法，其中美国地方政府评级方法既适用于主体评级也适用于一般责任债券评级（U. S. local government issuer credit ratings and issue ratings on GO bonds）。对于非美国地区，标普只给了地方政府的定义，并未说明具体行政区域范围。标普认为，尽管地方政府活动范围不同，但是他们都承担相同的责任——提供公共服务和投资基础设施，承担上述责任的资金直接或间接地来自居民纳税或缴纳的税费或其他政府的转移支付资金，地方政府共同的任务是通过可获得收入包括必要时的举债资金来支付公共服务和基础设施建设支出；对于美国地方政府则列示了范围，包括市（cities）、县（counties）、镇（towns）、村（villages）、乡（townships）和行政区（boroughs），但不包括特殊用途地区如学区（school districts）、图书馆（library districts）、公园区（park districts）、森林保护区（forest preserve districts）等以及州政府（State）。

1. 标普国际地方政府评级方法[①]

标普对国际地方政府评级思路为：首先分析地方政府的个体信用状况，主要根据打分卡来确定影响地方政府个体信用状况的一些定性和定量要素的加权平均分值，然后结合行政体制因素的得分值，根据行政体制和个体信用状况信用等级矩阵表来获取地方政府的模型指示性级别，然后再通过模型外的一些调整因素获得地方政府的最终级别。

具体分析过程如下：首先，通过经济实力、预算表现、预算弹性、债务负担、或有负债、流动性和财政管理等评级要素来衡量地方政府个体信用状况，图 8-1 中把预算表现和预算弹性、债务负担和或有负债四个因素合并为"预算表现和弹性"和"债务负担和或有负债"两个因素，给予上述五个因素相同的权重，再根据上述五个要素平均分数得出地方政府个体信用状况；其次，考虑行政体制（Institutional Framework）影响（主要是个体信用状况

---

① 标普：《国际地方政府评级方法》（*International Local and Regional Governments Rating Methodology*），2010。

和行政体制矩阵对应表），确定地方政府的指示性级别（Indicative LRG Credit Level）或模型级别（the Matrix Outcome）；最后，考虑一些额外的积极和消极因素（主权级别、非常弱的流动性和管理、债务或财政表现低于标准和特殊的政府支持等）对指示性级别进行调整，最终确定地方政府的信用等级。

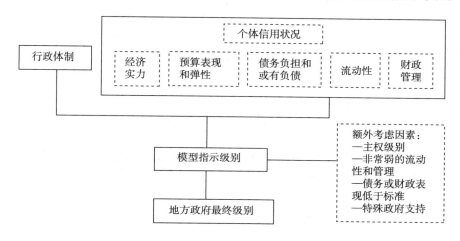

资料来源：中债资信整理。

图 8 - 1　标普国际地方政府评级思路

额外考虑因素中除了特殊政府支持外，其他的因素均为限制性因素，即一般情况下，标普不会将地方政府的信用级别评定高于所在国的主权级别；如果流动性或者财政管理的分数指定为"5"（5 分为最差，下同），地方政府最终级别将会比模型级别低一个大级别，且在任何情况下都不会高于 BB +；如果地方政府在管理方面的分数反映出信用环境恶劣或者地方政府正面临违约风险，当流动性和财政管理的分数均为"5"时，地方政府的级别将不会高于 B - ，或者甚至 CCC + 或更低。

2. 标普美国地方政府评级方法[①]

标普对于美国地方政府主体和一般责任债券的评级思路为：地方政府评级方法主要通过打分卡来确定一些定性和定量的指标分值，然后根据各个指

---

① 标普：《美国地方政府：方法和假设》（*U. S. Local Governments：Methodology and Assumptions*），2012。

标的权重，计算加权平均分值，再结合行政体制矩阵表来获取地方政府的模型指示性级别，然后再通过模型外的一些调整因素获得地方政府的最终级别。

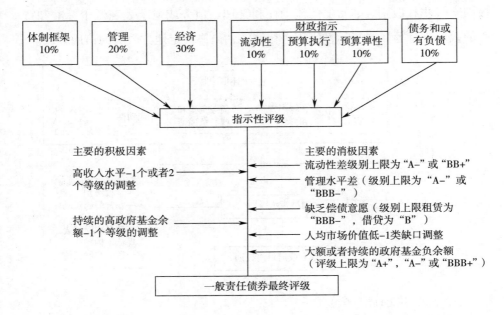

资料来源：中债资信整理。

图 8 – 2　标普美国地方政府评级思路

具体分析过程如下：首先，根据打分卡确定地方政府指示性级别，主要基于地方政府的行政体制、经济实力、财政管理、预算弹性、预算执行情况、流动性、债务及或有负债的分数来获得美国地方政府最初的指示性级别。标普给予行政体制的权重为10%、经济实力的权重为30%、财政管理的权重为20%，财政的相关指标，如流动性、预算执行情况和预算弹性，各自占了10%的权重，负债和或有负债也是10%的权重。其次，再考虑一些模型外积极和消极的调整因素，主要是一些评级要素指标得分限制性因素，比如无论其他指标怎样，流动性得分为4会将地方政府的级别上限限制在"A－级"。整体流动性得分为5将使级别不高于"BB＋级"；财政管理得分为4，致使最终级别至少低于指示性级别一个等级并且不会超过"A级"。财政管理得分为5，致使最终级别至少低于指示性级别两个等级并且不会超过"BBB－级"；一般政府基金连续两年收支逆差超过支出的5%会把级别最高限制在

"A－级"，而这种逆差存在连续三年会带来显著的长期问题并且把级别最高限制在"BBB级"。

（二）穆迪评级方法

穆迪的地方政府评级方法也分为非美国（Regional and Local Governments，RLGs，outside of the United States，non－U. S）和美国地方政府评级方法（U. S. Local Governments）。对于非美国地方政府的评级方法适用于地方政府主体评级方法，对于美国的地方政府评级方法适用于一般责任债券评级方法（General Obligation Bonds Issued by U. S. Local Governments）。对于非美国地区，穆迪给出了地方政府的定义，但并未说明具体范围，穆迪认为，尽管地方政府的责任范围不一样，但是它们一般都通过征税、收取费用或其他政府或实体的转移支付收入来提供公共服务和发展基础设施。对于美国地方政府则列示了范围，穆迪认为，地方政府范围包括县（County）、城市（City）、城镇（Town）、乡村（Village）、特殊区域（special purpose districts）、学区（school districts）。

1. 穆迪美国以外地方政府评级思路[①]

穆迪对美国以外地方政府的评级思路为：首先结合地方政府个体信用风险和系统性风险分析和确定地方政府基本信用实力，然后再考虑外部支持，最终确定地方政府的信用级别。

具体来看，穆迪对美国以外的地方政府信用评级对地方政府采用联合违约分析方法，即将其视为如下两个关键因素的函数：地方政府基本信用实力和在发生严重流动性危机情况下从上级政府获得特别支持的可能性。

第一步，需要确定地方政府基本信用实力。首先利用打分卡方法确定经济基础、行政体制、财政表现和债务情况、政府治理与管理等要素分值来评价地方政府个体信用风险。其次，考虑地方政府所在国主权级别来衡量系统性风险的分值，根据个体风险和系统性风险矩阵对应表来确定评级模型得分；

----

① 穆迪：《穆迪美国以外区域和地方政府评级方法》（*Moody－Rating Methodology Regional and Local Governments*），2013。

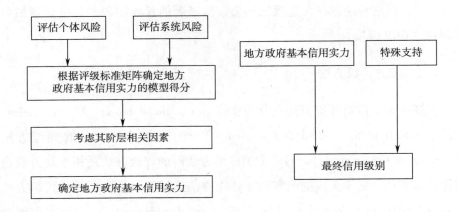

资料来源：中债资信整理。

图 8 - 3　穆迪美国以外地方政府评级思路

在此基础上，考虑一些额外因素（无法纳入评级模型的因素），来确定地方政府基本信用实力，即某些事件或者特定因素相比于其在打分卡模型中的权重而言对评级结果产生更加重大的影响，或者可能存在一些对评级结果产生重大影响但不包含在上述评级因素中的其他额外的因素。在对地方政府基本信用实力评估方面，穆迪采用了打分卡方法，用小写的以 a 开头的一序列字母表示对区域和地方政府基本信用实力，与穆迪的全球长期信用等级符号相一致，例如 aaa 所代表的风险与 Aaa 相当，aa1 代表的风险与 Aa1 相当。

第二步，对获得上级政府特殊支持可能性的评估，主要通过提供支持的政府级别、两个实体之间的违约相关程度的评价、特殊政府支持程度等三个因素来分析。穆迪将支持程度设置为五个等级：低（0 ~ 30%）、一般（31% ~ 50%）、强（51% ~ 70%）、高（71% ~ 90%）、极高（91% ~ 100%），主要是采用专家打分的定性评估。利用 P（LH/S）=（1 - S）× P（L）+（S）× P（LH）计算得出政府相关实体的级别区间，其中，P（LH）= W × P（H）+（1 - W）× P（L）× P（H），两个主体的违约相关程度为 W（0 ≤ W ≤ 1），支持程度为 S（0 ≤ S ≤ 1）。[1]

---

[1]　穆迪：《将联合违约概率理论应用地方政府评级方法》（*The Application of Joint Default Analysis to Regional and Local Governments*），2008。

最后，评级委员会根据对上述级别区间进行调整，确定地方政府的最终信用等级。

2. 穆迪美国地方政府一般责任债券评级思路①

穆迪的一般责任债券评级，是对受评主体相关信用能力的前瞻性评估，并且反映出穆迪对（与其级别相关的）经济状况和展望、财政状况、债务状况，以及管理和治理情况等四个评级要素采用定性和定量相结合的评价和分析。穆迪分别结合各个州和部门的特点和属性对四个因素进行分析；最终评级结果反映了这些因素的加权平均情况，各因素的权重如表 8－1 所示。

表 8－1　　　　　　　穆迪一般责任债券各个评级指标及其权重

指标	权重（%）
经济实力	40
财政实力	30
管理和治理	20
债务状况	10

资料来源：中债资信整理。

穆迪美国一般责任债券评级方法为债券评级方法，因此，评级思路不同于美国以外地方政府主体评级方法，主要关注经济、财政、管理和治理、债务等受评主体自身一些评级要素，没有分析行政体制和外部政府支持等因素。

（三）惠誉地方政府评级方法分类及适用范围

惠誉的地方政府评级方法也分为国际（International Local and Regional Governments，outside of the US）和美国地方政府评级方法（U. S. Local Governments），对于非美国地方政府的评级方法为地方政府主体评级方法，对于美国地方政府评级方法为适用于税收支持债券（General Obligation Bonds Issued by U. S. Local Governments）评级，不仅包含一般责任债券，还包括

---

① 穆迪：《美国一般责任债券评级方法》（*Rating Methodology General Obligation Bonds Issued by Us Local Governments*），2009。

特殊税收支持债券和拨款支持债券（GO pledge as well as special tax bonds, and appropriation - backed debt）。惠誉国际地方政府评级方法中并没有给出地方政府的定义和范围，美国地方政府税收支持债券评方法中，明确了地方政府的范围，包括城市（cities）、其他一些市政当局（other municipalities）、县政府（counties）、学区（school districts）、特别行政区（special taxing districts）等。

1. 惠誉国际地方政府评级思路[①]

惠誉国际地方政府评级方法披露的内容比较简单，方法中并没有明确地阐述其对国际地方政府的评级思路。根据其评级方法总结其评级思路为：惠誉对美国以外的国际地方政府信用级别首先评估地方政府的运营行政体制，然后分析债务和其他长期负债、预算绩效、经营和管理以及地区经济四个主要评级因素来确定地方政府的最终信用等级。

此外，评级过程中惠誉还关注趋势分析和评级要素的相互作用，惠誉的评级过程包括分析相关趋势及确定现在和未来潜在的义务与风险敞口。对于评级要素的相互作用分析，比如，尽管地方政府可能有一个充满活力和富裕的经济，但脆弱的财政管理或严苛的税率上限可能抵消积极的评级要素，导致履行义务能力的降低。较弱的经济也可能被其他优势抵消，比如积极的管理，上级政府较高的支持或较少的债务。

2. 惠誉美国税收支持债券评级思路[②]

惠誉对于美国税收支持债券评级方法适用于债券评级，因此，其评级思路也不同于国际地方政府主体评级方法。惠誉美国税收支持债券评级中主要通过分析债务及其他负债、经济、财政和管理四个要素实际和潜在的未来发展趋势来评定税收支持债券的信用等级。与国际地方政府评级方法一样，惠誉对于美国税收支持债券评级也考虑各个评级要素之间相互作用。

---

① 惠誉：《国际地方政府评级标准（美国以外）》（*International Local and Regional Governments Rating Criteria Outside US*），2012。

② 惠誉：《美国地方政府税收支持债券评级标准》（*U. S. Local Government Tax - Supported Rating Criteria*），2012。

（四）国际三大评级机构地方政府评级指标比较

表 8 - 2　　　　　　　国际评级机构对地方政府主要评级要素比较

	标普	穆迪	惠誉
国际地方政府	行政体制	系统性风险	行政体制
	自身信用品质	个体风险	自身信用品质
	经济	经济基础	债务和其他长期负债
	财政管理	行政体制	财政绩效
	预算灵活性	财政和债务情况	经营和管理
	预算表现	政府治理与管理	经济
	流动性	—	—
	负债	—	—
	或有负债	—	—
	外部支持	外部特殊支持	—
	重要性	行政体制（法律要求或障碍、监督程度、政策立场、信誉风险、道德风险）	—
	历史记录	历史行为	—
	法律或宪法的体制框架允许	个体特征（战略地位和债务结构）	—
美国	与国际基本相同	仅评估经济、财政、管理和债务状况	不含行政体制，其余相同

资料来源：中债资信根据穆迪、标普、惠誉相关评级方法整理。

从表 8 - 2 中可以看出，三大评级机构对于地方政府评级关注的要素上，既存在共同点，也存在一些差异。具体来说，共同点主要为：（1）三家机构都关注地方政府的个体信用品质；（2）三家机构都主要分析行政体制、经济、财政、管理和债务等关键要素；（3）三家机构对美国国内地方政府的评级要素都与对国际地方政府的评级要素存在相通之处。由于三家评级机构对于地方政府的分析逻辑和方法存在差异，因此，具体的关注要素上面也存在着差异。具体来说，（1）在评级分析框架中，标普和惠誉主要从行政体制和个体信用品质两方面考虑，而穆迪是从个体信用品质和特殊支持两方面考虑地方政府基本信用实力，将行政体制作为个体风险评价要素进行考虑，将系统性风险（国家主权风险）作为个体风险之外的因素进行评价，而标普和惠誉则将行政体制作为地方政府个体信用品质之外的因素进行分析。（2）对于特殊支持因素分析的不同，穆迪将特殊支持作为对地方政府评级的关键要素之一，标普也将特殊支持作为额外考虑因素，且两家评级机构对于外部政府支持评价的要素也基本相同，都是分析历史记录、法律障碍或法律要求、重要性或战略地位等。惠誉在评级要素中没有对外部支持作为单独的评级要素予以考虑。（3）在美国地方政府评级中，标普对美国地方政府一般责任债券及发行人的评级要素与国际地方政府的评级要素完全相同，惠誉对美国地方政府税收支持债券的评级仅是在对国际地方政府评级要素中，不考虑行政体制要素，而穆迪对美国地方政府一般责任债券的评级要素仅考虑个体信用品质中的经济、财政、管理和债务四个要素。

二、成熟市场市政债券评级实践

以标普公司对美国市政债券发行主体的信用评级为例，标普对美国市政债券发行主体进行了全面的评级，评级全面地揭示了发债主体的风险，有效地规范市政债券市场的秩序。

从标普公司对美国市政债券发行主体的评级分布来看，评级主体为 51 061 家，其中级别中枢为 AA～A 级（AA 级占比为 40.54%，A 级占比为 42.55%）。

标普公司每个季度都对市政债券发行主体进行评级监督，对财政状况表现较好的主体给予升级，对财政状况或财务状况表现较差的主体给予降级处理，已引起对市政债券发债主体风险程度变化的关注。从每年标普对美国市政债券发行主体的升降情况来看，2008—2012 年受次贷危机对全美经济产生的不利影响，2008—2012 年标普根据各市政债券发行主体的财务和经营表现对市政债券发行主体的级别进行了频繁调整，通过对市政债券发行主体级别的调整来揭示其风险变化情况，给投资者以客观准确的投资信息。2013 年第三季度，标普对市政债券发行主体升级 652 家，降级主体为 241 家，违约主体为 10 家，这 10 家违约主体都在标普级别下调和展望关注中，标普公司对市政债券主体的评级有效地揭示了其风险。

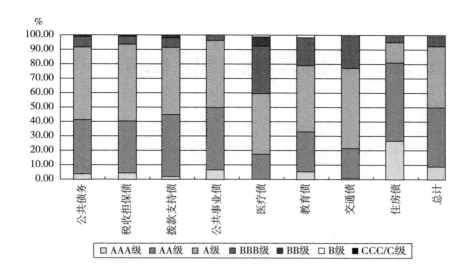

数据来源：Third Quarter 2013 U. S. Public Finance Ratings Trended Up On Revenue Growth and Budgetary Restraint，中债资信整理。

图 8 - 4　截至 2013 年 9 月标普美国市政债券主体评级分布

表 8 - 3　　　　　　2003—2013 年 9 月标普美国市政债券主体升降级情况　　　　单位：家

年份	2004	2005	2006	2007	2008	2009	2010	2011	2012	2013 年 9 月
升级	1 299	1 314	2 085	1 386	4 250	4 481	3 658	1 668	1 179	1 461
降级	746	679	310	357	408	1 009	1 251	3 290	1 043	709

数据来源：Third Quarter 2013 U. S. Public Finance Ratings Trended Up On Revenue Growth and Budgetary Restraint，中债资信整理。

表 8 - 4　　　　2013 年第三季度标普美国市政债券主体升降级情况　　　　单位：家

部门	升级	降级	违约
公共债务	320	114	5
税收担保债	164	49	2
拨款支持债	116	34	3
公共事业债	24	12	0
医疗债	7	8	0
教育债	6	9	0
交通债	3	2	0
住房债	12	13	0
总计	652	241	10

数据来源：Third Quarter 2013 U. S. Public Finance Ratings Trended Up On Revenue Growth and Budgetary Restraint，中债资信整理。

第三节　我国市政债券信用评级的制度与实践

截至 2014 年，国内尚没有严格意义上的"地方政府债"，即由地方政府独立发行，并以地方政府信用作为后盾，以其税收作为保证的债券。国内现有的地方政府债主要分为三类：一是 2009 年以来中央政府代发的地方政府债券；二是 2011 年起上海、浙江、广东和深圳四地试点发行的地方政府债券；三是 2014 年起上海、浙江、广东、深圳、江苏、山东、北京、江西、宁夏、青岛试点的自发自还地方政府债券。第一类地方债的债务主体是财政部，第二类的债务主体尽管是地方政府，但仍由财政部代办还本付息，而第三类则由地方政府自行组织偿付。无论是"中央代发"还是"地方自发、财政部代办偿付"的地方政府债，其背后都有中央政府的信用作为保障，相关监管机构也不要求对这类债券进行评级，而第三类自发自还的地方政府债其信用由当地政府决定，信用评级水平各异。

虽然国内评级机构尚未对地方政府债券正式开展评级，但相关的探索工作早已展开。截至 2014 年，中债资信评估有限责任公司（以下简称中债资信）、中诚信国际信用评级有限责任公司（以下简称中诚信）和大公国际资信评估有限公司（以下简称大公）三家评级机构已公开了部分研究成果，以下我们将简要介绍。

中债资信与中国社科院联手合作，于 2013 年 9 月发布了中国地方政府的主体信用评级方法、评级模型等评级技术文件。未来，中债资信将在中国社科院金融所定期开展的中国地区金融生态环境评价及地方政府评级相关指标评估工作的基础上，出具地方政府主体及相关债项评级结果。中债资信对地方政府主体信用的评级思路，首先是确定地方政府个体信用等级，再考虑外部政府支持，即上级政府对下级政府的支持情况。在地方政府个体信用风险方面，主要考虑其经济实力、财政实力（包括财政收支状况、债务状况、流动性）和政府治理水平，并将地区金融生态环境作为外部调整因素。在外部政府支持因素方面，主要通过支持方政府信用水平、政治重要性、经济重要性、道德风险和历史支持记录来综合判断外部政府支持的强弱和影响。

中诚信目前并没有发布其地方政府评级方法，只是在 2014 年 3 月发布了《2014 年中国地方政府信用分析》研究报告中简单地提到地方政府信用分析。中诚信作为穆迪评级机构的合资公司，其地方政府评级方法基本上借鉴和引用穆迪的地方政府评级思路，即联合违约概率分析思路。中诚信先考察地方政府内在的、个体的信用实力，即"基础信用评级"，然后考虑当受评地方政府出现财政困难或危机时，获得来自第三方支持（上级）的可能性。具体评级要素上，与中债资信地方政府评级要素大同小异，基础信用评级主要考察地方经济、财政实力、偿债能力和体制环境，外部支持主要从经济重要性、政治重要性、上一级地方政府信用等级、历史上的支持表现等方面进行考察。

与中债资信和中诚信不同的是，大公根据辩证唯物主义指导思想，根据经济基础和上层建筑之间的关系，建立了适用于全球中央政府以外的各级政府。大公于 2014 年 1 月对外公布了地方政府信用评级方法，但并未公布其评级模型。该方法分为八个部分，分别是偿债环境（包括法律政策环境、信用环境）、财富创造能力（包括市场需求、市场竞争力和财富创造能力预测）、偿债来源（包括政府收入、政府支出）、偿债能力（包括债务管理、总债务偿付能力、存量债务偿付能力、新增债务偿付能力）、信用等级确定、信用等级验证与调整、压力测试、信用等级符号及定义。

第四节　建立完善的地方
金融生态环境评估体系

从国外经验来看，美国等国家发行市政债券，信用评级是其发行的要件之一。在美国主要有穆迪、标普、惠誉等大型评级机构对州、市、镇、学区等市政债券发行主体进行评级，信用评级在识别市政债券信用风险方面起到了重要作用。过去 30 年时间里，美国市政债券共发生了 2 339 起违约事件，通过债务重组，投资者最终获得了全部本金及利息，在部分市政债券违约的案例中，地方政府信用评级在违约前给予了级别下调和展望关注等处理，揭示了市政债券主体的违约风险大小，起到了保护投资者利益的作用。从国内来看，2014 年 3 月 16 日，国务院正式公布了《国家新型城镇化规划（2014—2020 年）》，正式明确建立规范透明的城市建设投融资机制，"在完善法律法规和健全地方政府债务管理制度基础上，建立健全地方债券发行管理制度和评级制度，允许地方政府发行市政债券，拓宽城市建设融资渠道"，信用评级也将成为未来中国地方政府发债的要件之一。建立健全市政债券信用评级制度，将形成对地方政府的举债行为市场化评价和激励机制。对投资者而言，信用评级机构通过对地方政府市场化的评价，客观真实地反映不同地方政府的信用状况，投资者依据评级结果对市政债券"用脚投票"，从而形成对地方政府举债行为的监督机制。对于地方政府而言，为改善信用状况，地方政府会通过发展地方经济、增强经济财政实力和规范自身债务治理水平等方式使自身达到市政债券发行条件和降低发行利率，从而促进地方经济、财政和政府治理等进入良性的循环，促进地方经济持续和健康发展，形成对地方政府改善地区金融生态环境的激励机制。

债券市场的市场化定价、信息披露、信用评级等机制，反映了投资人和中介机构对地方金融生态的判断。地方政府只有加大金融生态建设力度，才能持续获得投资人的认可，保证其债券市场融资的可持续性。在此基础上，评级公司对地方政府信用进行评估，揭示风险，服务于投资人。2004 年开始，人民银行与中国社科院研究建立了地区金融生态评价体系，对 200 多个城市的财政、信用状况做了评估，这也为发行市政债券准备了一些条件。应鼓励评级机构对地方金融环境进行评估，促进地方政府加快金融生态环境的改善。

第九章　市政债券信用增进

第一节　市政债券信用增进的必要性

市政债券的信用增进是指通过一定措施提升市政债券发行主体的信用资质，以便市政债券顺利发行募集资金。市政债券的信用增进通过产品和技术创新提升发行主体的信用资质和偿债能力，实现信用风险流动，可以有效推动市政债券的风险转移和分担机制的建设，完善风险分散分担的链条，提升市政债券投资者的风险管理能力。

一、市政债券的发行主体盈利能力偏弱，需要通过信用增进措施提升信用资质和偿债能力

近年来，准地方政府债券市场取得了快速发展，发行地区已覆盖到全国各地。作为城投债券的发行主体，地方政府融资平台承担了大量公益性和低收益性项目，导致企业整体的盈利能力和偿债能力偏弱，信用水平参差不齐，难以达到投资者的风险偏好要求。因此，需要通过有效的信用增进措施提升发行主体的信用资质和偿债能力，提升城投债券的信用等级，满足投资者的风险管理要求，降低市政债券的发行难度和融资成本。

二、信用增进有助于完善市政债券信用风险的分散分担机制

市政债券发行主体的经营情况和财务状况与当地经济和金融环境高度相

关，具有显著的区域特征。同时，市政债券在不同地区的发展状况并不均衡，投资者对不同地区市政债券的偏好也存在差异，导致市政债券的信用状况受地域因素影响较为严重。因此，需要针对市政债券建立有效的信用增进机制，在全国范围内推动市政债券的风险转移和分担机制的建设，完善风险分散分担的链条，提升市政债券投资者的风险管理能力。

三、通过信用增进措施可以有效提升市政债券的流动性

在实际操作中，部分监管机构和交易所对于市政债券的上市发行、交易操作及质押回购等环节提出了明确要求，市场参与者内部也对市政债券的投资设有相应的制度要求。通过有效的信用增进措施，可以提升市政债券的信用等级，满足投资机构投资市政债券面临的内外部要求，有助于提升市政债券市场整体的流动性状况，降低投资者对于市政债券的流动性溢价，实现市政债券融资主体的成本节约。

第二节　国外市政债券
信用增进制度、方法与实践

一、美国市政债券信用增进制度、方法和效果

由于其联邦制的政治体制，美国联邦政府与地方政府之间权责划分较为明晰。联邦政府主要通过法律法规对地方政府借款实行管理和控制，其市政债券已经发展到成熟阶段。美国的市政债券包括由州、城市、城镇、县政治实体的分支机构以及它们授权的机构或代理机构发行的债券，所募集资金通常用于当地城市基础设施和社会公益性项目建设。从 20 世纪 70 年代开始，为了加快本地发展，美国各地方政府纷纷采取措施吸引资金。由于市政债券具有免税功能，且有政府对其进行担保，市政债券的发行量不断增加，形式

也逐渐多样化。

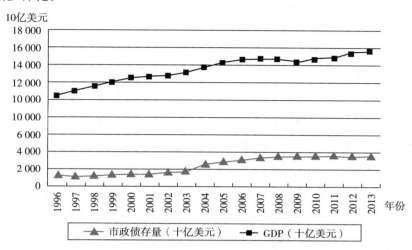

数据来源：美联储、SIFMA。

图9－1　美国市政债券总规模增长

（一）美国市政债券信用增进背景

按照类型划分，美国的市政债券可以分为一般债务债券和项目收益债券。一般债务债券是由政府实体发行的，建立在地方政府信用基础上发行的债券。一般债务债券以征税能力作为保证，由不动产税、收入税、销售税等税收作为还款来源。收益债券是为了建设基础设施而依法成立的代理机构、委员会或者授权机构发行的市政债券，其还款来源是由专用基础设施的有偿使用产生的收入现金流或者附加税收。由于政府不以自身信用担保债券的本金和利息的偿还，因此收益债券的风险通常要比一般债务债券的风险大。美国市政债券的主要特点是联邦政府对个人投资者的利息免征税，相对较低的风险和税收优惠使得美国市政债券具有较强的吸引力。

美国债券市场除了国债以外，其他均为信用债。信用债相较于国债投资风险更高。一方面，投资者有寻求规避风险的动机；另一方面，风险较低的债券具有更好的流动性，这就促进了债券信用增进的需求。

（二）美国市政债券信用增进方法

债券保险是美国市政债券最主要的信用增进方式。市政债券存在违约、拖欠、信用等级改变、流动性风险、资产价值损失、利息损失等主要风险，投资者规避这些风险的动机和低风险债券更好的流动性水平促进了债券信用增进的需求，使美国的市政债券保险业务从 20 世纪 70 年代以来获得了长足发展。到 2008 年已有十余家债券保险公司，组成了美国金融担保保险协会（AFGI）。2009 年以后，由于一些债券保险公司因为风险暴露被评级机构调低评级，市场格局发生了变化，之前市场份额较大的几个公司进行了重组。市政债券保险协会（MBIA）将市政债券保险业务分离出去，成立了国家公共融资担保公司（NPFGC）。AFGI 将旗下的市政府债券及结构性投资产品业务分拆为两家公司，以保住市政债券的最高评级。2010 年，金融担保保险公司（FGIC）也停止了业务。截止到 2013 年，美国市政信用担保保险公司（AGM）、美国建设互助保险公司（BAM）、国家公共融资担保公司（NPF-GC）成为了债券保险市场上的主要竞争者。

这些债券保险公司主要为市政债券、结构性金融产品和国际债券提供保险服务。债券保险公司对发行主体所发行的债券提供保险，并收取担保费用（通常是债券发行额的几十个基点）。债券保险事先约定在证券的发行主体没有能力偿还或履行义务时对债权人承担还本付息的责任，从而达到对所承保的债券增信的结果。保险条款对于双方而言是无条件且不可撤销的。保险公司的级别决定了其所承保证券的级别，如果债券保险公司被评级公司降级，也会牵连到由其进行保险的债券。2008 年，大约 6 000 亿美元的美国市政债券采取了某种形式的信用增进措施，50% 的新上市债券都进行了保险。2008 年金融风暴之后的一段时期内，由于主要的债券保险公司遭到降级，发行时使用信用增信手段的市政债券比例出现了较大幅度的下降。

表 9 - 1　　　　　　　　　近年美国市政债券发行时的保险情况

年份		新发市政债券 （十亿美元）	已保险市政债券	保险市政 债券面额占比
2009	债券金额	406. 8	35. 4	8.70%
	发行只数	11 412	2 012	
2010	债券金额	430. 8	26. 8	6.22%
	发行只数	13 594	1 697	
2011	债券金额	285. 2	15. 2	5.33%
	发行只数	10 176	1 228	
2012	债券金额	366. 7	13. 2	3.60%
	发行只数	12 544	1 159	
2013	债券金额	311. 9	12. 1	3.88%
	发行只数	10 558	1 025	

数据来源：Assurance Guaranty Co. 。

在美国，对市政债券提供保险的公司只能从事单线保险业务，而不能从事财产保险、人寿保险等其他种类的保险业务，进而有效控制了债券保险公司在行业上的风险暴露。同时，美国国家政策规定了金融担保保险公司（FGIC）只能承保信用级别在 A 级以上的债券，其余的债券保险公司需要承保投资级别以上（BBB 级及以上）的债券。美国没有硬性规定债券保险公司所持有的资产种类，但是规定了债券保险公司必须满足资本充足率的要求。

美国市政债券的投保方式可以分为三类：承销时投保、发行后投保和基金购买保险。大多数市政债券采用的是承销时投保，即将债券保险合同印在债券证书上，在正式说明书上说明债券已经获得保险，统一证券识别程序委员会声明债券已获得保险。发行后的投保，也叫做二级市场保险，即市政债券交易时投资方买入大宗未投保的债券之后，向一家债券保险公司购买这些债券的保险，债券成为投保债券，从而获得新的统一证券识别程序委员会代码。交易商投保债券的原因是保险后的债券可以以更高的价格在二级市场出售。基金购买保险是在债券由基金持有的时候为债券投保，基金逐月向保险公司支付保险费。当债券出售、早赎或者到期时，基金停止支付保费，债券保险终止。

在美国，债券保险商还会利用再保险工具降低市政债券投资风险。债券再保险是指，最初的债券保险提供者和另一家机构（通常也是一家债券保险公司）投保特定债券的部分或全部风险，再保险者对初始保险提供者进行保障，最初保险提供者仍然需要对债券持有者履行原始的责任。很多时候，债券保险公司会在债券投资者不知情的情况下，签订再保险合同。再保险只是通过增加了另一个还款来源提升了债券的信用等级，初始保险者仍然要在债务人无法还本付息的时候直接履行相应的责任，并不会因为再保险而转移责任。再保险的好处是，当发行人本息无法兑付时，担保责任和资金来源被认为是来自另外一个不同的保险公司，再保险的债券可以"出表"，从而允许最初的保险提供者增加担保量。同时，再保险也允许最初的保险人在给定的信用条件下管理风险和整个投资组合，以满足评级公司和监管机构的标准。

（三）美国市政债券信用增进效果

债券保险在债券市场中带来了"多赢"的效果。从投资者角度来看，债券保险满足了投资者规避风险的要求，通过甄别债券发行人的情况和披露信息，降低了债券投资者获取信息的成本，有效解决了投资方和债券发行人信息不对称的问题。由于美国州及地方政府市政债券利息所得税法的限制，许多债券投资者和债券基金被规定只能持有单一地区的债券，因此难以通过持有其他地区的市政债券来分散系统性风险。选择投保的债券实质上使投资者间接享受到了由债券保险公司承保不同地区债券带来的风险分散的好处。对于债券保险公司来讲，历史较长、规模较大的公司可以凭借良好的本息偿还记录为市政债券保险的市场赢得更好的声誉。

对于发行主体，债券保险起到了信用增进的作用，债券的信用等级可以提高到债券保险公司的信用等级水平。实证研究结果表明，同未投保债券相比，同等条件下，投保债券有效降低了发行人融资成本。Gao Liu[1]（2011）和 Sean Wilkoff[2]（2011）在实证研究中发现，考虑到发行人的保险成本以

---

[1] Gao Liu, Municipal Bond Insurance Premium, Credit Rating and Underlying Credit Risk, 2011.

[2] Sean Wilkoff, the Effect of Insurance on Municipal Bond Yield, 2011.

后，保险大约能够给发行人带来 6 个基点的成本节约。

对于债券市场，债券保险有利于降低市政债券的利息成本，增加市场的深度和广度，扩大投资者范围和种类。然而，由于投保债券和债券保险公司的信用等级关联性较大，一旦债券保险公司信用级别出现较大波动，将会影响债市的稳定性。因此，对于信用增进业务的监管和规范就显得十分必要。债券市场的自律监管相较于法律规范更加有效，而且债券保险公司在给债券发行人进行保险的时候，会对发行人进行尽职调查，监管部门也可以通过债券保险公司和评级公司直接获取信息，节约搜集信息的监管成本。

二、日本市政债券的信用增进创新——偿债基金制度

美国的市政债券制度代表的是分权制国家的地方债券市场制度，而日本地方公债制度则代表了中央集权性国家地方债券发展过程中的某些过渡型债券市场的制度安排。日本的市政债券叫做地方公债，从实质上来看，日本的地方公债不是真正意义上的市场和金融融资，而是带有私下协调性的财政融资制度。目前日本地方政府债券包括地方公债和地方公营企业债两种类型。其中，地方公债由日本地方政府直接发行，用于基础设施建设和公用事业；地方供应企业债是由地方特殊的供应企业发行、地方政府担保的债券，一般有政府担保支付本息，筹集的资金一般用于城市下水道、自来水和交通运输设施等方面。

除了传统的信用增进措施外，日本市政债券的信用增进创新主要体现在地方公债的偿债基金制度。日本的地方公债在可以划分为普通债和公用企业债券两大类。为了保障地方政府发行及担保的公债按时还本付息，日本政府设立了偿债基金制度。政府每年从国库中拨出一笔资金交给特定的机构管理，专门作为公债偿付使用。政府有时候也会在发行债券的时候以偿债基金作为担保，来提升债券的信用等级。偿债基金主要来源于三种途径：以上一年年初公债余额的 1.6% 资金作为固定比率转入偿债基金、一般财务决算结余部分按比例转入偿债基金以及在年度预算中安排一定款项的资金转入偿债基金

三种方式。通过统一的运作和严格的管理，日本建立了较为规范的公债偿还机制，有力地促进了地方公债的发展。

第三节　完善市政债券风险分散分担机制

为进一步完善市政债券信用风险分散分担机制建设，一方面，需要推动信用增进行业快速发展，提升信用增进机构的资本规模和综合实力，不断培育具有较强资本实力和风险管理能力的第三方专业机构进入市政债券信用增进市场，依托其专业的风险管理能力和先进的风险管理技术，引导培养投资者对于市政债券的风险识别和管理能力，减弱甚至消除市政债券中存在的信息不对称问题，分散市政债券的区域风险，拓展市政债券的投资者范围；另一方面，应当进一步鼓励金融工具创新，针对市政债券设计研究诸如偿债基金和信用风险缓释工具等创新型信用增进措施，完善信用风险在金融系统中的分散分担链条，逐步建立市政债券信用风险向全球市场转移和分散的渠道机制。

第十章　市政债券的二级市场

二级市场是已发行债券买卖转让的市场。债券一经认购，即确立了一定期限的债权债务关系，但通过债券二级市场，更多投资者可以根据自身需求，转让或者买入债权，最大化收益，控制风险。债券发行市场和二级市场相辅相成，是互相依存的整体。发行市场是整个债券市场的源头，是二级市场的前提和基础。发达的二级市场是发行市场的重要支撑，二级市场的发达是发行市场扩大的必要条件。

第一节　发展市政债券二级市场的国际经验

一、美国市政债券二级市场

美国市政债券以场外交易市场为主，美国市政债券主要通过遍布全国的市政债券交易商支持的场外交易市场进行交易和流通，几乎所有客户的市政债券交易都由市政债券交易商进行交易。小发行人的债券交易主要通过地方经纪公司、地方银行以及较大的华尔街金融机构来维持；大发行人主要由较大的经纪公司和银行支持，他们中的绝大多数与发行人有投资银行业务方面的合作。另外，一些经纪商则在大宗市政债券的销售中承担自营商与大机构投资者之间的中间人。这些市场的参与者提供了市政债券的流动性，从而形成了价格决定机制。

做市商在市政债券二级市场上发挥核心作用。目前，美国有超过1 800个市政债券交易商，分布集中在东海岸，其中有一部分是做市商。做市商制度是场外证券市场的重要交易形式。做市商是指一些信用良好，资金雄厚的金融机构在营业时间内，不断地向市场报出特定证券的买入价和卖出价。当投资者向做市商提出买卖这些证券时，做市商有义务按照自己所报价位保证随时成交，并通过买卖价差获得补偿。做市商是债券流通的中心，也是场外交易的实际组织者，它们起到价格发现的作用，也是信息的集中提供者。

尽管市政债券的交易商数量众多，但交易活动主要集中在几个机构。比如 2011 年，全美十大最活跃的市政债券交易商的市政债券交易金额占全部市政债券交易金额的 75%。在市政证券市场占主导地位的公司，通常是大型并提供全面服务的证券公司，它们提供和出售许多不同类型的市政证券。

市政债券市场的特点是相对较低的流动性。尽管市政债券交易笔数很多，但流动性较差仍是市政债券市场的主要特点。2011 年，市政债券存量超过 100 万只，日平均成交量仅为 113 亿美元；而公司债券存量少于 5 万只，日平均成交量却高达 206 亿美元。市政债券刚发行时交易活跃，发行数月后，交易显著下降。大部分活跃的交易市政债券集中于新发行的债券。之后几个月，交易量就会逐渐降低。几乎所有市政债券在发行后第二个月的交易量至少下降 15%。在 2011 年，大约 99% 的流通市政债券没有发生任何交易。这些债券都发行超过了半年。因此，市政债券市场也被称为"买入和持有"市场。此外，市政债券的小额交易趋势化愈加明显。从 2006 年到 2011 年，交易数量由 8 467 987 宗稳步上升至 10 392 855 宗。其中，小额交易（不超过 25 000美元）日益频繁。近年来，由于金融危机和美联储加息预期，导致市政债券的总收益率差强人意，其交易额多呈下降趋势。

二、日本地方政府公债二级市场

日本地方政府公债多以私募方式募集，在证券公司柜台市场交易。从债券募集与交易方式看，日本地方政府债券基本上都是以私募方式募集的，以公募方式募集的比较少。因此，除东京都发行的地方政府债券可以在证交所上市外，其他地方政府发行的市政债券都不在交易所上市，只允许在证券公司的柜台上进行交易。柜台交易在证券公司之间或证券公司与客户之间直接进行，没有固定的交易场地和交易时间，交易双方直接接触，自由协商，不存在受人委托买卖或委托别人买卖的问题。在证券交易所上市的债券，也允许在柜台市场上交易，其价格在证券交易所的价格基础上的一定范围内浮动。

日本市政债券的二级市场流动性非常差。日本的债券制度是带有私下协调性质的财政性融资制度，大部分债券融资只有债券工具，而没有形成真正意义的市场，即虽然有了标准化的债券工具，但由于发行之前已经确定了购买对象，并非针对不确定性的潜在投资者，属于偶然的交易活动，而非经常性、规律性的"市场"。因此，由于日本的地方公债并不是真正意义上的市场性、金融性融资，与美国等西方国家的市政债券制度具有比较大的区别，其二级市场流动性极差。以在东京证券交易所上市的地方政府公债为例，其以拍卖方式进行交易，全天交易时间只有两个半小时。2010 年，它的交易额不超过四百万日元。最近三年它的交易额基本为零。

投资者以机构投资者为主。投资购买日本地方公债的资金渠道主要有：政府资金、公营企业金融公库资金和民间资金等。历史上，70% 以上的地方债券是政府资金、公营企业金融公库等政府机构以及地方公共团体的互助机构以及一部分银行等直接认购，但近年来政府资金比例逐渐趋于下降。一般来说，政府资金仍然大约占 50%，公库资金大约占 10%，市场资金大约占 40%。从投资者角度来看，由于日本地方债券的大部分，不作为一般投资者的投资对象，只有以公募方式发行的大都市债券和以非公募方式发行，但通过证券公司买卖的地方债券是一般投资者的投资对象，其发行额占地方债券的 30% ~ 40%。

三、小结

从发达国家市政债券的发展经验表明，活跃的二级市场是市政债券市场的重要基础之一。以场外交易市场为主、场内交易为辅、完善的做市商制度为核心的市场组织形式，是保持市政债券二级市场流动性的重要制度安排。多样化的投资者群体建设，吸引机构投资者尤其是居民个人投资者的参与，对于扩大市政债券的投资者范围、提高二级市场流动性和保持市政债券市场的稳定运行具有重要意义。此外，完善的债券市场体系包括发行制度、交易与清算制度、信息披露机制等，也对市政债券的二级市场流动性起到正面促进作用。

第二节　我国市场相关实践

目前，我国债券市场主要由银行间债券市场和交易所债券市场两个市场组成。其中，银行间债券市场是以机构投资者为主体的场外市场，也是我国债券市场发展的核心主体。银行间债券市场的基础设施完备，以中国外汇交易中心暨全国银行间同业拆借中心作为交易前台，以上海清算所和中央国债登记结算公司作为后台托管结算机构，市场运行效率较高。交易所债券市场则是典型的场内市场，主要的投资人群体是风险识别能力较弱的个人投资者。

目前，银行间债券市场、交易所债券市场两个市场中，银行间债券市场是核心主体。截至 2014 年 3 月末，银行间债券市场债券托管量为 24.74 万亿元；交易所债券市场托管量为 9 277 亿元。银行间市场集聚了绝大多数的债券品种、债券托管量和交易主体，而交易所市场容量则相对较小，主要以中小投资者为主，流动性较差。需进一步扩大投资者范围，满足各类投资者的偏好，提高债券二级市场流动性，从而降低市政债券的融资成本。

第三节　提高市政债券二级市场流动性

一、发展多层次市场，鼓励市政债券"本地化"发行和流通

成熟市场国家市政债券主要由当地居民购买，比如美国市政债券绝大部

分都由当地居民和机构投资者购买。本地居民参与市政债券的投资，其优势在于以下几个方面。

（一）有利于增强对地方政府的"近约束"机制

其他地区的投资者受地域空间和信息等限制，难以持续跟踪监督市政项目建设进度和质量；在缺乏有效监督的情况下，可能助长地方政府无效或低效投资的冲动，并进而盲目举债，增加了地方政府的违约风险。显然，当地投资者在项目建设、政府行为、投资效率等方面均可直接观察和评价，有助于投资者对债券发行人进行监督，从而有利于增强对地方政府的"近约束"机制。

（二）有助于市政债券市场的稳定运行

当债券市场的主要投资者不是本国或本地区居民时，债券损失将主要由外国投资者来承担，那么本国居民改善本国财政状况的动力将不足，这会影响债券市场的稳定。欧洲债务危机中，以本地投资人为主的西班牙、意大利，其财政状况虽然比爱尔兰、希腊差，但危机的蔓延速度和负面影响要小一些。

（三）有助于增加地方政府的负债能力

从经验上看，以当地投资人为主要投资者的国家，其债务承载能力更强，债务上限也更高。比如日本政府债务规模已经超过国内生产总值2倍，之所以能够进一步扩大政府债务规模，一个重要的原因就是超过九成的日本政府债务由日本国内投资者持有，债务结构的稳定程度超过美国和德国，财政政策的回旋余地会更大。

（四）有助于拓宽当地居民的投资范围，提高居民财产性收入

市政债券一般被认为是风险低、收益安全可靠的投资品种，在当前我国居民储蓄率较高，投资渠道相对狭窄的情况下，有助于扩大当地居民的投资选择，提高财产性收入。

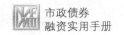

因此，我们建议建立市政债券本地化发行和流通机制，具体包括：

（1）大力发展市政债券发行人所在地的金融机构的柜台交易市场，包括商业银行柜台交易市场和证券公司柜台交易市场，以方便当地投资者直接参与认购和交易。

（2）鼓励市政债券在规范运行和有效监管下的地方产权或股权交易所挂牌交易。目前，我国已有在地方区域交易所发行私募债券的先例，且多个地方正在积极推进和规范区域交易所的建设，但目前区域交易所缺少风险可控、收益率有一定吸引力的债券发行人，使得市场发展相对缓慢，因此应当鼓励市政债券在区域交易所市场的交易流通。

（3）市政债券推出初期，建议地方政府出台相关政策，引导和鼓励地方市政债券机构投资者建设和发展，比如发展地方市政债券投资基金、市政债券集合资金信托投资计划等，通过集合理财的方式，提供建设资金。

二、探索并建立完善的市政债券做市商制度

国外发达国家债券市场发展的经验表明，做市商制度是场外债券市场发展的重要制度保障，是提高市场流动性的一种有效制度。缺乏成熟的做市商制度，投资者在交易时就要和大量的潜在对手谈判，达成交易的成本就大幅上升，不利于市场流动性的提高。目前，银行间债券做市商制度在活跃债券市场、提高流动性方面发挥了不可替代的作用，显著降低了报价价差和市场交易成本，提高了债券市场的流动性。

对于市政债券，建议可以借鉴并完善银行间市场做市商制度，提高市政债券的二级市场流动性，具体措施包括以下几个方面。

（一）完善对市政债券做市商的政策支持

目前，债券市场做市商享有一定的权利，但仍需要进一步落实，包括为做市商提供优先购买债券、进行债券借贷以及在银行间债券市场进行产品创新的政策支持；赋予做市商享有现券交易和债券借贷交易手续费和结算手续

费优惠权利，降低做市商做市成本；给予做市商获取信息的便利；完善融资、融券机制等制度建设，为做市商提供更多避险工具和手段等。

（二）增加做市商数量和类型，引入市政债券发行人所在地的地方金融机构参与做市

建议适当降低做市商准入标准，鼓励更多交易活跃、定价能力强的金融机构成为银行间债券市场做市商，增加做市商数量；增加做市商的类型，包括商业银行、证券公司、保险公司和基金等，充分发挥不同类型做市商在投资标的、期限偏好等方面的差异，增强做市的有效性；引入市政债券发行人所在地区的金融机构加入做市商中来，发挥本地金融机构在信息不对称等方面的优势，提高二级市场活跃度。

（三）引入做市商竞争机制，加强做市业务考核

建立竞争性做市商制度，通过做市商之间适当竞争形成统一价格，缩小报价价差，降低交易成本，提高市场效率。加强对做市商做市业务的考核，建立做市商定期考核制度和做市商退出机制，强化激励约束机制，实现做市商的优胜劣汰。

第十一章　市政债券信用风险及违约处置

　　市政债券因其发行主体的特殊地位、业务性质以及与地方政府和地方财政的密切关联，与一般企业债券的信用风险有所区别。具体来看，市政债券的信用风险除了一般企业债券所具有的宏观经济风险、行业风险、区域风险和政策风险等之外，还包括一些特有的风险，主要体现在制度性风险、财政风险和经营与财务风险三个方面。

　　成熟发达国家的债券市场建立了较为完善的发行人违约处理机制，形成了较为有效的违约处置措施。但是，我国债券市场建设尚不健全，尤其是市政债券尚未发生过违约案例，缺乏实践经验，亟须建立一套行之有效的违约处置机制。

第一节　市政债券信用风险防范处置的国际经验

一、美国市政债券的信用风险防控及违约处置经验

　　美国作为市政债券最发达的国家，其市政债券具有宽松的政府准入机制和严格的市场监管机制。作为联邦制国家，联邦政府很少干预州和地方政府的事物，但有完整的证券法律法规来约束市政债券的具体运行。这些监管法律体系主要由《1933年证券法》、《1934年证券交易法》、《1935年信托债券法》、《1940年投资公司法》和《1940年投资顾问法》五部联邦证券法案以及后来颁布的一些补充法规构成。除了这些证券法律法规对于市政债券的发行、上市、交易和事故处理进行保障以外，还有一套风险防范体系来对市政债券进行约束。

较为完整的法律体系和严格的监管机制使美国市政债券的历史违约率[1]保持了很低的水平。标准普尔市政债券指数数据显示，2013 年的市政债券货币违约率为 0.107%，同年高收益市政债券违约率为 0.808%；而 2013 年投机级别的公司债的违约率为 2.9%。历史上，从违约后的债券恢复率来看，市政债券的恢复率也明显高于公司债券的恢复率，市政债券最终无法偿付的风险在历史上也是非常低的。据统计，从 1938 年到 2012 年末，美国地方债违约共发生 632 起。即便发生违约事件，债务最终偿还情况也比较乐观。自 1930 年到 2010 年，大部分破产的城市最终都向债权人偿还了本金。

（一）美国市政债券市场的信用风险防控体系

在市政债券发行上，美国联邦政府、州政府、市政府和其他政府机构发行的证券享受注册豁免，市政债券的发售和交易受到反欺诈条款的约束。美国国会 1975 年成立了行业自律组织市政债券规则制定委员会（MSRB），拓宽了对市政债券市场的监管范畴。1989 年，美国证券交易委员会修订了《1933 年证券法》的信息披露相关规则，要求承销 100 万美元以上的承销商必须获得发行人的官方陈述，并披露给投资者。为了预防市政债券的舞弊和欺诈行为，美国证券交易委员会要求发行人及时、定期地更新信息。市政债券发行前，需经过信用评级机构对其偿债能力和付息意愿进行审核，出具信用评级报告；债券上市后要经有资格的审计机构对发行人的财务状况、债务负担和偿债能力等出具意见。2009 年，美国证券交易委员会把 MSRB 作为唯一官方登记机构，负责接收发行人及其代理机构提交的后续信息披露文件，并在网站上集中公开，方便投资者查阅，向市政债券投资者提供持续性信息披露文件提供了一个平台，增强了信息的公开透明。

美国宪法及相关法规对各州和地方政府的举债规模进行了明确要求。发行地方债券需要经过全体公民和有关机构的批准同意，不能随意发行。发行一般责任债券比发行收益债券受到更严格的限制，批准程序也更为严格。各

---

[1]　债券发行人无法偿付债券本息称为货币违约，发行人无法遵守合同中的某项规定，比如无法达到某项财务指标，称为技术违约。我们这里所指的违约，为货币性违约。

州及州以下地方政府需设有风险控制指标。常用的指标主要有人均债务率债务余额与当地人口的比重、人均债务与人均收入的比重、偿债率债务支出与经常性财政收入的比重、偿债准备金余额比例和偿债准备金与债务余额的比重等。在地方债务规模上，州审计部门定期监控市政债务，对赤字规模超过当期收入一定比例的地区进行预警。当面临紧急财政状况时，州政府成立特定委员会，监督地方政府消除赤字，并有权执行平衡预算政策，限制政府部门的借款权力，达到风险控制的效果。

在信用评级机制上，美国监管机构规定，发行债券必须拥有两个评级机构出具的信用评级。公开发行的市政债券还需要聘请国家认可的律师对发行的合法性和免税待遇出具法律意见，以保证市政债券有关合同的可执行性。市政债券发行人的财务报告应该符合由美国政府会计准则委员会制定的政府会计准则（GASB）。若未按照该会计准则进行报表编制，则需对这部分的差异进行估计和说明。此外，市政债券的发行者所提供的财务报告还必须经过独立的审计师审计并出具审计意见。

（二）美国市政债券的违约处置方式

根据历史上的案例，可以将市政债券的违约原因归结为以下几个方面：一是经济环境，比如经济的衰退、萧条和利率高企，这些情况将会动摇经济的发展态势，对市政债券违约构成直接影响。二是非必需性服务投资，也就是地方政府举债来给一些缺乏长期需求的项目进行融资。比如金融危机前，美国在没有人口增长和住房需求的前提下，大规模地进行房地产开发和垃圾焚烧设施建设，造成债务规模过大，项目建成后无法产生充足的现金流，导致债券无法按期偿还。三是项目和行业的可行性，对于项目可持续性的错误判断或者仅仅由于一时头脑发热而进行的决策，可能导致税收收入和项目产生的现金流收益不足。四是欺诈行为，如融资后投资收益被夸大扭曲，在交易时未按照约定条款和相关文件进行，或是以损害债权人的利益来获取资金。五是地方政府管理经营不善。六是缺乏偿付意愿。七是自然灾害导致的地方政府支出的增加和收入的减少。

对于一般债券的偿付问题，如果是暂时性或者是技术性的，只需要和债权人直接协商，进行减免或者展期。在收入来源不足以偿付的情况下，地方政府可以提高税率或收费比率。如果地方政府协商无效，有些州会设立专门管理机构来帮助地方政府。若进一步帮助失败，则将依照《联邦破产法》，由发债政府提出协议并提出自愿破产请求。如果各州政府出现财政短缺，则必须通过削减开支、增税来降低预算赤字，使收支相抵。地方政府在向法院提交破产申请之前，需制定详细的债务重组方案，常用的方法包括债务展期、债务减免和地方政府。通过增加税收、减少支出等方式进行再融资偿还债务。在实际操作中，三种方法多管齐下的例子较多。根据美国法律，地方政府破产、国家接管是可能的，但概率非常低，主要因为申请破产除了会降低地方政府的信用等级外，也会降低对其所在州的信用等级，因此破产通常是最后的解决手段。对于收益债券而言，债券只是以收入来源作为抵押，所以，当债务偿付发生困难时，损失将由投资人承担。政府机构要保证筹集的各种债券资金专款专用，政府和其担保的债权有清晰的界限，政府的债务必须由政府来偿还。

（三）美国市政债券的违约处置案例

1. 瓦列霍市破产

由于涉及约 5 000 万美元公开发行债券违约，美国加利福尼亚州的瓦列霍市在 2008 年 5 月 23 日向法院提交申请破产保护。这些债券的发行目的是为了支持市政实体的运营，例如市政厅、JFK 图书馆以及警察局和消防局的日常运行。根据《美国破产法典》第 9 章破产程序的规定，债务重组计划的制定和通过是瓦列霍市债务重组的核心内容。此外，还涉及以下债务：与现雇员和此前雇员之间的义务，包括签署的集体合同的义务的调整；前雇员因休假和其他福利而产生的应付义务，根据侵权责任和合同义务的请求权等。

最终重组方案对瓦列霍市的违约债务规模进行了缩减，债务调整计划将在两年之内向无担保债权人支付大约 600 万美元，相当于其违约债务规模的 12%。瓦列霍市的其他特定用途债务并不在此次债务调整范围内，因此由特定用途基金发行的债券，例如近 1.75 亿美元的水项目收益债券和其他的由政府基金担保的特殊的税务义务，没有受到计划的影响。

2. 美国杰斐逊县破产事件

美国阿拉巴马州杰斐逊县由于在公共产品投资项目上存在不当的财政投入，于2011年11月9日申请破产保护。2008年国际金融危机以来，经济的低迷不振使得杰斐逊县的债务不断累积。在杰斐逊县高达42亿美元的债务中，包括31.4亿美元的污水管道项目欠款，债权人是摩根大通和美国银行。在银行债权人提出提前偿还债务的要求后，该县即宣告债务违约。2011年9月，该县政府与债权人进行谈判，期望达成一项关于污水管道系统处理的初步协议，请求延长还债期限，并承诺以杰斐逊县政府未来的税收偿还债务。此协议如果生效，将使该县债务减少31.4亿美元，从而避免其破产的命运。但是，该协议最终因债权人拒绝做出让步而流产，杰斐逊县依照《美国破产法典》第9章向破产法院申请了破产保护。

虽然申请破产保护通常是最后一种手段，且会损害地方政府的信用度，但同时也是甩掉以往财政包袱、重新开始的最好契机。美国法官在政府破产案中更多地发挥了协调者的作用，帮助地方政府与债权人进行谈判，等待债务人递交一个双方都可以接受的债务重组计划。地方政府债务重组时，不能因此停止其行政职能和进行资产清算。地方政府债务重组通常是通过延长债务期限、降低本金或利息，或再融资获得新的贷款等方式进行。很多州都不愿意在经济不景气时广泛加税，取而代之的是向税收优惠措施开刀、填补税收漏洞、严惩逃税者以及对烟草、酒类、赌博甚至汽水和糖果等增税。

二、日本市政债券的风险防范措施

和美国不同，日本的地方公债代表了中央集权国家地方债券发展过程中某些过渡性的市场制度安排。日本地方政府的财政收入对中央政府的依赖较大，中央政府通过地方财政计划和财政转移支付制度实际上成为地方财政的主导者，也是地方财政的实际责任承担者。为了防止地方政府发债泛滥，日本政府对地方公债的发行实行严格的地方公债计划和协议审批。市政债券由总务省实行综合管理，每年末制订下一年度的地方债计划。日本地方公债的批准权在中央政府，具体由负责地方政府事务的自治大臣审批。地方政府要求发行债券时，要先向自治省申报，提出发行债券的用途、额度等。自治省审查后，将各地的发债计划进行汇总，并同大藏省协商，而后由自治省统一下达各地区的发债额度。如果发行公募债券，还要专门报大藏省审批。

日本所推行的地方财政计划是地方政府财政运作的主要准则。在地方财政计划中，地方政府每年的债务本息偿还金由中央政府通过财政预算拨款的形式进行，即财政收入不足的地方政府通过该部分财政预算拨款进行债务偿还；财政收入充足；能够通过自身偿还债务本息的地方政府，可以将多余的财政收入用于财政储备。在这种财政计划制度下，日本的地方财政一般不会出现赤字，甚至会有所盈余。

2009年4月开始实施的《地方政府财政健全化法》是日本监控地方政府财政健康状况和处理地方财政危机的法律准则。《地方政府财政健全化法》主要通过财政健全化指标来判断地方政府的财政状况，财政健全化判断指标包括实际赤字比率、实际公债比率等。通过这些指标，日本政府能够有效地识别风险信号，加强了对于地方政府债务风险的监督控制。

在规模控制方面，日本规定地方政府债务三年平均还本付息金额不得高于年度财政收入的20%。同时，2008年以来，一些地区财政情况出现恶化，为了便于投资者了解各地方政府的信用质量、有选择地投资地方债，日本地方政府对于信用评级越来越重视，发行市场公募债的政府进行了信用评级，有效控制了违约风险的发生。

第二节　前期我国融资平台信用风险特征及违约案例相关制度框架及市场实践

一、我国市政债券信用风险概述

我国并没有真正意义上的市政债券。目前地方政府只能通过间接的方式发行债券，主要包括由财政部代发的地方政府债、部分省市自行发行的地方债和由地方融资平台即城投公司发行的城投债券及银行间市场发行的融资票据三种形式（以下简称城投债券）。其中只有城投债券最接近于国外的市政债券，其本息偿付与城投公司的经营情况和偿债能力高度相关，具有一定的信用风险属性，被认为是我国的"准市政债券"。

作为城投债券的发行主体，地方政府融资平台的经营模式和财务管理与一般企业存在较大差异：地方政府融资平台的注册资本主要来源于地方发改委或国有资产管理部门；董事会成员多是政府相关职能部门的负责人或在职人员；主营业务以基础设施和公益类为主；收入的重要来源是当地政府的财政补贴。地方政府融资平台与当地政府和财政的密切关联，决定了地方政府的财政收支分析是市政债券信用风险分析的重点。

我国地方政府财政收入包括制度内预算收入和制度外收入。其中，一般预算收入、中央转移支付和税收返还、政府性基金收入统称为预算内收入，是纳入政府预算管理体系内的。地方政府财政支出即地方本级财政支出。1993年的分税制改革将大部分财权上收至中央，而在转移支付体系并不健全的背景下，各种预算外收入成为了地方政府财政收入的重要来源。为整治地方政府收支混乱的现象，从1996年开始，部分预算外收入项目纳入到了政府预算体系，政府性基金逐步形成，主要包括土地出让收入、专款专用项目基金及彩票公益金等。2011年，地方政府预算外收入被正式取消。

政府性基金，是各级人民政府及所属部门为支持特定公用基础设施建设和公共事业发展，向公民、法人和其他组织无偿征收的具有专项用途的财政资金。就目前的情况而言，地方政府本级基金收入是全国基金收支的主体。基金收入来源十分集中且以土地出让金为主，占比达到全国基金收入的75%以上。

总体来看，地方政府财政收支状况是地方市政债券的信用基础，而地方政府的收入构成要素则是分析的切入点。考虑到地方政府的收入结构，地方政府基金收入，尤其是地方政府土地出让收入，应当是关注的重点。

二、我国市政债券信用风险特征

我国城投债券信用风险与一般企业债券的信用风险有所区别。具体来讲，城投债券的信用风险除了一般企业债券所具有的宏观经济风险、行业风险、区域风险和政策风险等之外，还包括一些特有风险，主要体现在制度性风险、财政风险和经营与财务风险三个方面。

（一）制度性风险

1. 地方融资平台缺乏约束，投资运作不规范

我国绝大多数基础设施项目主要由地方政府投资，而地方政府融资缺乏自我约束，较少考虑成本与风险因素。融资平台缺乏整体的负债规模约束，地方政府设立地方融资平台的最主要目的是最大限度地筹措资金，至于资本与负债之间的比例是否失调，负债风险是否可控等，往往并不在考虑范围之内。

2. 偿债责任不明确

我国地方政府官员实行任期制，且主要领导人流动性较大，常常出现前届政府举债、后届政府还债的情形。举债决策人与偿债人的不完全统一会带来"新官不认旧账"的现象，使得债务偿还责任不明确。对由中央政府向地方政府转贷的债务而言，债务偿还责任则缺乏硬性约束。地方政府会想方设法拖延转贷资金的归还，以期将偿还责任转嫁给上级政府。

3. 信息不透明

相比于金融机构，地方政府往往处于强势地位，两者在地位和信息上并不对称。在实际融资操作中，地方政府可通过多个平台融资，其融资情况并不透明，责任主体不清，金融机构很难掌握地方政府的真实财政收支及债务负担情况。

（二）财政风险

1994 年实行的分税制财政体制改革实现了提高中央政府财政收入占国内

生产总值的目的，也将一些本应由中央政府承担的支出责任转嫁给了地方政府，造成了地方政府的财权与事权之间的不匹配，即地方政府以较少比重的财政收入承担了较大比重的支出责任。

我国从法律上对地方政府负债融资进行了限制，规定地方各级预算按照量入为出、收支平衡的原则编制，不列赤字。在此背景下，各地方政府唯有通过设立融资平台进行融资，以解决迅速增长的财政支出。地方政府融资平台发行债券的本息偿还在很大程度上依赖于地方政府的财政收入。近年来，地方财政过度依赖土地出让收入，一方面通过直接出售土地获得收入，另一方面通过土地抵押获得融资，从而将地方债务风险与房地产的市场景气度高度关联起来，加大了系统性风险。

（三）经营与财务风险

与一般企业不同，地方政府融资平台主要从事城市基础设施项目建设等公用事业类业务，公益性和非营利性特征明显。城市基础设施项目可以分为经营性项目、准经营性项目和非经营性项目三类。在我国市政债券的发行实践中，上述三类不同的城市基础设施项目并没有被有效区分，进而为投资人评估信用风险带来了障碍。

我国地方政府融资平台普遍存在经营性资产不足和无形资产比重过大的问题。根据《中华人民共和国证券法》，"企业累计债券余额不得超过其净资产的40%"。在此条件约束下，为增强旗下平台公司的融资能力，地方政府将大量的土地使用权等无形资产以及道路、桥梁等公益性资产注入地方政府融资平台。但上述资产往往难以产生确定的收入和经营性现金流，从而导致了地方政府融资平台的盈利能力偏弱，债务偿还能力存疑。很多地方政府融资平台甚至没有主营业务，其收入主要来源于当地政府的财政补贴。

三、地方财政对市政债券信用风险的影响

不同于一般企业发行的信用债券，城投债券的信用分析需要兼顾发行人

和地方政府两个方面的信用状况。发行人本身的信用分析框架基本与一般产业企业一致，包括财务经营状况，即偿债能力、营运能力、盈利能力和现金流分析，兼顾信用增进措施、债券期限结构等方面。

我国地方政府的信用分析可从地方经济、财政收支和债务负担三个角度展开。具体地，GDP是现阶段衡量地方经济实力最直接有效的指标之一，一般预算收入和土地出让金反映了地方政府的财政实力，而土地出让金/一般预算收入则衡量了地方财政对土地出让的依赖程度，反映了地方政府财政收入的质量状况。总有息负债、负债率和债务负担率可显示出地方政府的债务负担情况。

表 11 - 1　　　　　　　　　地方政府信用评估框架

评分因素	子因素	指标
经济	经济实力	GDP
财政	财政收入	一般预算收入、土地出让金
	收入质量	土地出让金/一般预算收入
债务	负债总量	总有息负债
	债务负担	负债率、债务负担率

分析市政债券信用水平时，需根据不同债券的具体情况区别对发行人本身和地方政府信用分析的侧重程度。对于公益性项目，其资金来源主要为财政补贴，故债券信用水平基本依赖于地方政府的财政收入能力；对于以准公益性项目为基础的市政债券，应将发行人本身和地方政府的信用情况结合起来分析其债项信用水平，依据具体项目，把握好侧重程度。

四、我国市政债券违约处置实践

目前，我国债券市场发展尚不健全，市政债券尚未发生过违约案例，故缺乏实践经验。但另一方面，"准政府债务技术性违约"并不鲜见，相应的违约处置措施包括政府增资、银行垫资、第三方增信机构代偿等。

2011年4月，云南省公路开发投资有限公司（以下简称滇高速）向债权银行发函，表示"即日起，只付息不还本"。彼时滇高速在建行、国开行、工行等十几家银行贷款余额近千亿元。在违约公函发出后，云南银监局和各债权银行与云南省政府进行多次沟通。最终，云南省政府做出了增资、垫款等承诺，并要求企业撤回公函，承担还款责任。

在企业债券市场中，濒临"违约"的状况也时有发生。譬如，山东海龙短期融资券债项评级曾被降至 C 级，主体评级也在不到一年内由 A＋级下调至 CCC 级。发行人还本付息能力很低，债券违约风险极高。最终，由潍坊市政府提供担保，银行提供了一笔过渡资金暂时解决了海龙短期融资券的兑付问题，违约事件得以避免。

对于有第三方增信的债券来说，"代偿"事件实际上是债券发行人的变相"违约"。2012 年，"2010 年中关村高新技术中小企业集合债券"发行人之一的地杰通信设备股份有限公司宣布自身偿债困难。根据担保协议，中关村担保对"10 中关村债"续期前 3 年应付本息提供全额无条件不可撤销的连带责任保证担保。中关村担保提存了地杰通信需到期兑付的全部本金和所需支付的利息，确保了本息兑付。实践中，由于背靠政府信用的隐性担保，投资者倾向于认为"城投债"的违约概率要小于普通企业发行的信用债。

第三节　完善市政债券风险防范处置体系

当前，我国市政融资的主要方式为地方政府融资平台。为控制地方政府过度融资所引发的系统性风险，2014 年 9 月 21 日，国务院印发《关于加强地方政府性债务管理的意见》（国发〔2014〕43 号），全面部署加强地方政府性债务管理。43 号文从融资渠道和主体、资金用途、偿付措施等方面，提出加快建立规范的地方政府举债融资机制，剥离融资平台政府融资职能，厘清与政府关系。融资平台公司向"市场化、经营性"方向转型，以 PPP 形式参与政府项目运作。10 月，财政部向各地财政部门下发《地方政府性存量债务清理处置办法（征求意见稿）》，细化落实 43 号文第六大项"妥善处理存量债务和在建项目后续融资"。通过一系列政策文件，完善地方政府融资平台风险防范体系，为市政债券的推出奠定良好基础。

然而，我们也需要看到，市政债券与地方政府和地方财政的密切关联，决定了市政债券的信用风险除了一般企业债券所具有的宏观经济风险、行业风险、区域风险和政策风险等之外，还包括制度性风险、财政风险和经营与财务风险。市政债券在平衡地方财政，支持地方经济发展，促进就业等方面发挥了重要作用。作为平衡地方财政的重要杠杆工具，必须严格控制市政债券的扩张规模，在金融系统中建立完善的市政债券信用风险防范体系和违约处置机制，坚守不发生系统性风险、区域性风险的底线。

与发达国家的制度不同，我国地方政府无法破产，这从根本上制约了我国市政债券违约处置机制的建立。以美国为例，1978 年制定的《美国破产法典》在其第 9 章 "地方政府债务调整法" 中明确规定了地方政府破产处理办法。美国地方政府破产只是财政的破产，并不是政府职能的破产。政府破产重在通过财政平衡、债务重组等方式解决债务问题，对防范地方政府债务风险具有非常积极的作用。我国的破产法并不包括企业之外的债务人。因此，按现有破产法的处理程序，市、县、镇等地方政府和提供公益设施的公共派出机构无法被纳入申请破产的保护范围。

未来，我们还需进一步建立完善的市政债券违约处理机制，一方面，应健全地方政府债务管理的法律体系，修改《预算法》、《担保法》等相关法律，将上述主体纳入到破产保护范围，规范地方政府负债的范围、审核权限、资金投向、偿债责任、危机处理等。另一方面，中央政府对地方政府的信用背书应取消，以防止无条件救助产生的道德风险。中央政府应有条件地给予转移支付，帮助地方政府偿还原有债务，并在之后的政府预算中扣减。

第十二章　市政债券的法律与监管

作为市政债券的发源地，美国逐步摸索出一条以市场自律为主、监管机构为辅的市政债券监管体系，本章以美国为例加以介绍。

在美国特殊历史传统和政治体制下，美国市政债券监管体制和相关法律制度却相当独特和复杂，难以为世界其他国家和政府简单效仿。从历史角度来看，美国市政债券的法律监管曾因市场人士对政府的简单信任而一度处于真空状态，直到 1975 年才初步建立起以行业自律为基础的市政债券监管机制。但是，自美国市政债券规则制定委员会（the Municipal Securities Rule-making Board，MSRB）成立以来，美国市政债券法律制度一直处于一个不断调整、修正和完善的过程，迄今尚难言成熟和完备。比如，2007 年次贷危机爆发之后美国不仅于 2009 年以立法方式创设了美国建设债券（Build America Bonds）和其他类型的投资者付税型市政债券，还对美国此前的市政债券监管法律制度进行了重大调整。因此，我们在设计和制定中国市政债券监管机制和相关法律制度的过程中必须要充分意识到，美国市政债券法律制度中实际上存在着许多与美国特殊历史、政治和市场因素相关的东西。唯此，我们才能够准确把握市政债券监管制度的核心理念和基本原则，才能够结合我国的政治、法律和经济现实环境，确立契合中国市场现实特征和未来发展趋势的中国市政债券监管法律制度的发展方向。

第一节　市政债券监管历史沿革

美国在 1933 年颁布了联邦政府的证券法，1934 年颁布了证券交易法，奠定了美国证券监管的分类基石。但是，1933 年证券法和 1934 年证券交易法均不适用于美国市政债券，1975 年之前的美国市政债券市场实际上处于一个没有监管的状态。究其原因，其中一项主要因素是，美国 1933 年证券法和 1934 年证券交易法制定之前均没有发生政府信用被滥用的情况，市政债券和其他政府债券履约情况比较符合市场投资人的预期。此外，当时美国市政债券市场处于地方市场状态，地方政府不愿意接受联邦法律约束，以及投资者主要是机构投资者等因素也都产生了重要的影响。

进入 20 世纪 70 年代，美国市政债券市场上的交易商（dealers）开始向投资人推销没有什么价值的美国南部城市的市政债券。当时的市场事出现了大量的欺骗投资人的情形，比如，向投资人兜售严重价值高估的债券，调换投资人购买的低估值或低风险的市政债券，拿走投资人支付的认购款而不交付债券，以及提供关于债券偿还担保的虚假信息等，花样百出，不一而足。其中，最为臭名昭著的一个案例是一家位于佛罗里达证券公司，诈取了从越南返回的美军战俘的巨额补发工资。这些恶性证券欺诈事件严重破坏了美国的市政债券市场长期以来积累起来的良好信誉，投资人纷纷撤离，二级市场交易几乎停滞。为了挽救美国市政债券市场，打击市场欺诈行为，1975 年美国国会通过 1933 年证券法的法律修正案创设了一个有限的联邦监管框架（a limited federal regulatory framework）。根据 1975 年证券法修正案，美国国会同意以监管市政债券交易商的方式实现对市政债券市场的间接性管理，而不是直接监管市政债券的发行和发行人。1975 年证券法修正案要求市政债券交易商必须在美国证券交易委员会（SEC）登记注册，要求设立美国市政债券规则制定委员会（MSRB）对市政债券交易商实行自律监管（self - regulation），并授权 SEC 董事会对所有市政债券交易商的规则制定权力和执法权力。

根据 1975 年证券法修正案，美国建立了一个独特的三足鼎立式的市政债券监管机制，即 SEC 对市政债券经纪人和交易商的政府监管，MSRB 对市政债券经纪人和交易商自律监管，以及 1933 年证券法和 1934 年证券交易法反欺诈条款的执法机制。该机制一直延续到今天，其间美国 SEC 和 MSRB 相继颁布规则确立了市政债券承销机构的信息披露责任和市政债券的信息披露要求。次贷危机爆发之后，美国国会通过 2010 年生效的《多德—弗兰克法案》

进一步加强了 MSRB 和 SEC 对市政债券市场的监管权力。《多德—弗兰克法案》首次要求美国市政债券市场的另外一个主要参与者——财务顾问（Municipal Advisor）必须在 SEC 登记注册，并规定财务顾问对其所服务的市政机构承担忠义责任（fiduciary duty）。

第二节　市政债券行业自律监管

美国市政债券规则制定委员会（MSRB）是美国市政债券市场主要的规则制定者。美国市政债券规则制定委员会属于自律监管机构，仅负责对市政债券的发行人以外的市政债券市场参与者实施自律管理，监管对象包括市政债券交易商（dealers）、交易商银行（dealer banks）、经纪人（brokers）和财务顾问（municipal advisors）实施自律管理。根据相关法律的规定，所有美国市政债券规则制定委员会的监管对象必须在美国证监会（SEC）注册。作为市场自律组织，美国市政债券规则制定委员会只能够接受市政债券行业的财务资助，其运作经费来自美国市政债券市场上各类公司（此类公司专营市政债券业务，不从事其他证券或银行业务）和交易商银行缴纳的会费（fees）和评估费（assessments）。

目前，美国市政债券规则制定委员会共有 21 名委员，其中 11 名属于公众代表，独立于市政债券交易商和经纪人等商业机构无关，与之不存在任何关联关系，也不受其控制。公众代表中的 1 名必须代表投资人，另外 1 名代表市政债券发行人。其余 10 名代表分别是 3 名银行界代表，3 名市政债券财务顾问代表，4 名证券公司代表。美国市政债券规则制定委员会成立之初的委员由美国证监会制定，后来改为按照 MSRB 的程序提名和选举。不过，选举的结果必须取得美国证监会的同意。美国市政债券规则制定委员会的职责包括制定市政债券市场参与者的运营资质标准和执业资质标准，公正展业规则（rules of fair practice），档案保管（record keeping）、定期合规考核的最低范围和频率（periodic compliance examinations）、与市政债券相关的报价格式和内容，新发市政债券的销售、市政债券从业银行的"独立可识别部门或分支机构"的定义、MSRB 的内部运作和行政管理规则，以及市政债券估值（assessments）。

在制定上述相关领域的自律规则时，美国市政债券规则制定委员会需要遵循一定的程序。通常情况下，委员会起草规则草案，并安排为期 60 天的时间征求公众意见。一旦以终稿方式（in final form）通过的相关规则，MSRB 相关规则建议稿还必须提交美国证监会和各个联邦银行监管机构。该建议稿将在 Federal Register 公布，征求公众意见，为期 35 天。除了 MSRB 自身管理和市政债券估值相关的规则以外，MSRB 制定的市政债券规则必须在生效之前取得美国证监会的同意。需要注意的一点是，虽然 MSRB 被赋予制定与市政债券参与机构相关的规则的责任，但是美国证监会依旧享有最终的监管权力。如果美国证监会认为有必要，可以修改或废除 MSRB 制定的规则。此外，必须要明确的一点是，MSRB 属于行业自律机构，对于美国现行银行和证券公司监管框架内的监管事务，不享有检查和执法权力（inspection or enforcement authority）。相反，对 MSRB 制定的规则，美国金融业监管署（the Financial Industry Regulatory Authority，FINRA）或其成员，以及三个联邦银行监管机构，均负有检查和执法的职责。

美国市政债券规则制定委员会颁行的大部分自律规则均制定与其成立之初的前两年。从此之后，MSRB 在规则制定方面的主要工作就是不断修改和完善这些业务规则。目前，美国市政债券规则制定委员会制定的规则可以分为三个主要类型，一部分是行政性规则，一部分是定义型规则，一部分是市政债券市场通用规则（general rules）。其中，通用规则占据了绝大部分。根据 MSRB 颁布的 G-29 规则的要求，市政债券的交易商和经纪人必须在其从事市政债券业务的营业场所放置 MSRB 的自律规则，并能够根据投资人的要求迅速提供这些规则文本。

截至 2010 年 12 月 31 日，美国市政债券规则制定委员会共有 41 项市政债券市场通用规则。Rule G-1 什么样的运营（operation）符合银行的独立市政债券交易商部门或分支机构作出了明确的定义。Rlue G-2 ~ G-7 对市政债券职业资质（professional qualifications）、纪律处分（disciplinary actions）
和执业保险方面的事务作出了规定。其中，G-3 影响深远。根据该规则，美
国市政债券从业机构的工作人员分为四个类型，并为每一个类型的从业人员
设计了相应的资格考试。这四个类型的从业人员分别是，市政债券代表
（municipal securities representatives）、市政债券主办人（municipal securities
principals）、市政债券销售主办人（municipal securities sales principals）和市
政债券财务和运营主办人（municipal securities financial and operation princi-
pals）。从美国的市政债券市场实践情况来看，大部分市政债券从业机构的雇
员都属于市政债券代表。比如，市政债券的承销人员、交易员、研究人员、
向发行人提供服务的财务顾问等。不过，市政债券从业机构的行政文秘不需
要参加此范围。市政债券主办人属于监督岗位，监督所属机构的一项或多项
市政债券活动，每个市政债券从业机构必须拥有至少一名市政债券主办人。
市政债券销售主办人也属于监督岗位，不过其职权仅限于与客户的市政债券
买卖交易。市政债券财务和运营主办人的职责则是向 SEC 或其他证券公司监
管机构准备和提交财务报告。Rule G-8、G-9 和 G-27 分别对从业机构的
档案管理作出了规定。G-11 提出了对市政债券承销团行为（syndicate prac-
tices）的要求，G-12 建立了统一的债券清算（clearing）、过程处理（pro-
cessing）和交割（settleing）的行为准则，G-15 列明了客户确认书的要求。
G-13 要求市政债券交易商的所有报价必须是真实的（actual bid and offer）。
不过，只要清楚表明为非真实报价，交易商被询价时可以只给出收益或价格
的指标。

　　G-17 ~ G-41 中的大部分都是关于市政债券市场的公平交易规则
（fair-practice rules），其目的是防止欺诈和操纵市场的行为。1990 年 3 月 31
日美国证监会同意 MSRB 颁布 G-36，要求市政债券承销机构的要求，向
MSRB 提交美国证监会 Rule 15c2-12 范围内的市政债券发行的正式发行说明
书、提前偿还文件（Advance refunding Documents，即发行新债券用于偿还距
离第一个赎回日至少 90 天的尚未到期债券）以及其他发行情况中的正式发行
说明书。2009 年 6 月 1 日，G-36 被 G-32 取代，要求市政债券承销机构向

EMMA 提交电子文档，而且承销机构还必须不迟于债券发行文件设定的交割日（the settlement date）当天将发行文件文本或如何获得获取这些文件的通知提交给市政债券的购买人。

1994 年 4 月 7 日，美国证监会同意 MSRB 颁布 G－37。如果最近两年内经纪人或交易商、任何与其有关联的施政融资从业人员或受其控制的政治活动委员会为发行人的任何工作人员提供过政治现金，依据该规则，该经纪人或交易商不得与该发行人发生任何市政债券业务。1996 年 1 月 17 日，美国证监会同意 MSRB 颁布 G－38，要求经纪人或交易商披露其直接或间接告知发行人聘用（retention）某人以获得或维持与发行人之间的市政债券业务的情况。2002 年 6 月 6 日，美国证监会批准了 Rule G－40，要求经纪人、交易商或财务顾问保持一个电子邮箱账户，以便与 MSRB 联系，并指定一个市政债券主办人作为首要联系人。2003 年 7 月 11 日，美国证监会批准了 Rule G－41，要求经纪人、交易商建立反洗钱合规机制。此外，2010 年 10 月 1 日生效的《多德—弗兰克法案》规定了市政债券财务顾问对其客户承担忠义责任，为此 MSRB 于 2011 年开始采取措施落实《多德—弗兰克法案》的相关条款。

第三节　市政债券信息披露的架构

美国联邦证券法没有直接要求市政债券发行人在美国证监会注册或提交信息披露文件，这是因为在美国联邦体制下有人担心美国证监会对各州政府行使监管权力存在违反美国宪法的嫌疑。但是，这不意味着美国市政债券的发行不需要对投资人披露信息。自 1975 年证券法修正案以来，投资者对信息披露的要求以及市政债券行业对联邦监管和信息披露要求的关注，促使美国市政债券市场的参与者不断发展出向业界推荐使用的信息披露做法。

美国政府财务人员协会（GFOA，其前身是 the Municipal Finance Officers

Association）在 1976 年制定了《州和地方政府债券披露指引》（*Disclosure Guidelines for State and Local Government Securities*），成为美国市政债券行业信息披露文件的行业标准（1991 年美国市政债券财务人员协会对该指引进行了修正）。2001 年 GFOA 公布了一份供州政府和地方政府官员使用的市政债券业务手册——《高质量信息披露》（*Making Good Disclosure*），详细说明了市政债券发行人按照联邦证券法应当履行的信息披露义务。此外，美国政府财务人员协会不定期就一些专项问题发布一些业务快报和咨询意见。除了 GFOA 以外，美国的政府会计准则委员会（GASB）和全美市政分析员联合会在市政债券信息披露标准化方面具有重要影响。2000—2006 年，全美市政分析员联合会就 13 种不同类型的市政债券发布了推荐市场使用的信息披露做法。

除了美国市政债券市场上的各个行业组织提供的信息披露参考标准外，对于市政债券信息披露性质和程度影响最重要的因素是美国证监会根据 1933 年证券法和 1934 年证券交易法的反欺诈条款。1989 年美国证监会根据反欺诈条款赋予的规则制定权力制定了 Rule 15c2 – 12，首次明确了市政债券承销机构的信息披露文件审阅和派发责任。简单来说，在市政债券首次发行时，任何承销金额在 100 万美元以上的市政债券承销机构在购买或出售证券之前必须取得和审查发行人最终版本的发行说明书（official statement）。换而言之，该项规则实际上间接地提出了任何希望在一级市场通过承销机构出售市政债券的发行人必须准备和派发正式的书面说明书的要求。不过，对于最低面值为 10 万美元的债券及向 35 个或更少成熟投资者出售的债券，可以免予遵守该要求。1994 年美国证监会修正了 Rule 15c2 – 12，对于 1995 年 7 月 3 日当日或以后首次发售的市政债券和会计年度于 1996 年 1 月 1 日或其后终止的发行人，要求承销机构必须取得发行人（如果发行人代表其他机构发行市政债券，则是承担债券偿还义务之人）的承诺书，承诺在债券存续期间提供持续信息披露。为了配合 MSRBs 设立的市政债券电子开放平台（Electronic Municipal Market Access，EMMA），2009 年 1 月 1 日美国 SEC 对 Rule 15c2 – 12 再次作出修正，要求持续披露的信息必须提交给 MSRB，而不是相关美国州政府设立的证券信息保存机构。

第四节　市政债券的发行说明书

虽然目前美国证监会尚未取得法律授权对市政债券发行人进行监管，美国证监会制定的各项信息披露规则也不适用于市政债券的发行。但是，在实际操作过程中，公开发行市政债券必须向投资人提供类似于公司债券募集说明书（prospectus）的信息披露文件，即市政债券发行说明书（official statement）。

美国市政债券发行方式分为议价发行（negotiated issue）和竞价发行（competitive issue）。在竞价发行的情况下，发行人或发行人的财务顾问（financial advisor）需向投资者提交市政债券发行说明书。在议价发行的情况下，市政债券的承销机构（underwriter）需向投资者提交市政债券发行说明书。根据市政债券的发行进程，发行说明书分为初版发行说明书（preliminary official statement，POS）与终版发行说明书（deemed final official statement）。初版发行说明书又称红鲱鱼（red herring），记载着关于发行人及初步债券发行条款的内容，用于发放给潜在投资者，但不构成出售债券的要约。终版发行说明书则载明了最终确定的债券发行条款，包括发行本金金额、发行利率、期限分期偿还债券和定期债券的安排（a list of serial and term bonds），以及募集资金的使用和偿还资金来源。

美国证监会未规定市政债券发行说明书的信息披露标准，但是承认行业自律组织推荐使用的标准。比如，上述 GFOA 设立的披露标准。从目前美国市政债券的实践情况来看，美国市政债券发行说明书至少应当包括以下内容。

（1）引言（introduction），指引投资人阅读发行说明书；（2）对拟发行债券的描述，包括发行目的、融资计划、偿还资金的来源和担保、担保的顺序，以及一些结构性设计，比如，各类选择权安排，折扣发行、利率变化等；（3）信用增进措施性质和程度方面的信息，以及信用增进提供者的财务和业务信息；（4）对政府发行人或企业（government issuer or enterprise）的描述，包括发行人的服务范围或层次，主体资格（capacity）、人口学方面的因素，在收入型（revenue – support offering）市政债券的情况下，还要包括企业组织状况、管理、收入结构；运营成果和经验计划方面的信息；（5）关于私立型、盈利型和非盈利管道型发行人的义务，需要披露业务和其他活动方面的信息，包括企业的组织形式和管理，费率厘定和价格政策，历史运营情况，以及经营计划和运营状态；（6）发行人的待偿还债务，包括负债的授权情况、债务限额和预期债务负担和清偿比率（the prospective debt burden and rate of its retirement）；（7）对市政债券发行所涉及的各类重要文件或协议的概述性描述，比如授权发行的决议文件、信托协议（trust agreement）、债券契约（indenture）等；（8）财务信息，包括发行人或债务偿还义务人的财务管理规则、运营成果和财务报告的概述性信息，以及所有按照美国通用会计原则准备的财务信息和按照美国通用会计准则审计后的财务信息；（9）法律事务的讨论，比如可能对拟发行债券产生重要影响的未决司法、行政和监管程序等，法律意见书和税收方面的考虑；（10）其他事物的讨论，比如，评级承销安排、正在进行着立法、其他文件或信息的取得等；（11）关于持续信息披露的说明以及过去 5 年在所有重要方面没有履行持续信息披露的情况。

上述事项只是针对美国市政债券发行说明书内容的，除此之外，美国的证券行业和金融市场协会（the Securities Industry and Financial Markets Association，SIFMA）还对发行说明书的封面结构安排和文字使用提出涉及近 20 个事项的参照性规范标准。

第五节 市政债券的持续信息披露

如前文所述，美国证监会于 1995 年通过 Rule 15c2 – 12 的修正案，提出了市政债券持续信息披露的处理方式。根据该规则，美国证监会要求市政债券的承销商必须取得发行人承诺在债券存续期间每年披露其财务信息和运营数据，以及发生重大事项时予以通知。当然，对于那些可以豁免披露的首次发行也同时免予持续信息披露。

美国市政债券持续信息披露与债券期限和发行人的债券余额关系密切。如果市政债券的债务偿还义务人（债务人）的代偿还债券余额及拟发行债券余额之和超过 10 000 000 美元，债券承销机构必须决定要求发行人或债务人同意向 MSRB 每年提交首次发行说明书载明的财务信息和运营数据，以及审计报告。除此之外，发行人或债务人还必须承诺通知下列事项：（1）拖欠本金和利息；（2）与未履行支付义务相关的重要（if material）违约，如果重要的话；（3）未按计划使用债券偿还储备金，表明其财务困难；（4）未按计划使用信用增进，表明其财务困难；（5）更换信用支持或流动性支持的提供者，或未履约；（6）税收方面不利事项；（7）债券持有人权利的修改，如果重要的话；（8）债券回赎（bond call），如果重要的话，即债券回购报价（tender offer）；（9）信托契据的解除；（10）债券偿还担保财产的出售、更换或转让，如果重要的话；（11）评级的变化；（12）债务人破产、丧失清偿能力或被接管；（13）正常经营之外涉及债务人的重要公司收购、合并或全部或实质资产的出售，包括收购的完成、最终协议（a definitive agreement）的签署或终止；（14）信托受托人名称变更或指定其继承人或指定其他受托人。

如果债务人的债券余额及拟发行债券之和小于 10 000 000 美元或者债券期限不足 18 个月，持续披露的要求会相应低一些。对于上述 14 项中的重要部分，债务人须承诺予以通知。如果债券期限长于 18 个月，债务人必须承诺每年向州信息保管机构（a state information depository）或任何提出信息要求的人提供发行人准备的财务信息，并保证可以通过公开渠道获得这些信息。

目前，信息披露依然是美国市政债券市场行业和监管机构的关注焦点。近年来美国证监会越来越积极参与对市政债券的监管执法。《多德—弗兰克法案》进一步扩大了美国证监会的监督权力，这可能会推动未来美国市政债券市场的信息披露发生新的变化。

第六节 市政债券的法律意见

在美国发行市政债券，无论是竞价发行还是议价发行，均需要发行人聘请律师出具法律意见书。通常情况下，市政债券的承销机构也会聘请律师，出具法律意见书。市政债券的发行人律师仅向发行人签发法律意见书，但是债券投资人会坚持要求该意见书是一份不附条件的法律意见书（an unqualified opinion）。

美国市政债券发行人法律意见书涉及三个主要领域，分别是：（1）债券是有效的，对发行人构成具有约束力的义务；（2）关于债券担保的信息，以及债券偿付资金来源的信息；（3）债券利息免予缴纳联邦、州和地方所得税，或者如果是美国建设债券，符合获得联邦利率补贴的条件。需要说明的是，美国市政债券发行人律师出具的法律意见书不会对债券信息披露文件的准确、充分或完整发表意见，美国债券律师协会（National Association of Bond Lawyers）提供的法律意见书范本对此有标准表述（We express no opinion［herein］regarding the accuracy, adequacy, or completeness of the［disclosure document］relating to the bonds。Further, we express no opinion regarding tax consequence arising with respect to the bonds other than as expressly set forth herein.）。在美国市政债券发行过程中，除了债券发行人律师费率意见书以外，发行人可能还需要聘请税务律师就交易结构比较复杂的债券所涉及税收问题发表专项意见，信用增进机构也会被要求聘请律师就信用增进措施的破产情况下的效力发表法律意见。另外，市政债券承销机构还会聘请律师，就信息披露的完整和在证券法方面的合规性发表法律意见，这个法律意见称为10（b）（5）意见。

美国市政债券投资人要求发行人律师发表法律意见书的历史背景是，美国市政债券发展历史上曾一度出现了大量发行人未取得合法授权滥发债券的恶劣行径，投资人损失惨重。为了化解这一非法发行不良影响，能够将市政债券销售出去，债券承销机构开始聘请律师对债券发行是否合法发表法律意见，以增加投资人的信心。但是，如果发行人不同意配合承销商律师的工作，发表法律意见的律师可能会承担重大的执业风险。因此，随着市场的发展，逐渐演进为市政债券发行人聘请律师发表法律意见。需要说明的一点是，为了确保准确掌握发行人授权的合法性，美国律师已经改变了历史上曾经采用的书面审查发行人提供的发行授权文件的做法，而改为全过程参与发行人市政债券发行决策。

此外，有必要说明的是，从美国市政债券发展历史过程来看，总体上美国市政债券投资人更愿意接受具备行业权威性的律师事务所出具的法律意见，不认可地方小型律师事务所出具的法律意见。因此，为了满足投资人的要求，保证法律意见书的可靠性，相关美国市政债券行业协会颁布了一个推荐律师事务所名单。

第七节　市政债券的税收制度

美国市政债券的利息所得不是必然免税的。对于那些不能够免除缴纳利息所得税的市政债券，可以依法申请联邦政府利息财政补贴。从经济的角度看，联邦政府对利息所得税的补贴金额未必就少于利息所得税的免税金额。因此，有时候获得利息财政补贴的应税市政债券比免税债券更有吸引力。比如，2010 年美国国会批准发行的美国建设债券。

在美国特殊的联邦政治体制下，美国州政府和地方政府天然地排斥联邦政府对州政府事务的干涉。在这样在一个政治背景下，美国联邦政府主张征收市政债券利息所得税，地方政府则根据美国宪法极力反对联邦政府的征税要求。美国《1986 年国内税收法典》（*the Internal Revenue Code of* 1986）延续了《1954 年国内税收法典》第 103 节（section 103）确立的市政债券免除所得税的基本安排，但是，1986 年法典作出了很多限制性约定，增加了地方政府获得市政债券利息所得税免税待遇的难度。根据 1986 年法典，为支持私营事务（private activity）而发行的市政债券不享有利息所得免税待遇，除非该法另外设立的条件。根据 1986 年法典，符合以下两个条件的市政债券均属于私营事务债券（private activity bonds，PAB）：（1）债券募集资金的 10% 以上用于非政府人员在贸易和商业中使用的财产；（2）超过募集资金 10% 的债券本息债务偿付由前述使用募集资金取得的财产或与该财产有关的资金予以担保，或由源自该资产的资金予以偿还。比如，政府发行市政债券筹集资金购买或建设政府办公楼，就需要注意不要因为将办公楼出租给非政府人员而触发上述两项标准。此外，1986 年税收法典对于发行人支付的免税债券利息与发行人投资应税债券获得的利息收入差额的免税问题也设定了更为严格的条件和程序。

需要注意的是，美国的税收法律可能是美国所有法律中变化和修改最快的。1986 年国内税收法典的免税债券条款自颁布实施以来，已经历经多次修改，每次修改均与美国的政治、经济形势和政策的调整密不可分。比如，2002 年美国国会授权发行自由贸易区债券，筹集资金建设纽约世界贸易中心。

第八节　中国市政债券监管框架

我国市政融资类债券市场的监管框架是一个多部门分散进行监管的体系，与这个体系相关包括中国人民银行、国家发改委、中国证监会等多个部门。其中，中国人民银行履行市场监管的职能，国家发改委负责对企业债券的审批，证监会负责公司债券的发行审批以及对交易所债券市场的监管。此外，交易商协会作为场外市场的新型自律组织，也负责对银行间市政融资类债券市场进行自律管理。

一、人民银行对银行间市政融资类债券市场的监管

银行间市场诞生以来，人民银行始终严格履行法律赋予的职责会同相关

部门和业界按照市场化方向，推动中国债券市场发展。《中华人民共和国中国人民银行法》第二条、第三条规定，人民银行的主要职责包括"在国务院领导下，制定和执行货币政策，防范和化解金融风险，维护金融稳定"；第四条规定，人民银行"监督管理银行间市场"。作为我国银行间债券市场和商业银行柜台市场的监管部门，人民银行对市政融资类债券的功能监管主要包括如下几个方面。

（一）负责对非金融企业债务融资工具的发行监管

非金融企业债务融资工具是指企业依照《银行间债券市场非金融企业债务融资工具管理办法》的条件和程序在银行间债券市场发行和交易并约定在一定期限内还本付息的有价证券。在《银行间债券市场非金融企业债务融资工具管理办法》实施以前，非金融企业债务融资工具的发行监管由人民银行按照《短期融资券管理办法》的规定进行备案。《银行间债券市场非金融企业债务融资工具管理办法》颁布后，对于市场有客观需求，市场参与主体自主研发的各类创新产品发行采用由交易商协会注册的方式进行发行监管。该办法的出台标志着银行间债券市场管理方式的重大转变。

（二）负责监管银行间债券二级市场运行

为规范银行间债券二级市场运行，提高债券二级市场效率，中国人民银行发布了《全国银行间债券市场交易管理办法》、《全国银行间债券市场债券流通交易审核规则》、《全国银行间债券市场债券买断式回购业务管理规定》、《全国银行间债券市场债券远期交易管理规定》、《全国银行间债券市场债券借贷业务管理暂行规定》、《全国银行间债券市场做市商管理规定》、《关于开办债券结算代理业务有关问题的通知》等规定，并建立了银行间债券市场做市商制度、结算代理人制度、货币经纪制度，这些制度办法的出台，规范了银行间债券二级市场，也活跃了市场交易。

与此同时，人民银行也对银行间债券二级市场进行日常的管理。包括市场参与者准入管理，做市商、结算代理人、货币经纪公司的准入和退出管理，并负责对市场参与者的债券交易、托管结算等违规行为进行处罚，维护市场正常秩序。

（三）负责对市场基础设施类机构的监管

除对银行间债券市场进行直接管理外，人民银行在各种规章和规范性文件中对各类型中介机构的职责加以明确。作为中国外汇交易中心、中央国债登记结算公司和上海清算所的业务主管部门，人民银行组织、指导三家机构向市场提供交易、结算服务。授予中介机构债券市场日常监测职能，并对在日常监测过程中发现的异常交易情况，及时上报人民银行，同时抄送交易商协会，确保市场规范、平稳运行。

二、证监会对公司债券以及交易所债市的监管

根据《证券法》，中国证券监督管理委员会是交易所债券市场的主管部门。在债券一级市场监管方面，证监会主要负责公司债券（目前限于上市公司发行的公司债、可转债）的发行管理。2007 年 8 月，证监会根据新修订的《证券法》和《公司法》制定《公司债券发行试点办法》，正式开启证券交易所内的公司债券市场。根据该办法的规定，证监会对公司债券的发行监管采取核准制，对总体发行规模没有约束，并可采取一次核准、多次发行的方式。在二级市场管理方面，证监会主要负责对交易所债券市场的监管。在证监会的组织和指导下，上海证券交易所、深圳证券交易所，中证登等中介机构主要负责具体监管。证监会在 2009 年 1 月 19 日发布了《关于开展上市商业银行在证券交易所参与债券交易试点有关问题的通知》（证监发〔2009〕12 号），规范了公司债在交易所市场中的交易行为。

三、行业组织的自律管理

设立市场自律组织，有利于加强市场自律管理，营造良好的市场发展环

境。建立和完善符合 OTC 市场规律和特点的自律管理体系，在相当程度上可以为市场的健康发展提供保障，可以通过自律组织的自律管理和会员的诚信守法、合规经营，营造一个公开、公平、公正和诚信自律的市场环境；设立市场自律组织，有利于促进市场和政府的双向沟通，有效维护投资者权益，有力促进市场发展。自律组织既是市场参与者的民意代表，又在与政府部门的沟通方面具有一定的优势，紧密联系市场和政府，在促进二者有效双向沟通方面能够发挥桥梁纽带作用。市场自律组织既可向市场宣传政府部门的相关政策，又可向立法机构、政府部门反映市场情况以及会员的意见和呼声，充分发挥沟通会员与立法机构、政府部门之间，以及协调会员之间关系的作用；设立市场自律组织，有利于促进市场专业化水平的提高。

交易商协会作为银行间债券市场的行业自律组织，依据《银行间债券市场非金融企业债务融资工具管理办法》及人民银行相关规定，对债务融资工具的发行及交易实施自律管理。交易商协会制定相关自律管理规则，报人民银行备案。交易商协会每月向人民银行报告非金融企业债务融资工具注册汇总情况、自律管理工作情况、市场运行情况及自律管理规则执行情况。与此同时，交易商协会高度重视二级市场交易自律管理，先后组织市场成员制定并发布了《银行间债券市场债券交易自律规则》、《银行间债券市场交易相关人员行为守则》等一系列的自律规范性文件。交易商协会成立以来，积极开展自律管理工作，充分发挥了贴近市场、密切联系市场主体的优势，对以人民银行为主的债券市场行政监管起到了很好的补充作用。自 2008 年以来，经交易商协会注册的非金融企业债务融资工具规模逐年快速增长，注册金额从 2008 年底的 7 265.52 亿元增长到 2011 年底的 49 369.32 亿元，项目数量从 2008 年的 157 个增长到 2011 年底的 1 438 个。

交易商协会的成立，对发展我国债券市场具有重要意义。交易商协会可以通过组织会员加强银行间市场业务方面的交流与培训，来提高从业人员的整体素质，促进市场参与者专业水平的提高。

党的十八大以来，中央政府已经明确要发展市政债券，为我国新型城镇化建设筹集资金，这为我国市政债券市场的发展指明了方向，奠定了坚实的政策基础。但是，从监管角度来看，如何构建一个高效的中国市政债券监管机制，以避免美国历史上曾经发生的恶性债券欺诈事件，对于中国市政债券市场的健康发展无疑具有重要意义。从美国的经验来看，行业自律监管不失为一个中国市政债券市场未来监管机制的选择方向。考虑到中国银行间市场交易商协会在当前我国债券市场的重要影响，如果将自律监管机制作为我国市政债券监管制度的基本方向，完全可以在中国银行间市场交易商协会基础上，实现中国式的市政债券行业自律监管机制。

不过，需要注意的是，美国市政债券市场自律监管有效性和公信力不单单是建立在规则文件的文字上，更是依赖于历经近四十年方才形成的自律文化和传统，这正是我国金融市场所缺乏的。此外，我国政府会计制度尚在建设之中，地方政府财务规范程度较低，政府财务人员规则意识淡薄，以及证券承销机构财务风险和法律风险意识薄弱等现实因素，都将给我国市政债券自律监管机制的设立和运行构成新的挑战。

第九节　建立适宜的市政债券管理体系

市政债券由于地域性强，在全国范围内建立行政监管体系的方式未必能取得好的监管效果。美国在联邦层面上没有市政债券监管当局。美国市政债券市场，主要是由美国市政债券规则制定委员会（MSRB）和美国金融业监管局（FINRA）等自律组织以制定自律规则、强化经纪交易商（Broker Dealer）队伍等方式实施自律管理。美国市政债券规则制定委员会是依据美国国会于 1975 年 6 月 4 日通过《证券法修正案》增加的 15B 条款而专门设立。美国市政债券市场形成了以信息披露为核心，包括信用评级、债券保险、风险处理在内的成熟运行体系，还形成了由自律组织和相关部门共同组成的多层次市场监管体系。因此，在我国发展市政债券的过程中，借鉴国外经验，应考虑以自律管理为主的市政债券监管架构。

第三部分

市政债券融资案例

第十三章 国际成熟市场案例

第一节 一般责任市政债券案例——
加利福尼亚州圣何塞市
2004 年一般责任市政债券案例

一、发行主体情况

（一）圣何塞市概况

圣何塞市（San José）是美国加州旧金山湾区的一个城市。位于旧金山湾区南部、圣克拉拉县和硅谷境内，在人口上是加州的第三大城市，仅次于洛杉矶和圣迭戈，并且在 2005 年超越底特律市成为美国的第十大城市，圣何塞市也是圣克拉拉县的县址。

圣何塞市在 1777 年建立时为西班牙属墨西哥新加利福尼亚（后来的加利福尼亚）的第一个城镇，是一个为了提供附近军事设施食物而设的农业镇。在 1850 年正式立市时也是加州加入美国联邦后的第一个成立的城市，也是加州的第一个首府。在第二次世界大战结束后为了安置许多的退伍军人和他们的家庭，以及应付 20 世纪 50 年代和 60 年代的人口扩张和急速经济增长，在作为一个农业城镇 150 年后，圣何塞市渐渐成为旧金山和后来 20 世纪 70 年代硅谷的一个住房社区。随着高科技公司在 20 世纪 80 年代和 90 年代创立于或移入圣何塞市，圣何塞市也逐渐成为硅谷的商业和研发中心，被称为"硅谷首都"（Capital of Silicon Valley）。

在过去的 50 年中，圣何塞市发生了翻天覆地的变化，硅谷的工作环境和加州良好的居住环境令该市人口不断增长，从 1950 年的 9 万人增长到 2000 年的 92 万人，至 2020 年，该市还将增加 12.9 万人口。在人口不断增长的同时，圣何塞市的规模也在不断扩大，从 1950 年的 17 平方英里发展到了 2000 年的 179 平方英里。

同时，圣何塞市的基础设施建设脚步却未跟上人口和城市规模增长的脚步，市政公园、图书馆、消防、警察和交通部门的建设均缺乏足够的资金支持。根据圣何塞市公园和社区战略发展投资计划测算，2000—2005 年，市政建设资金缺口共约为 19 亿美元。

表 13 – 1　　　　　　　圣何塞市公园和社区战略发展投资计划　　　　　　单位：美元

项目类型	投资周期			合计	占比
	2000—2005	2005—2010	2010—2020		
公园开发	13 060 000	51 100 000	459 280 000	523 440 000	45.40%
邻里公园改善	49 060 000	14 240 000	34 940 000	98 240 000	8.50%
校园娱乐设施改善	3 020 000	16 700 000	35 060 000	54 780 000	4.70%
运动设施改善	12 816 662	6 150 000	31 704 338	50 671 000	4.40%
地区公园改善	41 177 000	25 997 000	17 180 000	84 354 000	7.30%
社区花园	310 000	450 000	560 000	1 320 000	0.10%
铁路改善	9 870 000	30 530 000	28 300 000	68 700 000	6.00%
其他娱乐设施	27 140 000	12 850 000	20 925 000	60 915 000	5.30%
社区中心改善	35 590 000	99 060 000	76 580 000	211 230 000	18.30%
总投资需求	192 000 000	257 100 000	704 500 000	1 153 700 000	100.00%
占比	17%	22%	61%	100%	—

资料来源：2000 年圣何塞市公园和社区设施发展 20 年战略规划。

圣何塞市是加州湾区最大的居民区，但居民数量的发展无法令市政当局快速筹集市政建设所需资金，主要有以下四个原因。

（1）加州地方政府提高房产税受到加州13号提案①的限制，13号提案要求地方政府房产税的最高税率不得超过征税房产评估价值的1%，征税房产的评估，仅在房产出售或有重大翻新时才能进行，如果不出售或不进行重大翻新，该房产的评估价值将远远低于近期出售的房产。此外，房产税的年增长率不得超过2%。

（2）尽管圣何塞市提供了当地最多的居住区，但圣何塞市的市民主要在附近城市工作，因此，圣何塞市的消费税并未随居民的增长而显著增长。

（3）联邦和州政府基金对于市政设施的建设有了更严格的要求，对圣何塞市的市政设施的建设支持力度有限。

（4）圣何塞市收取的运输和建设税不充足，无法满足市政建设筹集资金的需求。

因此，圣何塞市考虑通过债券融资以保障市政建设的顺利进行。

（二）圣何塞市的经济和财政情况

随着互联网泡沫后经济的逐渐恢复，硅谷的经济也在不断复苏，各大互联网企业及互联网创业企业逐渐落户硅谷。硅谷经济的复苏带动了周边房地产市场和消费市场的复苏。圣何塞市市政收入逐年缓慢增长，从2002—2003财年的5.51亿美元逐渐增长到2004—2005财年的5.79亿美元，与此同时，市内的房地产市场也逐渐复苏。

圣何塞市市政收入的主要来源是消费税、财产税、市政税、许可费用以及来自州政府的收入。2002—2003财年，圣何塞市以上五项收入总计为4.09亿美元，占圣何塞市财政收入的74.2%。2003—2004财年及2004—2005财年，圣何塞市以上五项收入总计预计分别为4.06亿美元和4.20亿美元，分别占该年财政收入的72.9%和72.6%。以下为圣何塞市2002—2005财年政府财政预算情况汇总表。

---

① California Proposition 13 (1978, officially named the People's Initiative to Limit Property Taxation).

表 13 – 2　　　圣何塞市 2002—2005 财年政府财政预算汇总　　单位：千美元

	2002—2003 财年 （实际）	2003—2004 财年 （修正）	2004—2005 财年 （通过）
财政资金来源			
财政资金结余			
财政资金结余小计	236 060	204 942	156 300
财政收入			
财产税	93 592	96 444	97 915
消费税	127 457	128 818	128 488
暂居税	5 800	6 118	5 846
特许经营费	32 092	32 406	32 162
市政税	65 785	64 979	64 804
许可费	61 407	66 157	70 055
罚款收入	12 254	12 734	13 371
资产使用收入	11 975	8 492	8 474
地方机构收入	43 009	41 430	42 148
州政府收入	60 808	49 306	59 003
联邦政府收入	2 291	6 187	5 816
部门收费	22 845	25 680	26 977
其他收入	11 864	17 964	23 688
财政收入小计	551 178	556 714	578 747
基金转账和报销			
基金转账和报销小计	92 336	86 382	77 482
财政资金来源总计	879 575	848 038	812 529
财政资金支出			
部门支出			
一般行政管理	61 874	60 784	60 247
公共安全	323 745	334 354	358 048
资产维护	63 436	58 573	55 291
社区服务	112 791	117 148	111 170
部门支出小计	561 846	570 858	584 756
非部门支出			
市容建设	90 032	105 925	100 232
城市建设	35 462	21 447	19 420
转入其他基金	6 467	6 010	5 867
储备	185 768	143 798	102 254
非部门支出小计	317 329	277 179	227 773
财政资金支出总计	879 575	848 038	812 529

资料来源：圣何塞市 2004 年系列一般责任市政债券发行说明书。

二、债券情况

（一）债券发行的授权

依据圣何塞市市政宪章（San Jose Municipal Code），圣何塞市于 2000 年及 2002 年的普选中通过了三项提案，共授权圣何塞市市政府发行并销售本金不超过 5.9882 亿美元的一般责任市政债券。圣何塞市于 2001 年和 2002 年发行了两期一般责任市政债券，本金共计 1.8709 亿美元，尚有 4.1173 亿元发行预算。

在 2000 年 11 月 7 日举行的普选中，超过三分之二的登记选民投票通过了圣何塞市邻里图书馆债券融资提案（Measure O of 2000）和圣何塞市邻里公园债券融资提案（Measure P of 2000），分别授权市政府发行并销售本金不超过 2.1179 亿美元和 2.2803 亿美元的一般责任市政债券。

在 2002 年 3 月 5 日举行的普选中，超过三分之二的登记选民投票通过了圣何塞市消防、公共安全债券融资提案（Measure O of 2002），授权市政府发行并销售本金不超过 1.59 亿美元的一般责任市政债券。

表 13 - 3　　　　　　圣何塞市市政债券发行额度测算表　　　　单位：美元

	金额	日期
2000 年邻里图书馆债券融资提案（Measure O of 2000）		
授权金额	211 790 000	2000 - 11 - 7
2001 年一般责任债券	31 000 000	2001 - 6 - 6
2002 年一般责任债券	30 000 000	2002 - 7 - 18
2004 年一般责任债券	58 300 000	2004 - 7 - 14
已授权未发行金额	92 490 000	
2000 年邻里公园债券融资提案（Measure P of 2000）		
授权金额	228 030 000	2000 - 11 - 7
2001 年一般责任债券	40 000 000	2001 - 6 - 6
2002 年一般责任债券	46 715 000	2002 - 7 - 18
2004 年一般责任债券	46 000 000	2004 - 7 - 14
已授权未发行金额	95 315 000	

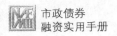
续表

	金额	日期
2002 年消防、公共安全债券融资提案（Measure O of 2002）		
授权金额	159 000 000	2000 – 11 – 7
2002 年一般责任债券	39 375 000	2002 – 7 – 18
2004 年一般责任债券	14 400 000	2004 – 7 – 14
已授权未发行金额	105 225 000	

资料来源：圣何塞市 2004 年系列一般责任市政债券发行说明书。

（二）募集资金用途

根据圣何塞市一般责任市政债券的发行授权，募集资金将被用于邻里图书馆、邻里公园的建设和翻修，以及消防、公共安全的建设和训练、通讯设备的购置。部分募集资金将被用于支付发行费用。

表 13 – 4　　　　　　　　　　**募集资金收入及支出统计表**　　　　　　单位：美元

募集资金收入	
债券本金	118 700 000.00
净超额募集资金	1 928 232.35
总募集资金收入	120 628 232.35
募集资金支出	
存放于图书馆建设账户	58 300 000.00
存放于公园建设账户	46 000 000.00
存放于消防建设账户	8 125 000.00
存放于公安建设账户	6 275 000.00
承销商费用	416 604.54
债券保险费用	239 476.00
财务咨询费用及其他发行费用	3 000 000.00
债券服务机构费用	972 151.81
总募集资金支出	120 628 232.35

（三）债券的主要条款

1. 债券本金：1. 187 亿美元

2. 发行日期：2004 年 7 月 14 日

3. 债券只数：24 只

4. 付息频率：每半年付息（每年 5 月 1 日及每年 9 月 1 日）

5. 票面利率：4.00% ~ 5.00%

6. 票面金额：5 000 美元

7. 主要参与方职责

表 13 – 5　　　　　　　　　　　　主要参与方职责

角色	参与方	主要职责
发行人	圣何塞市	债券发行主体，发行债券并按期偿付债券本息
主承销商	高盛集团	向发行人购买全部债券并通过分销商销售债券
财务顾问	RBC Dain Rauscher Inc. ①	为发行人发行债券提供建议并协助发行人完成债券的发行
财务机构	富国银行集团	与发行人签署财务机构协议，提供登记托管、转让及交易服务，在债券续存期内，作为信息传递和沟通的渠道，保证债券持有人获得来自发行人的相关通知和风险警示
债券保险机构	MBIA 保险公司	对受保债券提供无条件不可撤销担保

注：①加拿大皇家银行的美国全资子公司。

8. 债券到期日期及摊还计划

圣何塞市 2004 年系列一般责任市政债券共包括 24 只债券，各债券的到期日期、票面利率及到期收益率均有所不同。具体如表 13 – 6 所示：

表 13 – 6　　圣何塞市 2004 年一般责任市政债券到期及偿还计划表

到期日	本金金额（美元）	票面利率（%）	到期收益率（%）
2005 – 9 – 1	3 955 000	4.000	1.600
2006 – 9 – 1	3 955 000	4.000	2.060
2007 – 9 – 1	3 955 000	4.000	2.400
2008 – 9 – 1	3 955 000	4.000	2.800
2009 – 9 – 1	3 955 000	5.000	3.100
2010 – 9 – 1	3 955 000	5.000	3.300
2011 – 9 – 1	3 955 000	5.000	3.500
2012 – 9 – 1	3 955 000	5.000	3.700

到期日	本金金额（美元）	票面利率（%）	到期收益率（%）
2013－9－1	3 955 000	5.000	3.875
2014－9－1	3 955 000	4.000	4.050
2015－9－1	3 960 000	4.125	4.250
2016－9－1	3 960 000	4.250	4.350
2017－9－1	3 960 000	4.250	4.420
2018－9－1	3 960 000	5.000	4.550[1]
2019－9－1	3 960 000	5.000	4.630[1]
2020－9－1	3 960 000	5.000	4.710[1]
2021－9－1	3 960 000	5.000	4.790[1]
2022－9－1	3 960 000	5.000	4.870[1]
2023－9－1	3 960 000	5.000	4.940[1]
2024－9－1	3 960 000	5.000	5.000
2025－9－1	3 955 000	5.000	5.090
2027－9－1	7 910 000	5.000	5.100
2030－9－1	11 865 000	5.000	5.140
2034－9－1	15 820 000	5.000	5.160

注：圣何塞市政府可于 2013 年 9 月 1 日选择赎回 2014 年后到期的债券，该收益率为 2013 年 9 月 1 日赎回该债券情况下的预期收益率。

9. 赎回权

设有赎回权，2013 年 9 月 1 日（含该日）以后，圣何塞市有权以票面本金金额加上已到期未分派利息，全部或部分赎回 2014 年 9 月 1 日及以后到期的债券。

在选择赎回前，圣何塞市应提前 45 日将书面赎回决定书通知财务机构，由财务机构根据圣何塞市的要求选择具体赎回的债券和比例。

10. 强制偿债基金赎回

于 2027 年 9 月 1 日、2030 年 9 月 1 日、2034 年 9 月 1 日到期的债券于到期前的强制赎回日，由偿债基金以票面本金金额加上已到期未分派利息，进行全部或部分赎回，对部分赎回的债券，以抽签方式决定赎回债券。

对 2027 年 9 月 1 日到期的债券，强制赎回日为 2026 年 9 月 1 日；对

2030 年到期的债券，强制赎回日为 2028 年 9 月 1 日、2029 年 9 月 1 日；对 2034 年到期的债券，强制赎回日为 2031 年 9 月 1 日、2032 年 9 月 1 日、2033 年 9 月 1 日。

（四）债券的发行与承销

圣何塞市 2004 年系列一般责任市政债券由圣何塞市发行，由主承销商高盛集团于 2004 年 6 月 29 日全额购买，购买价格为 120 211 627.81 美元（包括债券本金 118 700 000 美元加上净超额募集资金收入 1 928 232.35 美元，减去承销商佣金 416 604.54 美元），该价格相当于债券本金的 101.273%。

圣何塞市 2004 年系列一般责任市政债券可由高盛集团以合适的价格向分销商进行销售，发售价格可能高于或低于债券本金，也可能随时发生变化。

（五）偿债资金来源

圣何塞市 2004 年系列一般责任市政债券偿债的主要资金来源于由圣何塞市征收并由圣克拉拉县收缴的财产税。市议会获得授权并有义务征收为债券的本息兑付征收财产税，不受比例和金额的限制（除少部分征税比例上限固定的个人资产外）。

（六）债券保险

当 2004 年系列市政债券发行时，债券保险人会发布市政债券保险政策，圣何塞市对到期日在 2007 年至 2017 年及 2027 年、2030 年、2034 年的债券进行向 MBIA 保险公司进行投保（以下简称受保债券），对到期日不在此列的债券不进行投保。

MBIA 保险公司对受保债券提供无条件不可撤回的担保，当受保债券到期时无法获得足额偿付（包括市政当局破产等情形，但不包括偿债偿付部分），MBIA 保险公司将对债券持有人受到的损失进行偿付，包括债券本金和利息。

MBIA 保险公司是纽交所上市公司 MBIA 公司的全资子公司。截至 2013

年 12 月 31 日，MBIA 保险公司经审计的总资产为 99 亿美元，总负债为 62 亿美元，净资产为 37 亿美元。穆迪、标准普尔、惠誉国际对 MBIA 保险公司的评级分别为 Aaa 级、AAA 级、AAA 级。

（七）税务事项

根据债券财务咨询机构 Sidley Austin Brown 和 Wood LLP 根据当前的法律及法规的规定，出具了税务意见书。根据该税务意见书，该市政债券的利息收入不纳入联邦所得税的纳税范围。此外，该市政债券的利息收入也不作为个人或公司所得税最低收入门槛的计算范围。

根据该税务意见书的进一步意见，该市政债券的利息收入豁免缴纳加州个人所得税。

（八）持续信息披露

根据圣何塞市政府与财务机构签署的财务机构协议，圣何塞市政府将遵守协议中要求的持续信息披露的义务。主要包括及时披露年度报告以及当可能影响债券偿付的重大事件发生时，及时披露重大事项报告。

其中，年报的内容包括：

经审计的圣何塞市年度财务报表；

年度财政预算表及年度城市运营预算表；

圣克拉拉县可能影响圣何塞市偿债能力的运营变化；

圣何塞市纳税财产评估价值情况；

财产税征收的拖欠情况；

已发行的一般责任市政债券的金额；

该市排名前十的财产税纳税资产的评估情况以及在全市资产中的占比。

重大事项包括：

债券本金或利息出现拖欠；

与兑付无关的违约；

对债券持有人权利的修改；

临时性地对债券的赎回；

债券评级变化；

债券税务事项发生重大变化；

因财政困难导致临时性减少债券偿付储备；

因财政困难导致临时性减少信用增级措施；

信用增加机构发生替换或无法执行原有信用增级的职责。

（九）债券评级

鉴于圣何塞市充足的偿债资源及良好的社会经济发展预期，圣何塞市2004年系列一般责任市政债券获得穆迪 Aa1 级的信用等级，标准普尔 AA + 级的信用等级和惠誉 AA + 级的信用等级。考虑到受保债券在债券发生违约时可获得 MBIA 保险公司无条件不可撤销的担保，受保债券获得的信用等级分别为 Aaa 级（穆迪）、AAA 级（标准普尔）、AAA 级（惠誉）。

三、圣何塞市发行一般责任市政债券的影响及经验

圣何塞市通过发行一般责任市政债券进行市政建设，市政建设提高了圣何塞市居民的生活居住环境，同时，为市政建设融资的一般责任市政债券以当地居民未来征收的财产税作为偿债资金来源，实现了权利与义务对等的责任关系。分析圣何塞市发行一般责任市政债券的案例，有以下几点经验值得学习。

（一）圣何塞市长期经济发展预期良好，未来偿债资金充足

圣何塞市作为"硅谷的首都"，是硅谷最大的居民区，其居民主要为年轻的中产阶层，从事 IT 服务、国际贸易、金融服务的居民占比超过50%，人口增长稳定，结构良好。在互联网快速稳定发展的预期下，圣何塞市未来人口还将继续增长，且将继续保持良好的人口结构。因此，在圣何塞市长期经济发展预期良好的前提下，未来偿债资金充足，足以保障债券的按期足额偿付。

（二）通过发行长期一般责任市政债券融资，有效且必要

自硅谷发展以来，圣何塞市经历了较大的人口增长阶段，快速人口增长期间，受限于税收规则和比例的限制，圣何塞市市政建设资金增长速度有限，市政建设的发展无法跟上人口的快速增长，该市原有的公园、娱乐设施已无法满足人口增长的需求。通过发行长期一般责任市政债券，为市政建设募集资金，有效且必要。

（三）发行授权机制有效，一次授权分次发行

圣何塞市于 2000 年及 2002 年的普选中通过了三项提案（邻里图书馆债券融资提案、邻里公园债券融资提案和消防、公共安全债券融资提案），共授权圣何塞市市政府发行并销售本金不超过 5.9882 亿美元的一般责任市政债券。圣何塞市议会依据市政宪章、加州宪法和法律、联邦宪法和法律，制定了债券融资提案，通过两次普选通过了制定的提案并为市政建设债券的发行进行了授权。圣何塞市先后发行 2001 年系列一般责任市政债券、2002 年系列一般责任市政债券、2004 年系列一般责任市政债券，根据市政建设项目进度的需求分次发行。

（四）募集资金用途明确，且制订了详细的建设计划

圣何塞市债券融资提案明确了债券融资的募集资金用途、市政建设工程项目及市政建设工程施工计划。各系列一般责任市政债券发行时，也明确了募集资金的具体投向和比例。

（五）债券条款设计合理，有效降低投资者风险的同时实现融资的灵活性

圣何塞市 2004 年系列一般责任市政债券共分 24 只债券，分别于 2005 年 9 月 1 日至 2034 年 9 月 1 日到期。MBIA 保险公司为到期日于 2007 年 9 月 1 日及 2017 年 9 月 1 日之间的债券提供无条件不可撤销的担保。在此期间，圣

何塞市需承担三个系列一般责任市政债券的偿付，本息偿付现金流压力较大，通过债券保险，可有效地降低投资者的风险。

圣何塞市可于 2013 年 9 月 1 日当日起及以后以本金加上已发生未偿付利息赎回全部或部分 2014 年以后到期的债券，为圣何塞市未来融资和市政收入运用提供了较大灵活性。

第二节　项目收益债券案例——佛罗里达州迈阿密－戴德县 2010 年系列市政供水及排污系统项目收益债券

一、发行主体情况简介

（一）迈阿密－戴德县概况

迈阿密－戴德县（Miami－Dade County），位于美国佛罗里达州东南部，面积 6 297 平方公里。根据美国人口调查局 2000 年统计，共有人口 2 253 362 人，是该州人口最多的一个县。2005 年估计人口达 2 376 014，跃居全美第八大县，县址为迈阿密市。

迈阿密市建立于 1896 年，因位于环境优美、气候宜人的墨西哥湾，迈阿密市在建立后得到了迅速的发展，城市规模不断扩大。"二战"前，因为迈阿密市允许赌博，并且禁酒令管制较为松懈，吸引了大量移民到此，城市规模迅速扩张。"二战"期间，美国政府利用迈阿密在国家东南角的战略地位，在其周边建造了许多基地、给养以及通信设施。随着战后许多军人回到迈阿密，到 1950 年，它的人口达到 50 万。"二战"后，借助当地的优越的地理气候条件，迈阿密市逐步发展起了工商业和旅游业，主要工业部门有电子、电器、服装、食品、塑料制品、装饰品等，为全国第三大服装中心，也是葡萄、水果等集散地。全市有 400 多家豪华酒店，每年接待游客超过 1 200 万人。

此外，迈阿密市还是美国东南部最重要的金融中心。

迈阿密市的快速发展和规模扩张令迈阿密市在戴德县的地位越来越重要，迈阿密市与戴德县的发展越来越紧密地联系在了一起，1997 年 7 月 22 日，通过全民公决，戴德县改名为迈阿密－戴德县。1955 年，佛罗里达州议会通过提案允许戴德县在佛罗里达州宪法的框架下建立新型的政府体制以更好地管理戴德县。1957 年，戴德县通过全民公决通过了县公约，根据该公约的最新修正案，戴德县县长由迈阿密市市长直接管辖，迈阿密市市长有权雇佣、解雇戴德县县长；由戴德县提供全县的公共安全、消防、供水、排污、交通、图书馆系统的建设和运营。

表 13－7 　　　　　　　　　　迈阿密－戴德县人口数统计表 　　　　　　　单位：千人

年份	1970	1975	1980	1985	1990	1995
人口	1 268	1 462	1 626	1 771	1 967	2 084
年份	2000	2005	2010	2015	2020	
人口	2 253	2 402	2 551	2 703	2 858	

资料来源：迈阿密－戴德县 2010 年系列市政供水及排污系统项目收益债券发行说明书。

表 13－8 　　　　　　　　　　迈阿密－戴德县人均收入情况统计表 　　　　　　　单位：美元

年份	迈阿密－戴德县	佛罗里达州	美国东南部	美国全国
2003	27 908	30 369	28 380	31 530
2004	29 830	32 672	29 970	33 157
2005	31 863	34 709	33 457	36 794
2006	34 708	37 099	33 457	36 794
2007	36 081	38 417	34 859	38 615

资料来源：迈阿密－戴德县 2010 年系列市政供水及排污系统项目收益债券发行说明书。

（二）迈阿密－戴德县供水与排污部门

根据迈阿密－戴德县公约最新修正案，迈阿密－戴德县的供水和排污由迈阿密－戴德县供水与排污部门提供。迈阿密－戴德县供水与排污部门是迈阿密市政府的下属机构。该县供水与排污部门分为供水系统和排污系统两大系统。迈阿密－戴德县供水与排污部门为全县的 41.8 万零售客户提供自来水，并建设污水收集系统，向全县 33.62 万客户收集并处理污水。

1. 供水系统

迈阿密－戴德县供水与排污部门通过水处理厂，向全县 14 个供水设施提供自来水资源，最终提供给 41.8 万个零售商。迈阿密－戴德县供水与排污部门下属的水处理厂的设计处理能力是 485 百万加仑/天，实际每日处理 312.4 百万加仑，高峰时每日处理 344 百万加仑。

2. 排污系统

迈阿密－戴德县排污系统包括污水收集系统、泵站和三个污水处理厂。迈阿密－戴德县设计并建设了良好的污水收集系统，通过排污沟收集污水并集中到区域污水收集站，通过泵站传送至污水处理厂进行处理后排放。

迈阿密－戴德县污水处理厂的设计污水处理能力为 375.5 百万加仑/天，规定处理上限为 368 百万加仑/天，2009 年平均每日处理污水 299.2 百万加仑/天。

3. 迈阿密－戴德县供水与排污部门收入

过去五年，迈阿密－戴德县的供水与排污系统客户数在不断的增加中，如表 13－9 所示。

表 13－9　　　　迈阿密－戴德县 2005—2009 财年
供水与排污系统客户数统计表　　　单位：家

系统 ＼ 年份	2005	2006	2007	2008	2009	CAGR
供水系统	406 059	412 121	416 620	418 258	417 983	0.73%
排污系统	323 615	329 615	334 426	336 290	336 272	0.96%

资料来源：迈阿密－戴德县 2010 年系列市政供水及排污系统项目收益债券发行说明书。

迈阿密－戴德县供水与排污部门通过不断收购私人部门运营的供水与排污设施，不断扩大其在迈阿密－戴德县的市场占有率，近年来，迈阿密－戴德县供水与排污部门的运营净利润保持稳定，可供偿债现金流始终保持高于最低偿债覆盖比的要求以上。

表 13 - 10 　　　　　　　迈阿密 - 戴德县供水与

排污部门 2003—2009 财年收入及偿债覆盖比　　单位：千美元

项目 ＼ 年份	2005	2006	2007	2008	2009
营业收入					
零售收入	297 374	341 555	330 475	342 304	372 265
批发收入	75 013	78 310	75 690	72 246	68 179
其他收入	19 573	20 450	22 455	22 926	38 292
营业总收入	391 960	440 315	428 620	437 476	478 736
运营费用					
资源供给费用	5 710	5 381	6 710	12 247	14 208
废水收集系统	15 582	18 111	19 965	19 358	15 987
水泵系统	27 800	33 605	34 647	32 885	32 611
水处理系统	105 427	118 524	121 931	128 220	134 454
供水系统	21 900	23 081	25 747	26 564	25 428
客户服务费用	22 704	22 974	27 599	24 447	27 572
管理费用	59 256	71 210	74 028	75 636	78 669
运营总费用	258 379	292 886	310 627	321 964	328 929
折旧前运营总利润	133 581	147 429	117 993	115 512	149 807
普通债务覆盖情况					
净运营总利润	133 581	147 429	117 993	115 512	149 807
其他投资收入	13 781	19 324	32 170	29 390	12 596
政府基金转入	11 238	—	—	—	—
可供偿债净现金流	158 600	166 753	150 163	144 902	162 403
债务偿还现金需求	104 123	110 848	113 291	113 758	103 627
实际覆盖比	1. 52x	1. 50x	1. 33x	1. 27x	1. 57x
最低覆盖比	1. 10x	1. 10x	1. 10x	1. 10x	1. 10x

资料来源：迈阿密 - 戴德县 2010 年系列市政供水及排污系统项目收益债券发行说明书。

（三）迈阿密 - 戴德县供水与排污部门中长期资本建设项目

由于当前迈阿密 - 戴德县供水与排污部门的设施相对老旧，迈阿密 - 戴德县供水与排污部门计划推行中长期资本建设项目（Multi - Year Capital Plan）以改善该部门的设施。

中长期资本建设项目预期于 2010—2020 年每年通过发行 3.5 亿～5.7 亿美元的市政项目收益债券，为中长期资本建设项目进行融资。

表 13－11　　　　　　　迈阿密－戴德县供水与

排污部门中长期资本建设项目融资规划　　单位：千美元

项目	2009—2010	2010—2011	2011—2012	2012—2013	2013—2014	2014—2015	2016—2020	总计
供水系统								
已有债券本金	8 138	476	0	0	0	0	0	8 614
预期发行债券本金	0	217 108	234 913	190 957	174 204	97 460	64 611	979 253
其他渠道融资①	143 797	99 037	60 093	37 300	31 447	34 819	65 971	472 464
供水系统资金合计	151 935	316 621	295 006	228 257	205 651	132 279	130 582	1 460 331
排污系统								
已有债券本金	10 047	49	0	0	0	0	0	10 096
预期发行债券本金	0	567 991	537 670	455 757	414 781	349 888	1 419 051	3 745 138
其他渠道融资	327 440	77 007	46 740	39 427	38 516	32 403	83 029	644 562
排污系统资金合计	337 487	645 047	584 410	495 184	453 297	382 291	1 502 080	4 399 796
预计资金总计	489 422	961 668	879 416	723 441	658 948	514 570	1 632 662	5 860 127

资料来源：迈阿密－戴德县 2010 年系列市政供水及排污系统项目收益债券发行说明书。

二、债券情况

（一）债券发行的授权

2009 年 7 月 23 日，迈阿密－戴德县管理委员会根据佛罗里达州宪法、迈阿密－戴德县公约及迈阿密－戴德县 1993 年项目收益债券条例，通过了 2010 年系列项目收益债券决议，授权市长负责发行不超过 6 亿美元的市政供水与排污系统项目收益债券。

①　其他渠道融资包括州政府循环贷款、特别建设基金、迈阿密一般责任市政债券等。

（二）募集资金用途

根据迈阿密－戴德县市政供水与排污系统项目收益债券的发行授权，募集资金将被用于：（1）支付中长期资本建设项目的建设成本和改进成本；（2）偿还为中长期资本建设项目部分融资形成的信用贷款的本金和利息；（3）支付 2010 年系列债券至 2011 年 7 月到期的利息；（4）部分资金存入储备账户；（5）支付 2010 年系列债券的发行费用。

表 13－12　　　　　　　　募集资金收入及支出统计表　　　　　　　单位：美元

募集资金收入	
债券本金	594 330 000.00
净超额募集资金	1 119 566.65
总募集资金收入	595 449 566.65
募集资金支出	
存放于 2010 年系列建设账户	419 030 000.00
偿还信用贷款本息	100 000 000.00
资本化利息支出（至 2011 年 7 月）	37 115 950.00
存放于储备账户	31 071 322.49
承销商费用	3 112 519.43
债券保险费用	5 119 774.73
总募集资金支出	595 449 566.65

（三）债券的主要条款

1. 债券本金：5.9433 亿美元

2. 发行日期：2010 年 2 月 23 日

3. 债券只数：26 只

4. 付息频率：每年付息（每年 10 月 1 日）

5. 票面利率：2.00% ~ 5.00%

6. 票面金额：5 000 美元

7. 主要参与方职责

表 13 – 13　　　　　　　　　　**主要参与方职责**

角色	参与方	主要职责
发行人	迈阿密－戴德县供水与排污部门	债券发行主体，发行债券并按期偿付债券本息
主承销商	Raymond James & Associates，Inc. 等 14 家券商	向发行人购买全部债券并通过分销商销售债券
债券保险机构	Assured Guaranty Municipal Corp.	对受保债券提供无条件不可撤销担保

8. 债券到期日期及摊还计划

迈阿密－戴德县 2010 年系列市政供水及排污系统项目收益债券共包括 26 只债券，各债券的到期日期、票面利率及到期收益率均有所不同。具体如表 13 – 14 所示。

表 13 – 14　　　　　　**迈阿密－戴德县 2010 年系列市政供水及**

排污系统项目收益债券到期及偿还计划表

到期日	本金金额（美元）	票面利率（%）	到期收益率（%）
2011	100 000	2.0000	0.8500
2012	2 635 000	2.0000	1.2800
2013	2 690 000	2.5000	1.5800
2014 **	575 000	2.5000	1.8900
2014 **	2 180 000	4.0000	1.8900
2015 **	1 130 000	2.5000	2.3300
2015 **	1 725 000	4.0000	2.3300
2016	2 955 000	3.0000	2.8000
2017	3 040 000	3.0000	3.0100
2018	3 135 000	3.2500	3.3100
2019	3 235 000	3.5000	3.5400
2020	3 350 000	4.0000	3.7400
2021 **	570 000	4.0000	3.870 *
2021 **	2 915 000	5.0000	3.870 *
2022 **	375 000	4.0000	3.960 *
2022 **	3 275 000	5.0000	3.960 *
2023	3 830 000	4.0000	4.1100
2024	3 985 000	4.0000	4.1850

到期日	本金金额（美元）	票面利率（%）	到期收益率（%）
2025	4 140 000	4. 1250	4. 3020
2026	4 315 000	4. 2500	4. 4400
2027	30 805 000	5. 0000	4. 470 *
2028	32 345 000	5. 0000	4. 660 *
2029	33 965 000	5. 0000	4. 650 *
2030	35 660 000	4. 6250	4. 7790
2034	160 810 000	5. 0000	5. 050
2039	250 590 000	5. 0000	5. 030

注：＊表示迈阿密－戴德县可于 2020 年 10 月 1 日选择赎回 2020 年 10 月 1 日以后到期的债券，该收益率为 2020 年 10 月 1 日赎回该债券情况下的预期收益率。

＊＊表示该债券票面利率不同。

9. 赎回权

设有赎回权，2020 年 10 月 1 日（含该日）以后，迈阿密－戴德县有权以票面本金金额加上已到期未分派利息，全部或部分赎回 2020 年 10 月 1 日及以后到期的债券。

在选择赎回前，迈阿密－戴德县应提前 30 日将书面赎回决定书通知债券托管机构，由债券托管机构根据迈阿密－戴德县的要求选择具体赎回的债券和比例。

10. 强制偿债基金赎回

于 2034 年 10 月 1 日、2039 年 10 月 1 日到期的债券于到期前的强制赎回日，由偿债基金以票面本金金额加上已到期未分派利息，进行全部或部分赎回，对部分赎回的债券，以抽签方式决定赎回债券。

强制赎回日及赎回金额如下：

对 2034 年 10 月 1 日到期的债券，强制赎回日为 2031 年 10 月 1 日、2032 年 10 月 1 日、2033 年 10 月 1 日和 2034 年 10 月 1 日，强制赎回金额分别为 37 310 000 美元、39 175 000 美元、41 135 000 美元和 43 190 000 美元。

对 2039 年 10 月 1 日到期的债券，强制赎回日为 2035 年 10 月 1 日、2036 年 10 月 1 日、2037 年 10 月 1 日、2038 年 10 月 1 日和 2039 年 10 月 1 日，强

制赎回金额分别为 45 350 000 美元、47 620 000 美元、50 000 000 美元、52 500 000 美元和 55 120 000 美元。

（四）债券的发行与承销

迈阿密－戴德县 2010 年系列市政供水及排污系统项目收益债券由迈阿密－戴德县供水与排污部门发行，由 Raymond James 和 Associates，Inc. 等 14 家联席主承销商于 2010 年 2 月 23 日全额购买，购买价格为 596 322 952.78 美元（包括债券本金 594 330 000.00 美元加上净超额募集资金收入 3 112 519.43 美元，减去承销商佣金 1 119 566.65 美元），该价格相当于债券本金的 100.335%。

迈阿密－戴德县 2010 年系列市政供水及排污系统项目收益债券可由 Raymond James 和 Associates，Inc. 等 14 家联席主承销商以合适的价格向分销商进行销售，发售价格可能高于或低于债券本金，也可能随时发生变化。

（五）偿债资金来源

迈阿密－戴德县 2010 年系列市政供水及排污系统项目收益债券的主要资金来源于由迈阿密－戴德县供水与排污部门的折旧前运营净利润（营业总收入减去营业总成本）。迈阿密－戴德县及佛罗里达州政府不为该债券承担任何其他偿付责任，迈阿密－戴德县的其他税收收入不可用于偿还该项目收益债券的本息。

（六）债券保险

当 2010 年系列市政债券发行时，发行人会发布市政债券保险政策，对到期日在 2017—2027 年及 2029—2039 年的债券进行向 Assured Guaranty Municipal 公司进行投保（以下简称受保债券），对到期日不在此列的债券不进行投保。

Assured Guaranty Municipal 公司对受保债券提供无条件不可撤回的担保，当受保债券到期时无法获得足额偿付，Assured Guaranty Municipal 公司将对债券持有人受到的损失进行偿付，包括债券本金和利息。

Assured Guaranty Municipal 公司是纽交所上市公司 Assured Guaranty 公司的全资子公司。穆迪、标准普尔、惠誉国际对 Assured Guaranty Municipal 公司的评级分别为 Aa3 级（负面）、AAA 级、AA 级（负面）。

（七）税务事项

根据债券财务咨询机构 Squire，Sanders 和 Dempsey L. L. P. 根据当前的法律及法规的规定，出具了税务意见书。根据该税务意见书，该市政债券的利息收入不纳入联邦所得税的纳税范围。此外，该市政债券的利息收入也不作为个人或公司所得税最低收入门槛的计算范围。

根据该税务意见书的进一步意见，该市政债券的利息收入豁免缴纳佛罗里达州个人所得税。

（八）持续信息披露

根据迈阿密－戴德县 2010 年系列市政供水及排污系统项目收益债券发行说明书，迈阿密－戴德县供水与排污部门将根据 2010 年系列债券发行规则的规定进行后续的信息披露，以达到《证券交易法》第 15 条中所要求的二级市场交易证券的信息披露水平，主要包括及时披露年度报告以及当可能影响债券偿付的重大事件发生时，及时披露重大事项报告。

其中，年报的内容包括：

迈阿密－戴德县供水与排污部门运营和收入情况报告；

经审计的迈阿密－戴德县供水与排污部门年度财务报表。

重大事项包括：

债券本金或利息出现拖欠；

与兑付无关的违约；

对债券持有人权利的修改；

临时性地对债券的赎回；

债券评级变化；

债券税务事项发生重大变化；

因财政困难导致临时性减少债券偿付储备；

因财政困难导致临时性减少信用增级措施；

信用增加机构发生替换或无法执行原有信用增级的职责。

（九）债券评级

迈阿密-戴德县 2010 年系列市政供水及排污系统项目收益债券获得穆迪 A1 级的信用等级，标准普尔 A＋级的信用等级和惠誉 A 级的信用等级。考虑到受保债券在债券发生违约时可获得 Assured Guaranty Municipal 公司无条件不可撤销的担保，受保债券获得的信用等级分别为 Aa3 级（负面）（穆迪）、AAA 级（负面）（标准普尔）、AAA 级（负面）（惠誉）。

三、迈阿密-戴德县发行项目收益债券的影响及经验

迈阿密-戴德县通过其供水与排污部门发行项目收益债券进行市政基本设施（供水与排污系统）的建设，提高了迈阿密-戴德县居民的供水与排污系统保障水平，同时，该项目收益债券以未来迈阿密-戴德县供水与排污部门的收入作为偿债资金来源，实现了权利与义务对等的责任关系。分析迈阿密-戴德县供水与排污部门项目收益债券的案例，有以下几点经验值得学习。

（一）迈阿密-戴德县人口规模稳定，未来偿债资金有保障

迈阿密市位于迈阿密-戴德县，迈阿密市是美国东南部最大的城市圈之一，是全美人口最密集的城市之一，人口众多，人均收入属于全美较高的水平。此外，优美的环境和良好的气候条件吸引了更多人来此定居，因此，未来长期内，迈阿密-戴德县的人口规模都将保持较为稳定的规模，偿债资金来源充足。

（二）通过发行长期项目收益债券融资，有效且必要

自迈阿密-戴德县成立以来，不断经历人口的增长期，在最近一个人口

的增长期（20世纪90年代）后，迈阿密－戴德县的城市规模有了较大的扩张。为了提高全县的供水和排污能力水平，保障居民的用水和排污需求，迈阿密－戴德县制订了供水和排污系统中长期资本建设计划。通过发行中长期项目收益债券，为供水与排污系统的建设募集资金，有效且必要。

（三）募集资金用途明确，且制订了详细的建设计划

迈阿密－戴德县债券发行规则明确了债券融资的募集资金用途、中长期资本投资计划并出具了专业工程顾问的意见。各系列项目收益债券发行时，也明确了募集资金的具体投向和比例。

（四）债券条款设计合理，有效降低投资者风险的同时实现融资的灵活性

迈阿密－戴德县2010年系列市政供水及排污系统项目收益债券共分26只债券，分别于2011年10月1日至2039年10月1日到期。Assured Guaranty Municipal公司为到期日为2017年10月1日至2027年10月1日及2029年10月1日至2039年10月1日的债券提供无条件不可撤销的担保。在此期间，迈阿密－戴德县供水与排污部门有较多的债务需要偿付，本息偿付现金流压力较大，通过债券保险，可有效地降低投资者的风险。

迈阿密－戴德县可于2020年10月1日当日起及以后以本金加上已发生未偿付利息赎回全部或部分2020年以后到期的债券，为迈阿密市未来融资和市政收入运用提供了较大灵活性。

第三节 市政债券违约案例——
底特律市政府破产案例

2013年7月18日，素有"汽车之城"美誉的底特律市不堪债务重负，正式向联邦法院申请破产保护，成为美国迄今为止申请破产保护的最大城市。

一、底特律概况

底特律（Detroit）是美国密歇根州最大的城市，位于美国的东北部，五大湖工业区内，世界闻名的汽车城。1701 年由法国贵族探险家、毛皮商安东尼·门斯·凯迪拉克建立，是位于美国东北部、加拿大温莎以南、底特律河沿岸的一座重要的港口城市、世界传统汽车中心和音乐之都。

底特律原为印第安人住地，后被法、英占领。1796 年归属美国。1815 年设市。后随大湖航运的辟通及伊利运河的竣工，迅速发展。1852 年与芝加哥通铁路，城市飞速发展。1899 年第一座汽车制造厂建立，工业蓬勃发展。1914 年亨利·福特引进汽车生产线后，发展成为世界汽车中心。依靠附近的铁矿石和炼油厂的便利条件及廉价的水运，形成庞大的汽车工业。汽车业是主导产业部门，现代化生产水平高，年产量约占全美的 27%，美国最大的 3 家汽车公司通用、福特、克莱斯勒公司总部均设于此。第一、第二次世界大战期间，底特律是重要的军事基地，飞机、坦克制造等军事工业发达。其他还有钢铁、仪表、化学、金属加工、医药、盐矿开采等工业。工厂主要集中在底特律河西岸及城西南、城西北的卫星城。

底特律在 20 世纪 60 年代和 70 年代经历了痛苦的衰退。1967 年的第十二大街骚乱和废除了种族歧视的公共汽车也使得白人大量逃离，再加上来自南方的非裔美国人不断迁入，因此底特律的黑人居民所占百分比迅速上升。随着零售商和小业主的离开，城市税收不断下降。10 年间，城市东南部的大量建筑和房屋被遗弃。1973 年，科尔曼·扬成为底特律历史上第一位黑人市长，不过在他的五年任期内，他的执政风格并不被大多数白人所接受。20 世纪 70 年代，石油危机重创美国汽车工业，同时日本及其他外国小型汽车制造商也对传统三大汽车公司造成了威胁。由于工作岗位的减少，再加上海洛因和可卡因的大规模进入，底特律的财产犯罪和毒品相关犯罪急剧增加，许多被遗弃的房屋因为成了吸毒者的天堂而被夷为平地。

20 世纪 80 年代，美国经济萎靡不振，严重削弱了底特律的重工业制造中心的地位。20 世纪 90 年代,底特律尤其是城区逐步复苏。1996 年以来,有 3 家赌场开张。

21 世纪后,随着欧洲、日本汽车品牌进一步占据美国汽车市场,美国汽车品牌在全球化的影响下,逐步产业外包、工厂转移,底特律的就业人口大幅缩减。根据美国人口普查局 2010 年的统计数据,底特律以 713 777 的人口位列全美第 18 大城市,但这个数目已不及 20 世纪 50 年代人口顶峰时期的一半。鼎盛时期的底特律人口达到了约 185 万,曾是美国最大的城市之一。因此,底特律成为美国过去 60 多年中城市人口削减最多的城市之一。

表 13－15　　　　　　　　1950—2012 年底特律人口统计表

年份	人口数（千人）
1950	1 850
1960	1 670
1970	1 511
1980	1 203
1990	1 028
2000	951
2010	714
2012	685

数据来源:2013 年底特律市金融和运营报告。

表 13－16　　　　　　　　1998—2012 年底特律失业率统计表

年份	人口数（千人）
1998	7.0%
2000	6.3%
2002	12.0%
2004	14.0%
2006	13.6%
2008	16.0%
2010	23.4%
2012	18.3%

数据来源:2013 年底特律市金融和运营报告。

表 13 - 17　　　　　1998—2012 年底特律所得税统计表

年份	所得税收入（百万美元）
1998	362
2000	378
2002	324
2004	291
2006	284
2008	276
2010	217
2012	233

数据来源：2013 年底特律市金融和运营报告。

二、美国地方政府破产制度的核心规则

根据《美国破产法》第 9 章，美国地方政府破产制度包括"一般规定、执行规定和债务调整计划书规范"三个方面内容，涉及较多的具体规定，其中几项具有典型代表的核心内容如下。

（一）申请破产的条件

具体包括：（1）必须是地方政府。《美国破产法》中只有"市政部门"（Municipality）才可根据第九章的规定申请破产保护。根据相关条文解释，"市政部门"是指"地方政府和州公共设施"，涵盖较为广泛，不仅州下属的市、县、村镇等地方政府（法案不允许州破产），还包括学校校区和公共区域，甚至包括一些由使用者付费维持运营的主体，如桥梁、高速公路等。（2）必须得到州政府的明确许可。地方政府要获准成为破产保护的对象，必须提前得到州法律明确规定或州政府行政机构、政府官员基于州法律所赋予权力而给予的明确许可。（3）必须丧失债务清偿能力。在具体检验标准上各国有所差异，《美国破产法》采用现金流量分析，若地方政府已无法

支付到期债务或无法支付将到期的债务，便认定其丧失债务清偿能力。（4）必须为诚实性的申请（《美国破产法》第 109 条第 C 项第四款）。（5）必须在破产前与债权人协商（《美国破产法》第 109 条第 C 项第五款列举了四种情形）。

（二）地方政府的自治权

地方政府行使公共管理职能，具有特殊的行政地位，《美国破产法》第 903 条、第 904 条规定，在保证州政府对其地方政府的行政主导权的同时，给予破产的地方政府自主管理其内部事务的权力。除破产的地方政府同意或为了执行债务调整计划书外，法院对其政务的执行、财产和收入、运用或享用任何能带来收入的财产等都不得干涉。此外，破产管理人一职一般都由破产的地方政府自行担任，只有破产的地方政府出现如隐匿财产、欺诈等行为时，破产管理人才改由破产法院指派。美国地方政府较之其他的破产主体，在破产期间受到很少的限制，享有更多的自治权。

（三）债务调整计划

这是《美国破产法》第 9 章的核心内容，涉及较多较为复杂的程序、原则、规定和情形等。简言之，地方政府对债务调整计划具有完整的主导权，且在提出破产申请后 120 天之内具有向破产法院提出申请的专属权利。该计划书应当包括按照同种债务分类对债权人的分组，并说明各组债权人可获得何种清偿等内容，同时，必须满足的相关要求或条件，如计划书必须不违反《美国破产法》第 9 章的所有相关规定，必须是可预期且符合债权人最大利益等。债务调整计划书必须经各组债权人表决同意，达到规定标准，再经破产法院批准，方能生效。债务调整计划书获得批准后，破产法院会监督计划书的初期执行，因为大部分的改组措施都在这个阶段完成。之后，法院将宣布法院程序的终结，由地方政府独立地按照债务调整计划进行整顿，直至破产的消除。

（四）"自动停止"

《美国破产法》第 362 条规定了"自动停止"（Automaticstay），这是美国别具一格的破产保护制度。概括地说，自动停止是指破产程序启动时，所有针对债务人的实现债权的行为都自动归于停止的制度。该制度自动生效，适用于所有债务人和所有的程序，尤其是破产重整程序，地方政府的破产调整自然也适用这一制度。虽然这一制度非地方政府破产所独有，但由于地方政府在主体上的特殊性，承载社会管理的重任，它提供了除其他破产保护以外的又一层的保障，为地方政府债务调整争取了宝贵的时间，同时也有助于地方政府在破产期间维系正常的运转，有利于社会稳定。

三、底特律债务违约及重组的进程

底特律市宪章对市政债券的发行授权进行了规定。根据底特律市宪章，市财政预算中应列入当年拟发行市政债券的额度，并由市长办公室提交市政委员会审议。如果市政委员会对财政预算提出修正意见，市长可以在 7 日内向市政委员会提出辩驳说明。如果市政委员会坚持修正意见，且经过 2/3 的市政委员表决通过，则修正意见将强制生效。截至 2012 年 6 月 30 日，底特律市不受限制的税收收入市政债券余额为 5.11 亿美元，受限制的税收收入市政债券余额为 5.82 亿美元，收益类市政债券余额为 54.51 亿美元，市政债券存量金额共计 65.44 亿美元。

在过去几十年，底特律市的社会、经济环境不断恶化。2012 年底特律市人口比 2000 年下降了 28%，失业率却从 2000 年的 6.3% 上升到了 18.3%。受人口数量和就业人数下滑影响，2012 年州政府分享收益（State Shared Revenue）和收入税比 2000 年分别下降 48% 和 40%，该两项收入在 2012 年占到市财政收入的 37%。随着市财政收入的逐年下降，市财政支出却落后于财政收入下降的步伐，近几年均保持着较大的支出缺口，三大评级公司也不断调低底特律市一般责任债券的债券评级。

表 13 – 18　　　　　　2008—2012 年底特律市财政收支情况统计表　　单位：百万美元

	2008A	2009A	2010A	2011A	2012A
财产税	155	164	143	183	148
所得税	276	241	217	228	233
博彩税	180	173	183	177	181
其他税收	73	72	65	65	57
州分享收益	250	267	264	239	173
其他收入	383	365	336	340	319
融资收入	75		250		
收入合计	1 392	1 282	1 458	1 232	1 111
工资支出	454	472	437	423	403
养老金支出	61	49	43	99	64
福利支出	227	221	222	228	226
债务偿付	126	173	134	141	144
其他支出	578	490	442	398	397
支出合计	1 446	1 405	1 278	1 289	1 234
赤字	– 54	– 123	180	– 57	– 123

数据来源：2013 年底特律市金融和运营报告。

底特律市已经债务累累。根据 2013 年 5 月 12 日底特律市发布的《金融和运营方案》，截至 2012 年 6 月 30 日，除了 65.44 亿美元的市政债券存量之外，还有养老金责任凭证（Pension Obligation Certificates）14.5 亿美元、州循环贷款（State Revolving Loans）5.31 亿美元、应付票据和贷款 1.24 亿美元、价值为 3.77 亿美元负债的 8 个利率互换协议，以及其他债务 2.1 亿美元，底特律市财务报表中负债已经达到 93.01 亿美元。此外，底特律市还有应计养老金（Unfunded Actuarial Accrued Liabilities）以及其他退休福利债务 63.7 亿美元。综上，底特律市表内表外负债合计 156.71 亿美元。由于财政恶化且债务缠身，市政府的一般责任市政债券评级一路下滑。2013 年 6 月三大评级公司一致调低底特律市一般责任市政债券评级至 Caa3/C/C 级（穆迪/标准普尔/惠誉）。

2013 年 6 月 14 日，底特律市破产管理人凯文 – 奥尔（Kevyn Orr）在《给投资人的建议》中指出，市政府已经推迟支付 5 月份 1 亿美元养老金，并将无法支付 6 月 14 日到期的 0.4 亿美元债务，底特律市正式宣布债务违约。底特律将保留部分现金以供维持向 70 万居民提供警务、消防等基本政府运作。底特律市债务违约，是美国继 1978 年克里夫兰之后，人口最多的违约城市。

奥尔还强调，若不采取行动，在 2013 年年底之前底特律市将资金断流。建议书还给出了对底特律市债务进行重组的具体方案，具体措施包括将水务部门剥离并成立独立的机构、出售市政府所有的部分停车位、向密歇根州出租市政公园、减少对退休人员健康医疗费用的支出、立即停止所有债务偿付等。同时奥尔警告说如果与债权人就重组方案的谈判陷入绝境，他将尽快向法院申请破产保护。但危机管理人与债权人的谈判并不顺利。

根据密歇根州法律，市政主体申请破产保护需要得到州长的授权。密歇根州州长斯奈德（Snyder）也认为底特律申请破产保护是当前的最优选择，并对底特律市的申请进行了授权。

2013 年 7 月 18 日，底特律市正式向破产法院提交了破产保护申请。随后破产保护进入"自动中止"程序，所有无担保债权人均无权诉讼底特律政府请求债务偿还，但担保债权将继续得到偿付。同时，底特律市仍将正常运行并提供公共服务。底特律市政府需要就重组方案与债权人协商并获得大多数债权人的支持。如果重组方案获得债权人认可，底特律市将向法院提交债务重组方案。法院将对照《破产法》第 9 章的要求对债务重组方案的要点进行审核。如果方案满足《破产法》的规定，法院将对债务重组方案进行确认，同时该方案将生效。

截至 2014 年初，法院确认受理了底特律市的破产申请，底特律市紧急事务管理人奥尔与底特律市政府还将与债权人就新的破产重组方案进行讨论，并与破产法院就该重组方案是否符合《破产法》第 9 章的要求进行讨论，这一阶段还将持续至少一年以上的时间。

四、底特律市债务违约及破产的影响与经验

底特律市申请破产保护，使其成为美国人口最多的申请破产保护的城市。

底特律市人口外流、经济发展水平急剧下降，市政赤字不断上升，最终导致债务违约。分析底特律市债务违约及破产的案例，有以下几点经验值得学习。

（一）债务违约发生后，不同偿付顺序的市政债券获得的偿付极为不同

底特律的市政债券包括有限定税基的一般责任市政债券、无限定税基的一般责任市政债券、项目收益债券等，不同偿付顺序的市政债券获得的偿付极为不同。当底特律申请破产保护后，一般责任市政债券的债权人将与养老金等一般债权人共同作为一般债权人参与债务重组。而项目收益债券的持有人以抵押的收入作为偿债资金，继续保持债券原有的偿付安排。

（二）地方政府债务危机发生时，申请上级政府财政援助通常较难

由于美国实行地区自治的政治体制，不同级别的政府主体是独立的自治主体，因此，上级政府对下级政府的债务不承担法律上的责任。在底特律市债务危机案例、加州橙县债务危机案例和杰斐逊县债务危机案例中，上级政府均未提供财政支持，使市政主体最终走向破产保护程序。

（三）地方政府破产保护程序一般需要经历漫长的过程

市政当局申请破产保护被破产法院受理后，市政当局将继续担任破产管理人，正常运行并提供公共服务。市政当局将裁减雇佣人员、降低雇佣人员的薪酬水平从而节约市政管理开支，并出售部分市政资产以筹集偿还债务的资金，同时，破产管理人将提出破产重整计划与债权人进行讨论。通常，地方政府破产保护程序通常需要经历漫长的过程。

（四）信用评级对避免市政债券违约风险作用重要

自 2003 年以来，底特律市的经济水平不断恶化，人口规模不断减少、失业率不断上升，在此期间，三大评级机构不断降低对底特律市一般责任市政债券的信用评级。2009 年 1 月 6 日，标准普尔将底特律的一般责任市政债券从 BBB 级和 BBB－级降到 BB 级。2013 年 6 月 12 日，标准普尔提前发出警

报，把底特律市政债券评级从 B 级降至 CCC - 级。在破产管理人奥尔宣布底特律市债务违约后，底特律市政债券评级进一步降至 C 级。持有底特律一般市政债券的个人投资者在底特律市政债券降至 BB 级（垃圾级）后通常就会开始抛售债券，最终持有该市政债券的投资者主要是美国和欧洲的大型金融机构，其对底特律市最终出现债务违约并申请破产保护已有较强预期。因此，信用评级的预警作用对避免市政债券违约风险作用尤为重要。

表 13 - 19　　　　2003—2013 年底特律一般责任市政债券评级

年份	穆迪	标普	惠誉
2003	Baa1	A -	A
2004	Baa1	A -	A
2005	Baa1	BBB +	BBB +
2006	Baa2	BBB	BBB
2007	Baa2	BBB	BBB
2008	Baa2	BBB	BBB
2009	Ba2	BB	BB
2010	Ba3	BB	BB
2011	Ba3	BB	BB
2012	B3	B	CCC
2013	Caa3	C	C

数据来源：2013 年底特律市金融和运营报告。

第十四章　国内市政建设债务融资案例

第一节　财政部代发地方政府债券、
地方政府自行发债试点案例

一、财政部代理发行地方政府债券

2009 年是财政部代理发行地方政府债券的初始年，这在新中国成立以来尚属首次。财政部代理发行地方政府债券，主要为应对自 2008 年以来的国际金融危机，配合国务院出台的旨在"扩内需、保增长，调结构、上水平，抓改革、增活力，重民生、促和谐"的一揽子经济刺激计划，通过财政部代理发行地方政府债券增加地方公共投资，增强地方政府安排中央投资项目地方配套资金的能力。

根据《中华人民共和国预算法》第二十八条规定"除法律和国务院另有规定外，地方政府不得发行地方政府债券"，经国务院同意，由财政部代理发行 2009 年地方政府债券 2 000 亿元。

财政部代理发行地方政府债券（以下简称地方政府债券），是以省、自治区、直辖市和计划单列市人民政府（以下简称地方政府）作为债务人承担按期支付利息和归还本金责任，由财政部代理发行、代为办理还本付息和拨付发行费的可流通记账式债券。

（一）相关管理办法

为规范财政部代理发行地方政府债券管理，2009 年财政部发布《财政部代理发行 2009 年地方政府债券发行兑付办法》、《财政部代理发行 2009 年地方政府债券招投标和考核规则》、《2009 年地方政府债券预算管理办法》、《财政部代理发行地方政府债券财政总预算会计核算办法》、《2009 年地方政府债券资金项目安排管理办法》等一系列配套管理办法；此后，财政部又于 2010 年至 2013 年发布当年度财政部代理发行地方政府债券发行兑付办法和财政部代理发行地方政府债券招投标和考核规则，对各年度地方政府债券发行作出规范。

（二）2009—2013 年发行情况

2009 年，财政部代理 30 个省（自治区、直辖市，不含西藏）和 5 个计划单列市发行地方政府债券 2 000 亿元，全年共发行 50 期，全部为 3 年期品种。

2010 年，财政部代理 30 个省（自治区、直辖市，不含西藏）和 5 个计划单列市发行地方政府债券 2 000 亿元，全年共发行 10 期，其中 3 年期品种 6 期、总额 1 384 亿元，5 年期品种 4 期、总额 616 亿元。

2011 年财政部代理 30 个省（自治区、直辖市，不含西藏）和 5 个计划单列市发行地方政府债券 1 781.6 亿元，全年共发行 8 期，其中 3 年期品种 4 期、总额 888.6 亿元，5 年期品种 4 期、总额 893 亿元。

2012 年财政部代理 30 个省（自治区、直辖市，不含西藏）和 5 个计划单列市发行地方政府债券 2 211 亿元，全年共发行 10 期，其中 3 年期品种 5 期、总额 1 098 亿元，5 年期品种 5 期、总额 1 113 亿元。

2013 年财政部代理 30 个省（自治区、直辖市，不含西藏）和 5 个计划单列市发行地方政府债券 2 848 亿元，全年共发行 12 期，其中 3 年期品种 6 期、总额 1 417 亿元，5 年期品种 6 期、总额 1431 亿元。

（三）财政部代理发行地方政府债券发行方案

1. 发行额度

财政部代理发行地方政府债券实行年度发行额管理，全年债券发行总额

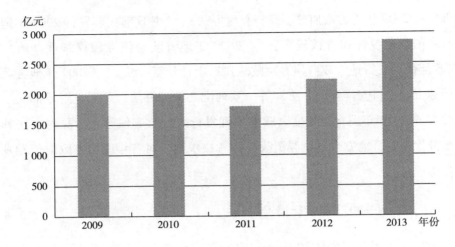

图 14－1　财政部代发地方政府债券规模

不得超过国务院批准的当年发行额度。

地方政府债券收支实行预算管理。地方政府债券收入全额纳入省级（包括计划单列市，下同）财政预算管理，市、县级政府使用债券收入的，由省级财政转贷，纳入市、县级财政预算。地方政府债券收入安排的支出纳入地方各级财政预算管理。地方政府债券收入根据省级政府报请国务院批准同意的额度编制，市、县级财政根据省级财政核准的转贷额度编列地方政府债券转贷收入。

地方政府当年发债额度由省级政府报请国务院批准同意，并经同级人民代表大会审查批准后确定，列入省级财政预算管理。财政部按照国务院有关规定，在年度总额度内，根据中央投资公益性项目地方配套规模、地方项目建设资金需求以及偿债能力等因素，按公式法合理分配各地区债券规模。具体因素包括中央投资中公益性项目地方配套数、综合财力、债务率、财力增长率、财政困难程度等，其中重点因素为地方配套需求。

地方政府的当年额度确定后，每期发行数额、发行时间等要素，则由地方政府与财政部协商确定。

2. 债券期限

2009 年地方政府债券全部为 3 年期，2010—2013 年地方政府债券为 3 年期和 5 年期。

3. 发行方式

采用市场化招标方式（荷兰式招标）发行，通过"财政部国债发行招投标系统"组织招投标工作。

4. 发行场所

通过全国银行间债券市场、证券交易所市场发行。

5. 发行对象

2009—2011 年参与投标机构为 2009—2011 年记账式国债承销团成员，2012—2013 年参与投标机构为 2012—2014 年记账式国债承销团成员。中标的承销团成员可于分销期内在交易场所采取场内挂牌和场外签订分销合同等方式向符合规定的投资者分销。

6. 债券类型

可流通记账式债券。

7. 登记托管机构

中央国债登记结算有限责任公司、中国证券登记结算有限责任公司上海分公司/深圳分公司。

8. 上市流通

在全国银行间债券市场和证券交易所市场上市流通。各交易场所交易方式为现券买卖和回购，上市后可以在各交易场所间相互转托管。

9. 发行费用

财政部代理发行地方政府债券，除代为收取向承销团成员支付的发行费，不向地方政府收取其他费用。3 年期、5 年期地方政府债券发行费分别为发行面值的 0.5‰、1‰。

10. 还本付息

按年付息，到期偿还本金。地方财政部门于规定时间将还本付息资金足额上缴中央财政专户。财政部代为办理债券还本付息，并委托中央国债登记结算有限责任公司、中国证券登记结算有限责任公司上海、深圳分公司办理利息支付及到期偿还本金等事宜。

具体为：中央国债登记结算有限责任公司（以下简称国债登记公司）

于不晚于还本付息日前 11 个工作日向财政部（国库司）报送还本付息信息；财政部不晚于还本付息日前 10 个工作日通知地方财政部门还本付息信息；地方财政部门不晚于还本付息日前 5 个工作日将债券还本付息资金缴入中央财政专户，并及时报告还本付息资金缴纳情况，地方财政部门因故不能按时缴纳还本付息资金的，应及时报告；财政部不晚于还本付息日前 2 个工作日将债券还本付息资金划至国债登记公司账户；国债登记公司于还本付息日前第 2 个工作日日终前将证券交易所市场债券还本付息资金划至中国证券登记结算有限责任公司上海分公司/深圳分公司账户（以下简称证券登记公司）；国债登记公司、证券登记公司按时拨付还本付息资金，确保还本付息资金于还本付息日足额划至各债券持有人账户。地方财政部门未按时足额向中央财政专户缴纳还本付息资金的，财政部采取中央财政垫付方式代为办理地方债还本付息。未按时足额向中央财政专户缴纳发行费、应还本息等资金的，按逾期支付额和逾期天数，以当期债券票面利率的两倍折成日息向财政部支付罚息。中央财政垫付资金和罚息最迟在办理中央与地方财政结算时如数扣缴。

11. 募集资金用途

地方政府债券募集资金主要用于中央投资地方配套的公益性建设项目及其他难以吸引社会投资的公益性建设项目支出，严格控制安排用于能够通过市场化行为筹资的投资项目，不得安排用于经常性支出。资金使用范围主要包括：保障性安居工程，农村民生工程和农村基础设施，医疗卫生、教育文化等社会事业基础设施，生态建设工程，地震灾后恢复重建以及其他涉及民生的项目建设与配套。地方政府债券收入可以用于省级（包括计划单列市）直接支出，也可以转贷市、县级政府使用。

12. 信息披露

每期地方政府债券于招标日 5 个工作日前（含第 5 个工作日），财政部通过财政部网站、中国债券信息网等渠道向社会公布地方债发行文件；招投标结束后，财政部通过财政部网站、中国债券信息网等渠道向社会公布中标结果。

（四）单期发行案例

2009 年，财政部代理发行地方政府债券采用按省份发行，债券名称为"2009 年××省（市/区）政府债券（×期）"，全年发行期数较多，达到 50 期。

以四川省为例。在 2009 年的地区债券规模分配中，重点考虑配套需求因素。2009 年中央公益性投资项目向中西部重点倾斜，从而中西部地区配套任务较重。由于中西部地区政府财力普遍较为薄弱，筹集配套资金能力有限，当年中西部地区债券分配规模较大。2009 年经国务院批准，四川省核定分配到的债券发行规模为 180 亿元，居各省首位。募集资金主要用于四川省地震灾后恢复重建以及其他中央投资地方配套的公益性建设项目。2009 年四川省政府债券分两期发行，首期发行规模 90 亿元，发行时间为 2009 年 4 月 8 日，期限为 3 年期，票面利率 1.65%；二期发行规模 90 亿元，发行时间为 2009 年 5 月 14 日，期限为 3 年期，票面利率 1.71%。债券设计上全部采用可流通记账式债券，分年支付利息，到期偿还本金。

以江苏省为例。2009 年经国务院批准，江苏省核定分配到的债券发行规模为 84 亿元，居四川、广东、河南之后，列全国各省（包括计划单列市）的第四位。2009 年江苏省政府债券一期发行，发行规模 84 亿元，期限 3 年期，发行时间为 2009 年 4 月 20 日，票面利率 1.82%，为可流通记账式债券，按年支付利息，到期偿还本金。募集资金由江苏省政府直接使用 40 亿元，转贷各市、县政府使用 44 亿元。其中省政府直接使用 40 亿元资金主要用于城乡社区事务、农林水事务、医疗卫生、教育、文化以及绵竹灾后恢复重建。

自 2010 年起至 2013 年，财政部代理发行地方政府债券采用多个省、自治区、直辖市和计划单列市发行债券合并命名、合并招标、合并托管交易的方式，大大提高了地方政府债券的发行效率，债券名称为"201×年地方政府债券（×期）"。

以 2010 年地方政府债券（一期）为例。为筹集财政资金，支持地方经济和社会发展，根据 2010 年地方政府债券发行安排，经分别与新疆、青海、江西、重庆、厦门、甘肃、广西和湖南省（区、市）人民政府协商，财政部决定代理发行 2010 年地方政府债券（一期），发行规模 286 亿元，期限为 3 年期，票面利率 2.77%，按年支付利息，到期偿还本金。其中，新疆、青海、江西、重庆、厦门、甘肃、广西和湖南省（区、市）额度分别为 42 亿元、23 亿元、45 亿元、34 亿元、3 亿元、38 亿元、38 亿元和 63 亿元，各省（区、市）额度以 2010 年地方政府债券（一期）名称合并发行、合并托管上市交易，在全国银行间债券市场、证券交易所债券市场流通。

二、地方政府自行发债试点

2011 年，经国务院批准，上海市、浙江省、广东省、深圳市 4 省（市）开展地方政府自行发债试点。地方政府自行发债是指试点省（市）在国务院批准的发债规模限额内，自行组织发行本省（市）政府债券的发债机制。2013 年，经国务院批准，适当扩大自行发债试点范围，山东省和江苏省成为自行发债试点的新成员，自行发债省（市）扩大至 6 个。

（一）相关管理办法

为建立规范的地方政府举债融资机制、加强对地方政府自行发债试点省（市）的指导，财政部分别于 2011 年、2012 年、2013 年制定发布《2011 年地方政府自行发债试点办法》、《2012 年地方政府自行发债试点办法》、《2013 年地方政府自行发债试点办法》；试点省（市）自行发债收支实行预算管理，参照《2009 年地方政府债券预算管理办法》（财预〔2009〕21 号）有关规定办理；试点省（市）政府债券会计核算参照《财政部代理发行地方政府债券财政总预算会计核算办法》（财库〔2009〕19 号）有关规定办理；试点省（市）债券还本付息方式，参照有关财政部代理发行各年度地方政府债券发行兑付的规定办理；试点省（市）制定本省（市）政府债券发行兑付办法以及招标发行和考核规则。

（二）2011—2013 年发行情况

2011 年 4 个试点省（市）自行发债金额共计 229 亿元，发行期数 8 期，其中 3 年期品种发行 4 期、规模 114.5 亿元，5 年期品种发行 4 期、规模 114.5 亿元。

2012 年 4 个试点省（市）自行发债金额共计 289 亿元，发行期数 8 期，其中 3 年期品种发行 4 期、规模 144.5 亿元，5 年期品种发行 4 期、规模 144.5 亿元。

2013 年 6 个试点省（市）自行发债金额共计 652 亿元，发行期数 12 期，其中 3 年期品种发行 6 期、规模 326 亿元，5 年期品种发行 6 期、规模 326 亿元。

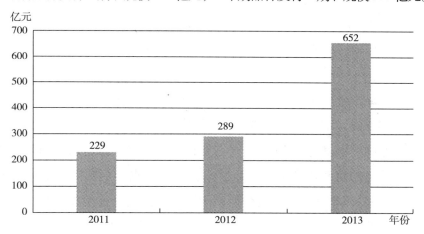

图 14 – 2　地方政府自行发债规模

从总体发行情况来看，试点省市的地方债券均受到市场追捧，认购倍数普遍较高。2011 年上海市地方政府债券发行认购超过 3 倍，广东省认购更是高达 6 倍。

（三）地方政府自行发债发行方案

1. 发行额度

试点省（市）自行发行政府债券实行年度发行额管理，全年发债总额不得超过国务院批准的当年发债规模限额。年度发债规模限额当年有效，不得

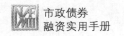
结转下年。

2. 债券期限

2011 年债券期限分为 3 年期和 5 年期，3 年期债券发行额和 5 年期债券发行额分别占国务院批准的发债规模的 50%；2012—2013 年，债券期限为 3 年期、5 年期和 7 年期，试点省（市）最多可以发行三种期限债券，每种期限债券发行规模不得超过本地区发债规模限额的 50%（含 50%）。

3. 发行方式

采用市场化招标（荷兰式招标）方式发行，借用"财政部国债发行招投标系统"组织招标。试点省（市）采用招标方式发行政府债券时，各自制定招标规则，明确招标方式、投标限定和中标原则等。

4. 发行场所

通过全国银行间债券市场、证券交易所市场发行。

5. 发行对象

发行对象为各期债券承销团成员。试点省（市）按照公开、公平、公正原则，组建本省（市）政府债券承销团，其成员应当是当年记账式国债承销团成员，原则上不得超过 20 家。试点省（市）应当根据记账式国债承销团成员变化情况和财政部有关地方政府自行发债试点的规定等及时调整本省（市）政府债券承销团成员。单个承销团成员的最高投标限额不得超过每期债券招标额的 30%。承销团成员对中标债券在分销期进行分销，通常可采用场内挂牌、场外签订分销合同的方式分销，具体分销方式以各试点省（市）当期发行文件规定为准。

6. 债券类型

记账式固定利率附息债券。

7. 登记托管机构

中央国债登记结算有限责任公司、中国证券登记结算有限责任公司上海分公司/深圳分公司。

8. 上市流通

在全国银行间债券市场和证券交易所市场上市流通。

9. 主承销商

试点省（市）在本省（市）政府债券承销商中择优选择主承销商，主承销商为试点省（市）提供发债定价、登记托管、上市交易等咨询服务。

10. 发行费用

发行人向承销商支付发行费，3 年期、5 年期政府债券发行费分别为发行面值的 0.5‰、1‰。

11. 还本付息方式

按年付息，到期偿还本金。2011—2013 年试点省（市）政府债券由财政部代办还本付息。

试点省（市）在规定时间将还本付息资金足额上缴中央财政，财政部按照有关规定代为办理还本付息，并委托中央国债登记结算有限责任公司、中国证券登记结算有限责任公司上海、深圳分公司办理利息支付及到期偿还本金等事宜。具体事项参照有关财政部代理发行各年度地方政府债券发行兑付的规定办理。

12. 信息披露

试点省（市）于招标日 5 个工作日前（含第 5 个工作日）通过当地财政网站、中国债券信息网等渠道公布发行文件；招标结束后，通过当地财政网站、中国债券信息网公布中标结果；并通过中国债券信息网和本省（市）财政厅（局、委）网站等媒体，及时披露本省（市）经济运行和财政收支状况等指标。

（四）单期发行案例

2011 年是地方政府自行发债试点初始年。以 2011 年上海市政府债券为例。上海市政府制定了《2011 年上海市政府债券发行兑付办法》和《2011 年上海市政府债券招标发行和考核规则》。2011 年上海市政府债券经国务院批准的当年发债规模限额为 71 亿元，分两期发行，一期发行规模 36 亿元，期限 3 年期，发行时间为 2011 年 11 月 15 日，票面利率 3.10%；二期发行规模 35 亿元，期限 5 年期，发行时间为 2011 年 11 月

15 日，票面利率 3.30%。筹集资金主要安排用于保障性安居工程、农村民生工程和农村基础设施、医疗卫生和教育文化等社会事业基础设施、生态建设工程，以及其他涉及民生的项目建设与配套。2011 年上海市政府债券通过财政部国债发行招投标系统，采用市场化的招投标（荷兰式招标）方式发行。

2012 年，在地方政府自行发债试点中，债券品种增加 7 年期品种，与政府投资公益性项目的资金使用安排更加匹配。自 2012 年起至 2013 年，地方政府自行发债品种全部为 5 年期和 7 年期，规模各占 50%。

2013 年，经国务院批准，地方政府自行发债试点扩大，新增山东省和江苏省；同时，为防止因非市场化因素扭曲地方债定价，规定自行发债试点省（市）要在发行结束后两周内向财政部报送债券发行情况，如发行利率低于招标日前 1～5 个工作日相同待偿期国债收益率，地方政府须进行重点说明；此外，财政部要求试点省（市）应当加强自行发债试点宣传工作，并积极创造条件，逐步推进建立信用评级制度。

以 2013 年江苏省政府债券为例。江苏省政府制定了《2013 年江苏省政府债券发行兑付办法》和《2013 年江苏省政府债券招标发行规则》。2013 年江苏省政府债券经国务院批准的当年发债规模限额为 153 亿元，分两期发行，一期发行规模 76.5 亿元，期限 5 年期，发行时间为 2013 年 10 月 10 日，票面利率 3.88%；二期发行规模 76.5 亿元，期限 7 年期，发行时间为 2013 年 10 月 10 日，票面利率 4.00%。筹集资金中转贷市、县资金 98 亿元，其中 5 年期品种债券全部转贷市、县使用，留存 55 亿元主要用于全省性、公益性建设项目，其中"交通运输"支出 51 亿元，"住房保障"支出 4 亿元，其全部用于安排省级保障性住房建设引导资金。

附表

表 14 - 1　　　　2009—2013 年财政部代理发行地方政府债券列表

债券简称	债券全称	发行规模（亿元）	发行期限（年）	票面利率（%）	起息日	到期日
09 新疆债 01	2009 年新疆维吾尔自治区政府债券（一期）	30	3	1.61	2009 - 3 - 30	2012 - 3 - 30
09 安徽债 01	2009 年安徽省政府债券（一期）	40	3	1.6	2009 - 4 - 1	2012 - 4 - 1
09 河南债 01	2009 年河南省政府债券（一期）	50	3	1.63	2009 - 4 - 7	2012 - 4 - 7
09 四川债 01	2009 年四川省政府债券（一期）	90	3	1.65	2009 - 4 - 8	2012 - 4 - 8
09 重庆债 01	2009 年重庆市政府债券	58	3	1.7	2009 - 4 - 13	2012 - 4 - 13
09 辽宁债 01	2009 年辽宁省政府债券（一期）	30	3	1.75	2009 - 4 - 14	2012 - 4 - 14
09 天津债 01	2009 年天津市政府债券	26	3	1.78	2009 - 4 - 14	2012 - 4 - 14
09 山东债 01	2009 年山东省政府债券（一期）	30	3	1.8	2009 - 4 - 16	2012 - 4 - 16
09 江苏债 01	2009 年江苏省政府债券	84	3	1.82	2009 - 4 - 20	2012 - 4 - 20
09 湖北债 01	2009 年湖北省政府债券（一期）	50	3	1.82	2009 - 4 - 23	2012 - 4 - 23
09 吉林债 01	2009 年吉林省政府债券（一期）	30	3	1.82	2009 - 4 - 23	2012 - 4 - 23
09 青岛债 01	2009 年青岛市政府债券	11	3	1.82	2009 - 4 - 23	2012 - 4 - 23
09 青海债 01	2009 年青海省政府债券	29	3	1.82	2009 - 4 - 23	2012 - 4 - 23
09 河北债 01	2009 年河北省政府债券（一期）	40	3	1.8	2009 - 4 - 30	2012 - 4 - 30
09 内蒙古债 01	2009 年内蒙古自治区政府债券（一期）	30	3	1.8	2009 - 4 - 30	2012 - 4 - 30
09 陕西债 01	2009 年陕西省政府债券（一期）	36	3	1.8	2009 - 4 - 30	2012 - 4 - 30
09 黑龙江债 01	2009 年黑龙江省政府债券（一期）	30	3	1.77	2009 - 5 - 11	2012 - 5 - 11

债券简称	债券全称	发行规模（亿元）	发行期限（年）	票面利率（%）	起息日	到期日
09 云南债 01	2009 年云南省政府债券	84	3	1.77	2009－5－11	2012－5－11
09 浙江债 01	2009 年浙江省政府债券（一期）	40	3	1.77	2009－5－11	2012－5－11
09 大连债 01	2009 年大连市政府债券	10	3	1.71	2009－5－14	2012－5－14
09 湖北债 02	2009 年湖北省政府债券（二期）	31	3	1.71	2009－5－14	2012－5－14
09 四川债 02	2009 年四川省政府债券（二期）	90	3	1.71	2009－5－14	2012－5－14
09 北京债 01	2009 年北京市政府债券	56	3	1.67	2009－5－25	2012－5－25
09 广西债 01	2009 年广西壮族自治区政府债券（一期）	35	3	1.67	2009－5－25	2012－5－25
09 河南债 02	2009 年河南省政府债券（二期）	38	3	1.67	2009－5－25	2012－5－25
09 上海债 01	2009 年上海市政府债券（一期）	40	3	1.67	2009－5－25	2012－5－25
09 福建债 01	2009 年福建省政府债券	26	3	1.7	2009－6－9	2012－6－9
09 湖南债 01	2009 年湖南省政府债券	82	3	1.7	2009－6－9	2012－6－9
09 宁夏债 01	2009 年宁夏回族自治区政府债券	30	3	1.7	2009－6－9	2012－6－9
09 安徽债 02	2009 年安徽省政府债券（二期）	37	3	1.72	2009－6－15	2012－6－15
09 贵州债 01	2009 年贵州省政府债券（一期）	64	3	1.72	2009－6－15	2012－6－15
09 江西债 01	2009 年江西省政府债券（一期）	62	3	1.72	2009－6－15	2012－6－15
09 广东债 01	2009 年广东省政府债券（一期）	85	3	1.75	2009－6－23	2012－6－23
09 海南债 01	2009 年海南省政府债券（一期）	29	3	1.75	2009－6－23	2012－6－23
09 厦门债 01	2009 年厦门市政府债券（一期）	8	3	1.75	2009－6－23	2012－6－23

续表

债券简称	债券全称	发行规模（亿元）	发行期限（年）	票面利率（%）	起息日	到期日
09 甘肃债 01	2009 年甘肃省政府债券（一期）	65	3	1.76	2009 - 6 - 29	2012 - 6 - 29
09 山西债 01	2009 年山西省政府债券（一期）	53	3	1.76	2009 - 6 - 29	2012 - 6 - 29
09 辽宁债 02	2009 年辽宁省政府债券（二期）	26	3	1.79	2009 - 7 - 7	2012 - 7 - 7
09 宁波债 01	2009 年宁波市政府债券	15	3	1.79	2009 - 7 - 7	2012 - 7 - 7
09 山东债 02	2009 年山东省政府债券（二期）	29	3	1.79	2009 - 7 - 7	2012 - 7 - 7
09 深圳债 01	2009 年深圳市政府债券	24	3	1.79	2009 - 7 - 7	2012 - 7 - 7
09 新疆债 02	2009 年新疆维吾尔自治区政府债券（二期）	25	3	1.79	2009 - 7 - 7	2012 - 7 - 7
09 广西债 02	2009 年广西壮族自治区政府债券（二期）	30	3	2.36	2009 - 8 - 31	2012 - 8 - 31
09 黑龙江债 02	2009 年黑龙江省政府债券（二期）	30	3	2.36	2009 - 8 - 31	2012 - 8 - 31
09 吉林债 02	2009 年吉林省政府债券（二期）	25	3	2.36	2009 - 8 - 31	2012 - 8 - 31
09 内蒙古债 02	2009 年内蒙古自治区政府债券（二期）	27	3	2.36	2009 - 8 - 31	2012 - 8 - 31
09 河北债 02	2009 年河北省政府债券（二期）	20	3	2.24	2009 - 9 - 7	2012 - 9 - 7
09 陕西债 02	2009 年陕西省政府债券（二期）	27	3	2.24	2009 - 9 - 7	2012 - 9 - 7
09 上海债 02	2009 年上海市政府债券（二期）	36	3	2.24	2009 - 9 - 7	2012 - 9 - 7
09 浙江债 02	2009 年浙江省政府债券（二期）	27	3	2.24	2009 - 9 - 7	2012 - 9 - 7
10 地方债 01	2010 年地方政府债券（一期）	286	3	2.77	2010 - 6 - 21	2013 - 6 - 21
10 地方债 02	2010 年地方政府债券（二期）	152	5	2.9	2010 - 6 - 21	2015 - 6 - 21

债券简称	债券全称	发行规模（亿元）	发行期限（年）	票面利率（%）	起息日	到期日
10 地方债 03	2010 年地方政府债券（三期）	232	3	2.33	2010 - 7 - 19	2013 - 7 - 19
10 地方债 04	2010 年地方政府债券（四期）	284	3	2.37	2010 - 8 - 10	2013 - 8 - 10
10 地方债 05	2010 年地方政府债券（五期）	186	5	2.67	2010 - 8 - 10	2015 - 8 - 10
10 地方债 06	2010 年地方政府债券（六期）	195	3	2.37	2010 - 8 - 24	2013 - 8 - 24
10 地方债 07	2010 年地方政府债券（七期）	206	3	2.36	2010 - 9 - 7	2013 - 9 - 7
10 地方债 08	2010 年地方政府债券（八期）	152	5	2.67	2010 - 9 - 7	2015 - 9 - 7
10 地方债 09	2010 年地方政府债券（九期）	181	3	3.23	2010 - 11 - 15	2013 - 11 - 15
10 地方债 10	2010 年地方政府债券（十期）	126	5	3.7	2010 - 11 - 15	2015 - 11 - 15
11 地方债 01	2011 年地方政府债券（一期）	254	5	3.84	2011 - 7 - 12	2016 - 7 - 12
11 地方债 02	2011 年地方政府债券（二期）	250	3	3.93	2011 - 7 - 12	2014 - 7 - 12
11 地方债 03	2011 年地方政府债券（三期）	226.6	3	4.07	2011 - 8 - 2	2014 - 8 - 2
11 地方债 04	2011 年地方政府债券（四期）	220	5	4.12	2011 - 8 - 9	2016 - 8 - 9
11 地方债 05	2011 年地方政府债券（五期）	236	3	4.01	2011 - 8 - 23	2014 - 8 - 23
11 地方债 06	2011 年地方政府债券（六期）	240	5	4.3	2011 - 8 - 30	2016 - 8 - 30
11 地方债 07	2011 年地方政府债券（七期）	176	3	3.67	2011 - 10 - 18	2014 - 10 - 18
11 地方债 08	2011 年地方政府债券（八期）	179	5	3.7	2011 - 10 - 25	2016 - 10 - 25

债券简称	债券全称	发行规模（亿元）	发行期限（年）	票面利率（%）	起息日	到期日
12 地方债 01	2012 年地方政府债券（一期）	206	3	2.76	2012 - 6 - 18	2015 - 6 - 18
12 地方债 02	2012 年地方政府债券（二期）	210	5	3.07	2012 - 7 - 2	2017 - 7 - 2
12 地方债 03	2012 年地方政府债券（三期）	239	3	2.75	2012 - 7 - 10	2015 - 7 - 10
12 地方债 04	2012 年地方政府债券（四期）	239	5	3.02	2012 - 7 - 17	2017 - 7 - 17
12 地方债 05	2012 年地方政府债券（五期）	231	3	2.74	2012 - 7 - 24	2015 - 7 - 24
12 地方债 06	2012 年地方政府债券（六期）	233	5	3.13	2012 - 7 - 31	2017 - 7 - 31
12 地方债 07	2012 年地方政府债券（七期）	216	3	2.98	2012 - 8 - 13	2015 - 8 - 13
12 地方债 08	2012 年地方政府债券（八期）	221	5	3.38	2012 - 8 - 20	2017 - 8 - 20
12 地方债 10	2012 年地方政府债券（十期）	210	5	3.58	2012 - 9 - 17	2017 - 9 - 17
12 地方债 09	2012 年地方政府债券（九期）	206	3	3.47	2012 - 9 - 17	2015 - 9 - 17
13 地方债 01	2013 年地方政府债券（一期）	210	3	3.53	2013 - 6 - 17	2016 - 6 - 17
13 地方债 02	2013 年地方政府债券（二期）	212	5	3.66	2013 - 6 - 17	2018 - 6 - 17
13 地方债 03	2013 年地方政府债券（三期）	242	3	3.79	2013 - 7 - 1	2016 - 7 - 1
13 地方债 04	2013 年地方政府债券（四期）	243	5	3.82	2013 - 7 - 15	2018 - 7 - 15
13 地方债 05	2013 年地方政府债券（五期）	236	3	3.92	2013 - 7 - 29	2016 - 7 - 29
13 地方债 06	2013 年地方政府债券（六期）	238	5	3.87	2013 - 8 - 5	2018 - 8 - 5

续表

债券简称	债券全称	发行规模 （亿元）	发行期限 （年）	票面利率 （％）	起息日	到期日
13 地方债 07	2013 年地方政府债券 （七期）	253	3	4.29	2013 – 8 – 20	2016 – 8 – 20
13 地方债 08	2013 年地方政府债券 （八期）	255	5	4.43	2013 – 8 – 20	2018 – 8 – 20
13 地方债 09	2013 年地方政府债券 （九期）	260	3	4.34	2013 – 9 – 3	2016 – 9 – 3
13 地方债 10	2013 年地方政府债券 （十期）	262	5	4.45	2013 – 9 – 10	2018 – 9 – 10
13 地方债 11	2013 年地方政府债券 （十一期）	216	3	4.25	2013 – 10 – 15	2016 – 10 – 15
13 地方债 12	2013 年地方政府债券 （十二期）	221	5	4.33	2013 – 10 – 22	2018 – 10 – 22

表 14 – 2　　　　　　　2011—2013 年地方政府自行发债列表

债券简称	债券全称	发行规模 （亿元）	发行期限 （年）	票面利率 （％）	起息日	到期日
11 上海债 01	2011 年上海市政府债券 （一期）	36.00	3.00	3.10	2011 – 11 – 16	2014 – 11 – 16
11 上海债 02	2011 年上海市政府债券 （二期）	35.00	5.00	3.30	2011 – 11 – 16	2016 – 11 – 16
11 广东债 01	2011 年广东省政府债券 （一期）	34.50	3.00	3.08	2011 – 11 – 21	2014 – 11 – 21
11 广东债 02	2011 年广东省政府债券 （二期）	34.50	5.00	3.29	2011 – 11 – 21	2016 – 11 – 21
11 浙江债 01	2011 年浙江省政府债券 （一期）	33.00	3.00	3.01	2011 – 11 – 22	2014 – 11 – 22
11 浙江债 02	2011 年浙江省政府债券 （二期）	34.00	5.00	3.24	2011 – 11 – 22	2016 – 11 – 22
11 深圳债 01	2011 年深圳市政府债券 （一期）	11.00	3.00	3.03	2011 – 11 – 28	2014 – 11 – 28
11 深圳债 02	2011 年深圳市政府债券 （二期）	11.00	5.00	3.25	2011 – 11 – 28	2016 – 11 – 28

续表

债券简称	债券全称	发行规模（亿元）	发行期限（年）	票面利率（%）	起息日	到期日
12 上海债 01	2012 年上海市政府债券（一期）	44.50	5.00	3.25	2012 – 8 – 24	2017 – 8 – 24
12 上海债 02	2012 年上海市政府债券（二期）	44.50	7.00	3.39	2012 – 8 – 24	2019 – 8 – 24
12 广东债 01	2012 年广东省政府债券（一期）	43.00	5.00	3.21	2012 – 9 – 7	2017 – 9 – 7
12 广东债 02	2012 年广东省政府债券（二期）	43.00	7.00	3.40	2012 – 9 – 7	2019 – 9 – 7
12 浙江债 01	2012 年浙江省政府债券（一期）	43.50	5.00	3.30	2012 – 9 – 24	2017 – 9 – 24
12 浙江债 02	2012 年浙江省政府债券（二期）	43.50	7.00	3.47	2012 – 9 – 24	2019 – 9 – 24
12 深圳债 01	2012 年深圳市政府债券（一期）	13.50	5.00	3.22	2012 – 10 – 15	2017 – 10 – 15
12 深圳债 02	2012 年深圳市政府债券（二期）	13.50	7.00	3.43	2012 – 10 – 15	2019 – 10 – 15
13 山东债 01	2013 年山东省政府债券（一期）	56.00	5.00	3.94	2013 – 8 – 26	2018 – 8 – 26
13 山东债 02	2013 年山东省政府债券（二期）	56.00	7.00	4.00	2013 – 8 – 26	2020 – 8 – 26
13 上海债 01	2013 年上海市政府债券（一期）	56.00	5.00	3.94	2013 – 9 – 9	2018 – 9 – 9
13 上海债 02	2013 年上海市政府债券（二期）	56.00	7.00	4.01	2013 – 9 – 9	2020 – 9 – 9
13 广东债 01	2013 年广东省政府债券（一期）	60.50	5.00	4.00	2013 – 9 – 17	2018 – 9 – 17
13 广东债 02	2013 年广东省政府债券（二期）	60.50	7.00	4.10	2013 – 9 – 17	2020 – 9 – 17
13 江苏债 01	2013 年江苏省政府债券（一期）	76.50	5.00	3.88	2013 – 10 – 11	2018 – 10 – 11

续表

债券简称	债券全称	发行规模（亿元）	发行期限（年）	票面利率（%）	起息日	到期日
13 江苏债 02	2013 年江苏省政府债券（二期）	76.50	7.00	4.00	2013 – 10 – 11	2020 – 10 – 11
13 浙江债 01	2013 年浙江省政府债券（一期）	59.00	5.00	3.96	2013 – 10 – 28	2018 – 10 – 28
13 浙江债 02	2013 年浙江省政府债券（二期）	59.00	7.00	4.17	2013 – 10 – 28	2020 – 10 – 28
13 深圳债 01	2013 年深圳市政府债券（一期）	18.00	5.00	4.11	2013 – 11 – 11	2018 – 11 – 11
13 深圳债 02	2013 年深圳市政府债券（二期）	18.00	7.00	4.18	2013 – 11 – 11	2020 – 11 – 11

第二节　项目收益票据案例——
郑州交投地坤实业有限公司

中国银行间市场交易商协会为贯彻中央城镇化建设政策精神，支持城市基础设施建设，推进债务融资工具产品和服务方式创新，推出了项目收益票据。

项目收益票据借鉴了资产证券化产品的破产隔离机制，由项目发起人设立专门的项目公司作为发行主体，负责项目投融资、建设和运营管理，其运营风险不会传递至项目发起人，从而能够实现与地方政府或城建类企业的风险隔离。在这种模式下，地方政府不承担直接偿还责任，也不为票据承担隐性担保。票据的融资规模、信用水平不依赖于地方政府财政收入与债务水平，且地方政府不直接介入相关项目的建设、运营与还款，从而能够减少地方政府或有负债风险。

项目收益票据（PRN）是指非金融企业在银行间债券市场发行的，由项目建成后的收益作为还款来源，约定在一定期限内还本付息的债务融资工具。2014 年 7 月 11 日，交易商协会推出《银行间债券市场非金融企业项目收益

票据业务指引》。2014 年 7 月 14 日，全国第一单项目收益票据郑州交投地坤
实业有限公司（以下简称郑州地坤）项目收益票据正式发行，注册金额 12
亿元，首期发行 5 亿元。下文以郑州交投地坤实业有限公司项目收益票据
（14 郑州地坤 PRN001）为例，对其支持市政建设融资的创新方式进行具体
介绍。

一、项目收益票据基础资产遴选

（一）发行人基本情况

《银行间债券市场非金融企业项目收益票据业务指引》规定"企业可通
过成立项目公司等方式注册发行项目收益票据"。14 郑州地坤 PRN001 发行
人郑州交投地坤实业有限公司，成立于 2014 年 4 月，股东为郑州交通建设投
资有限公司，注册资本 1 亿元。

郑州地坤作为郑州交通建设投资有限公司的全资项目公司，主要的职责
是建设、运营郑州综合交通枢纽地下交通（东广场）人防工程项目。

（二）募投项目的选择

项目收益票据依靠项目的预期收益现金流获得融资，项目产生的未来收
益是项目收益票据的第一还款来源，项目本身的偿付能力与发行主体的信用
水平分离。因此，项目的选择至关重要。《银行间债券市场非金融企业项目
收益票据业务指引》规定，"项目收益票据项目包括但不限于市政、交通、
公用事业、教育、医疗等与城镇化建设相关的、能产生持续稳定经营性现金
流的项目"。

在本案例中，募投项目——郑州综合交通枢纽地下交通（东广场）工程
（以下简称东广场项目）位于郑州高铁东站站房东侧，107 国道（东四环）
以东、圃田西路以西、动力南路与动力北路之间的东广场地块内，是以客运
专线郑州东站为核心的郑州综合交通枢纽工程的重要组成部分，其建设具有

重大的现实意义及社会意义。同时该项目配套周边商业区域的建设也将产生稳定的商业收益，项目预计未来现金流可以覆盖债券存续期内到期债务本息。本项目地下一层为商业开发，地下二层、地下三层为社会停车场，地下一层建筑面积 3.800 万平方米，地下二层、三层共有停车位 1 460 个。本项目收入由两部分构成，一部分为地下一层商业开发租金收入，另一部分为车位出租收入。根据亚太（集团）会计师事务所《关于郑州综合交通枢纽地下交通（东广场）人防工程项目盈利预测审核报告》分析，东广场项目未来的商业开发收入及租金收入可以较好地覆盖债券本息。

二、资产支持票据交易结构说明

1. 采用非公开方式发行

《银行间债券市场非金融企业项目收益票据业务指引》规定，"企业可选择公开发行或非公开定向发行方式在银行间市场发行项目收益票据"。本期项目收益票据以私募形式发行。

2. 期限及品种

《银行间债券市场非金融企业项目收益票据业务指引》规定，"项目收益票据发行期限可涵盖项目建设、运营与收益整个生命周期"。因此，本期项目收益票据期限设计为 15 年，覆盖东广场项目的建设运营期限。同时，本期定向工具下设两个品种，品种一期限为 15 年（5 + 5 + 5）；品种二期限为 15 年（10 + 5）。在本期定向工具品种一存续期第 5 年末和第 10 年末的兑付日，以及在本期定向工具品种二存续期第 10 年末的兑付日，发行人对本期定向工具有赎回权和调整票面利率选择权，每次调整均以发行时票面利率为基准，可在 −200 个基点至 200 个基点（含本数）之间选择票面利率调整幅度；在本期定向工具品种一存续期第 5 年末和第 10 年末的兑付日，以及在本期定向工具品种二存续期第 10 年末的兑付日，投资人对本期定向工具有回售权。

3. 发行金额

本期项目收益票据一次注册，分期发行，注册总金额 12 亿元，第一期发行总金额 5 亿元。品种一初始发行规模为 3 亿元，品种二初始发行规模为 2 亿元。发行人与主承销商有权根据簿记建档情况对本期定向工具各品种最终发行规模进行回拨调整，即减少其中一个品种发行规模，同时将另一品种发行规模增加相同金额；两个品种间可以进行双向回拨，回拨比例不受限制，两个品种的最终发行规模合计为 5 亿元。

4. 增信措施

本期项目收益票据，不存在任何直接、间接形式的地方政府担保，发行人通过引入第三方担保机制来保障投资人的权益，由中债信用增进投资股份有限公司对本债券进行增信担保，就本期定向工具存续期发行人应偿还的不超过人民币 5 亿元本金、相应票面利息、违约金、损害赔偿金和实现债权的费用提供不可撤销的连带责任担保。

5. 资金监管

《银行间债券市场非金融企业项目收益票据业务指引》规定，"企业发行项目收益票据所募集资金应专项用于约定项目，且应符合法律法规和国家政策要求"，"企业发行项目收益票据应设立募集资金监管账户，由资金监管机构负责监督募集资金投向。同时制定切实可行的现金流归集和管理措施，通过有效控制项目产生的现金流，对项目收益票据的还本付息提供有效支持"。郑州地坤项目收益票据发行人与主承销商国家开发银行和中信银行签署了《资金账户监管协议》，分别在国家开发银行和中信银行开立资金专户，由开发银行和中信银行对募集资金归集、划转及存放进行监管，确保募集资金专项用于募投项目建设及营运。

6. 还款安排

本期定向工具品种一的兑付：第一个五年期间，每年在付息日按发行时票面利率和发行金额计算付息一次，第 5 年末按发行人赎回金额或投资人回售金额在兑付日偿付本金；第二个五年期间，每年在付息日按第 5 年末调整后的票面利率和存续金额计算付息一次，第 10 年末按发行人赎回金额或投资人回售金额在兑付日偿付本金；第三个五年期间，每年在付息日按第 10 年末调整后的票面利率和存续金额计算付息一次，并按第 10 年末本期定向工具的

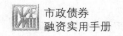

存续金额的 20% 在每年兑付日偿付本金。

本期定向工具品种二的兑付：前十年期间，每年在付息日按发行时票面利率和发行金额计算付息一次，第 10 年末按发行人赎回金额或投资人回售金额在兑付日偿付本金；后五年期间，每年在付息日按第 10 年末调整后的票面利率和存续金额计算付息一次，并按第 10 年末本期定向工具的存续金额的 20% 在每年兑付日偿付本金。

三、发行项目收益票据支持市政融资的经验总结

项目收益票据跟传统债务融资工具相比，在机制设计上采取了多项创新，主要特点包括以下几个方面。

（一）产品设计充分体现"使用者付费"理念

项目收益票据依靠项目自身产生的现金流作为主要还款来源，很好地体现了"使用者付费"的理念。首单项目收益票据以郑州综合交通枢纽地下交通（东广场）工程建成运营后的经营性收入为主要还款来源，具体包括东广场地下一层商业物业开发出租及出售、地下二层和三层车位出租等收入。根据会计师事务所出具的审核报告，在票据存续期内，累计产生现金流入扣除相关成本后的净利润充足，为偿债提供了充分保障。同时，首单项目收益票据发行期限 15 年，涵盖项目建设、运营与收益整个生命周期，且结合项目现金流回收进度作了发行期限的结构化设计，从而借助金融市场平滑城镇化建设项目建设支出与收入的周期错配，能够更好地实现项目建设"财务成本在时间轴上的平移分布"。

（二）发行主体与地方政府债务隔离

首单项目收益票据的发行人郑州地坤是 2014 年 4 月新设的项目公司，专门负责项目投融资、建设和运营管理，其运营风险不会传递至项目发起人（其母公司郑州交通建设投资有限公司），继而实现与地方政府或城建类企业

的风险隔离。同时地方政府不承担项目收益票据的直接偿还责任，也不为票据承担隐性担保。票据的融资规模、信用水平不依赖于地方政府财政收入与债务水平，且地方政府不直接介入相关项目的建设、运营与还款。项目收益票据能够有效防范传统融资平台模式带来的财政和金融风险，对逐步疏导和化解既有融资平台或地方政府隐性债务具有积极作用。

（三）充分面向地方投资人

除传统的银行间市场投资人外，鼓励项目所在地投资人深度参与项目收益票据投资，分享城镇化推进过程中的收益，同时充分发挥本地投资人的"近约束"作用，督促发行主体规范运营以及募集资金合规使用，实现城镇化建设项目的"谁使用、谁付费、谁监管"。首单项目收益票据发行得到了地方投资人的积极认购，意向定向投资人20余家，充分体现了地方对城镇化建设的支持作用。

后　记

当前，我国经济处于新常态，稳增长、调结构、促转型是未来一段时间经济社会发展的主题。在此背景下，城镇化建设加速推进，基础设施、公共服务等方面均需要进行大量投资。过去一段时间，"土地财政＋平台负债"的融资模式在发挥了巨大作用的同时也产生了很多问题。市政建设融资需求巨大，融资结构亟待优化。未来，金融市场如何支持城镇化的融资需求，建立可持续的、规范、透明的融资机制，是债券市场发展面临的巨大挑战和机遇。这本《市政债券融资实用手册》希望能够通过开展理论实践案例各层面的探讨研究，以启发思路，凝聚共识，支持我国银行间市场市政建设类债务融资工具创新。

本书编写过程中，工商银行、农业银行、浦发银行、中信证券、中金公司、中信建投证券、通力律所、中债信用增进公司、中债资信评估公司等市场机构派出专家参与了本书的编写工作，在此我们深表感谢。

书中疏漏与不足之处，恳请广大读者批评指正。我们期待收到读者和广大市场成员对于本书提出的宝贵意见。

本书编委会